# Ernest DENIS

Professeur à la Sorbonne.

## LA QUESTION D'AUTRICHE

# LES SLOVAQUES

TROISIÈME ÉDITION

PARIS

LIBRAIRIE DELAGRAVE

15, RUE SOUFFLOT, 15

# LES
# SLOVAQUES

COULOMMIERS

Imprimerie Paul BRODARD

# Ernest DENIS

Professeur à la Sorbonne.

# LA QUESTION D'AUTRICHE

# LES

# SLOVAQUES

PARIS

LIBRAIRIE DELAGRAVE

15, RUE SOUFFLOT, 15

*Sauf pour les noms qui sont devenus français, et autant que me l'ont permis les difficultés actuelles, j'ai conservé les noms et l'orthographe slovaques. Voici la prononciation des lettres qui ont un son différent du français :*

c = ts. Palacky-Palatsky.
č = tch. tchèque.
j = i mouillé. famille.
ñ = gn. campagne.
ř = rrj. berge.
s = s dur.
š = ch. Šafařik-Chafarrjik.
u = ou. Štúr-Chtour.
ž = j. Žižka-Jijka.

# LA QUESTION D'AUTRICHE
# LES SLOVAQUES

---

## LIVRE I

## LA QUESTION D'AUTRICHE

---

## CHAPITRE I

## LA PAIX FUTURE ET L'AUTRICHE

Le péril germanique. — L'ambition allemande a pour origine son orgueil de race. — La nation se confond avec l'armée. — Qu'il n'est pas permis d'espérer qu'elle revienne rapidement à la modération : MM. de Bülow et de Bethmann-Hollweg. — Comment assurer notre sécurité? — Situation actuelle de l'Allemagne dans le Monde : l'Europe centrale et les chemins de fer de Bagdad et du Caire; asservissement de l'Autriche et de la Turquie. — Les Habsbourgs ne peuvent plus s'arracher à l'étreinte allemande. — *Austria delenda est.* — Les États slaves. — Tchèques et Slovaques.

Au lendemain de notre victoire, la France, de quelque manière que soient rédigées les clauses du traité, aura sur sa frontière un État allemand de 60 à 70 millions d'habitants qui restera pour elle un péril redoutable et constant. La race germanique est énergique, laborieuse et tenace. Orgueilleuse, avide de jouissance et de domination, elle se plie facilement à la discipline; aux maîtres qui lui offrent le monde à conquérir, elle fournit sans compter des soldats qui apportent dans la guerre le fanatisme implacable des sectateurs d'une religion révélée. Ne méconnaissons pas les qualités éminentes de nos ennemis. Les crimes odieux et stupides dont ils se sont souillés ne doivent pas troubler la lucidité de notre regard. Les polémistes qui, dans la fièvre d'une légitime colère, poussés aussi par le désir naturel de soutenir la confiance populaire, se plaisent à ne voir dans nos adversaires que de misérables esclaves qui se sont laissé traîner à la boucherie par la folie de leur Empereur ou les intrigues d'une poignée de Junkers et de grands métallurgistes, commettent la plus dangereuse des fautes. Si leur voix obtenait quelque crédit, leurs illusions, involontaires ou préméditées, nous exposeraient à de cruels lendemains. L'Allemagne vaincue, écrasée, ruinée, demeurera une grande et redoutable nation, avec laquelle il faudra compter.

Nous savons que, même si nous le voulions, nous ne pourrions pas l'exterminer; mais, à aucun moment, une pareille impiété ne s'est présentée à notre esprit. Nous ne lui avons jamais contesté sa place au soleil. Nous avons bien sans doute en revanche le droit d'exiger qu'elle respecte notre indépendance et qu'elle ne nous refuse plus le juste rang qui nous appartient dans le monde. Nous entendons que notre sécurité repose à l'avenir sur une base plus solide que sa tolérance dédaigneuse ou le caprice incertain de ses monarques.

L'Europe a connu depuis un demi-siècle la hautaine suprématie de Bismarck et de ses continuateurs; elle en a savouré l'amertume jusqu'à la lie; elle en garde la nausée. Elle en a jusqu'au dernier moment supporté les douleurs et les hontes parce qu'elle connaissait l'immensité des sacrifices que supposait sa révolte et qu'elle reculait avec épouvante devant la mer de sang qu'il lui faudrait franchir avant d'arriver à la terre de délivrance. Aujourd'hui, après que la guerre qu'elle a tout fait pour éviter lui a été imposée, elle ne s'arrêtera que lorsqu'elle aura définitivement brisé ses chaînes. Elle n'acceptera de paix que celle qui établira pour longtemps sur des bases solides le repos du monde et l'indépendance des peuples.

J'ai sous les yeux le volume considérable qu'un écrivain consciencieux et réputé a consacré à la gloire des Hohenzollern. En un an, on en a vendu 80 000 exemplaires, ce qui paraît prodigieux pour un ouvrage cher, long et d'une lecture plutôt pénible. Ce succès extraordinaire prouve combien la masse de la nation tudesque s'identifie avec la dynastie qui la gouverne et avec quelle ardeur elle en accepte les méthodes et les ambitions. — « Nos ennemis, écrit l'auteur, M. Hintze, voulaient avilir l'Autriche et nous humilier nous-mêmes personnellement; leur attitude nous a réduits à tirer l'épée pour nous défendre contre une agression depuis longtemps préparée... Nous espérons et nous croyons qu'avec l'aide de Dieu nous soutiendrons l'attaque d'un monde d'ennemis et que nous conquerrons une paix qui affranchira nos frontières de la pression d'airain qu'elles subissaient; elle nous apportera, avec une vie politique et sociale libre et saine au dedans, la possibilité de développer sans entraves nos forces au dehors (eine ungehemmte Entfaltung unserer Kræfte nach aussen, Hintze, Die Hohenzollern, p. 685).

M. Hintze oublie que la liberté de chaque peuple comme de chaque individu est bornée par la liberté d'autrui. Réclamer pour l'Allemagne la faculté de développer sans entraves ses forces au dehors, qu'est-ce à dire, sinon revendiquer pour elle le droit de supprimer ou de dompter toutes les nations? — Qui dit civilisation, dit limites. Nous prétendons rétablir l'équilibre européen, parce que nous y voyons la condition indispensable de notre indépendance et qu'il implique un contrat libre et permanent, qui est justement l'idée que l'Allemagne rejette comme un attentat à ses facultés vitales. — « De longs jours se passèrent, écrivait au xᵉ siècle le Saxon Witikind, qui nous a raconté les luttes des Allemands pour la conquête de l'Elbe et de l'Oder, et les deux partis étaient toujours aux prises, les Saxons combattant pour la gloire et pour un vaste empire, les Slaves pour la liberté ou l'extrême servitude. » Depuis dix siècles, la question reste posée dans les mêmes termes : les Hohenzollern, comme les margraves du nord, leurs plus anciens prédécesseurs, réclament leurs coudées franches; nous entendons qu'ils se contentent de la place qui leur appartient.

Les Allemands protestent de leur modération et ils affirment à grands cris qu'ils n'exigent que leur dû. — Ils sous-entendent que leur héritage légitime comprend l'univers entier. Ils se regarderaient comme coupables s'ils y renonçaient, puisqu'ils sont convaincus qu'ils représentent le peuple d'élection, où s'incarne l'Esprit Éternel qui se réalise dans l'histoire. — Sophistique creuse et banale! Depuis des siècles, des fanatiques exterminent au nom de la vérité divine les rebelles qui se refusent à abdiquer devant une doctrine étrangère l'autonomie de leur pensée. Nous ne contestons pas les admirables effets de l'organisation germanique; s'il nous convient cependant de croupir dans l'anarchie celtique, en vertu de quelle autorité suprême nous arracheraient-ils à la fange où il nous plaît de demeurer? — Dieu, en me donnant mon âme, m'a donné la liberté d'en disposer à ma guise et même de la perdre, si telle est ma volonté, — répondait un hérétique à l'Inquisiteur qui lui dépeignait les terreurs de l'enfer. — Indigné de tant de sottise, le pieux évêque envoya au bûcher son impertinent interlocuteur, pour lui apprendre à mieux raisonner. Les Allemands, de même, pour nous élever à une civilisation supérieure, sont prêts aux plus pénibles sacrifices : ils immolent à leur mission leurs instincts d'humanité et de justice; le cœur saignant, pour nous faire comprendre le prix de leur culture, ils bombardent nos cathédrales et condamnent aux travaux forcés nos concitoyens prisonniers. Que de travaux et de peines ne se sont-ils pas donnés pour ouvrir à la pure lumière teutonne les yeux des Polonais ou des Alsaciens! Quelle tristesse n'inonde pas leur âme compatissante en voyant ces chiens retourner avec obstination à leur vomissement! — Que l'homme ait le droit de perdre son âme, si telle est sa fantaisie, voilà ce que les Allemands n'arrivent pas à comprendre. Nous y reconnaissons au contraire la preuve de notre divinité et l'origine de tout *ce qui reste encore d'un peu beau dans la vie*, la dignité des peuples et la vertu des citoyens.

Je ne nie pas que les questions économiques aient un certain rôle dans la guerre actuelle. A toutes les époques, la domination entraîne des avantages concrets qui ne sont pas négligeables. C'est pourtant une lourde erreur psychologique, à mon sens, que d'attribuer à des calculs intéressés les luttes qui mettent aux prises l'humanité. D'assez nombreux seigneurs ont retiré des croisades d'appréciables bénéfices, et le zèle réformateur des princes qui soutenaient Luther était certainement encouragé par l'agréable perspective de mettre la main sur les domaines ecclésiastiques. Quand les Chrétiens

cependant abandonnent leurs foyers pour conquérir
le Saint-Sépulcre ou que les partisans de Luther se
soulèvent contre Rome, à l'origine de leur décision,
vous trouverez toujours une question de foi. L'homme
n'est ni ange ni bête. C'est la misère de notre pauvre
race et qui rend si obscure et si lointaine la question
de savoir si la guerre disparaîtra jamais de la terre.
Dans les conflits d'intérêts, une conciliation est toujours possible et le compromis le plus médiocre est
toujours préférable à un long et ruineux procès.
Mais, quand deux convictions se heurtent du front,
quand deux doctrines opposées se dressent en présence, irréductibles et implacables, tout accord est
impossible parce que toute concession serait une
apostasie.

Sûrs qu'en vertu d'un décret nominatif de leur
vieux Dieu, ils ont à accomplir dans le monde une
mission providentielle, nos ennemis ne nous pardon-
nent pas notre scepticisme railleur. Comme les Césars
Romains, ils se sont élevé à eux-mêmes des autels et
des temples; ils regardent comme un pieux et absolu
devoir d'exterminer les hérésiarques, les *ennemis du
genre humain*, qui ne plient pas le genou dans leurs
églises et, ne viennent pas, conformément aux rites
de la religion nouvelle, planter des clous dans la
statue de leur idole. Leur avidité n'avait pas grand'-
chose à craindre de notre concurrence, qui était
assez molle; leur orgueil n'a pas supporté notre
réserve distante. Ils affirment avec insistance que
nous les menacions, ce qui prouve la plus extrava-
gante illusion psychologique. En parlant ainsi,
beaucoup sont sincères, plus nombreux que nous ne
le supposons. C'est que leur orgueil maladif les rendait pointilleux et susceptibles et qu'ils découvraient
une marque d'insurrection dans la moindre rétrac-
tion de notre dignité nationale.

« Une nation ne peut pas exister sans orgueil », a écrit Fichte. — Sans doute. Simple question de mesure. Ici, comme souvent, les Allemands ont été emportés par leur mysticisme sentimental et somptueux. — Une nation, disait déjà Treitschke, ne peut arriver à une pleine conscience d'elle-même que si elle s'estime au-delà de sa véritable valeur. Imprudent et dangereux précepte, qui risque vite d'aboutir à de folles exagérations. « C'est une fausse conception de la morale et de la politique, continue-t-il, que d'accuser l'État parce qu'il montre un point d'honneur trop irritable. » Les craintes du célèbre historien paraissent aujourd'hui bien chimériques et les Allemands qui n'ont pas été atteints par la fièvre impérialiste sont si rares qu'il est inutile d'en tenir compte dans un jugement général.

Naturellement, ils nous accusent de les calomnier et, comme l'Empereur lui-même, ils parlent abondamment de la pureté de leur cœur. « Notre peuple, écrit M. de Bülow dans sa récente édition de la politique allemande, est plus qu'aucun autre disposé à prendre une part paisible et sereine dans le travail pacifique de la civilisation et il ne lui a pas été facile de se résoudre à subordonner sa foi dans l'idéal à sa foi dans la force. » Facile ou non, M. de Bülow reconnaît du moins qu'il a fait son choix et brûlé ses vaisseaux. — « Les temps sont passés pour toujours, espérons-le, où le peuple allemand supposait que l'étranger pourrait apprécier sainement sa nature et son essence. Aujourd'hui plus que jamais, il doit se comprendre clairement lui-même. Il connaîtra alors ses faiblesses et ses forces; il se rendra compte que sa force la meilleure, celle que le passé et le présent ont éprouvée, celle qui, aux heures de danger, assure son existence, c'est le militarisme allemand. »

M. de Bülow est un esprit relativement modéré; il

a du monde et l'habitude des affaires ; son long séjour en Italie et ses goûts classiques le mettent en garde contre les exagérations romantiques de ses compatriotes ; il sait le sens des mots, il pèse ses paroles, et il n'est pas sujet aux imprudences de langage qui ont si fâcheusement compromis son successeur. L'entraînement général est bien irrésistible qui arrache des aveux aussi compromettants à ce diplomate réservé, prudent, très attentif à ménager les susceptibilités des neutres, ou bien il faut qu'il sente l'opinion publique singulièrement unanime pour ne pas oser la braver.

Avec moins de mesure et plus d'emportement, les mêmes idées reviennent sans cesse, sous la plume de tous les écrivains d'outre-Rhin. A quelque catégorie sociale qu'ils appartiennent, de quelque parti qu'ils se réclament, journalistes ou pasteurs, professeurs, médecins ou militaires, socialistes ou conservateurs, tous communient dans le même lyrisme de haine sanguinaire, d'orgueil infernal et d'ambition titanique. Depuis le commencement de la guerre, j'ai bien parcouru quelques centaines de brochures ou de livres allemands ; les uns affectent la forme de travaux scientifiques, les autres sont de simples hoquets de rage ; tous se ramènent à un syllogisme très simple. — Le monde doit appartenir au plus digne. — En face de la France épuisée et dégénérée, de la Russie anarchique et barbare, de l'Angleterre démoralisée par la richesse et incapable de sacrifice, qui oserait contester que l'Allemagne est le premier peuple de l'Univers ? Il est le plus énergique, le plus pur, le plus candide, le plus fidèle à la parole donnée, le moins avide, le plus méthodique, le moins égoïste, le plus capable de dévouement, de labeur désintéressé et de discipline. — Donc, en lui s'accomplira la promesse divine : à celui qui a reçu en présent le royaume de Dieu, tout le reste sera donné par surcroît.

« Une conspiration européenne, écrit Lasson, a répandu autour de nous le mensonge et la calomnie. Nous, nous sommes véridiques; les traits essentiels de notre caractère sont l'humanité, la douceur, la conscience, les vertus chrétiennes. Dans un monde de méchanceté, nous représentons l'amour et Dieu est avec nous. » — Le triomphe de Guillaume est fatal, car il est une condition du progrès de l'humanité, puisque l'Allemagne est par excellence le pays de l'organisation. — « Notre victoire, lisons-nous dans la *Gazette de Francfort*, qui, à la veille même de la guerre, menait encore une vigoureuse campagne contre les militaristes, est une nécessité métaphysique... Le fait que nous pouvons conduire cette guerre comme nous la conduisons prouve que le grand principe raisonnable de l'univers est de notre côté. » — « Le respect de la personnalité et du droit propre, écrit M. Rodolphe Gœtte (*Deutscher Volksgeist*), le sentiment de ce qu'on se doit à soi-même et de ce qu'on doit aux autres, sont les vertus qui nous distinguent. Cela n'empêche pas notre progression au dehors, puisqu'elle est notre première loi. *Subsister et nous étendre au détriment des peuples inférieurs, nous en avons le droit, puisque nous sommes convaincus que nous sommes le plus noble et le plus pur des peuples, appelé avant tous les autres à travailler aux plus hautes destinées de l'humanité.* » « Pour l'homme vraiment libre, écrit-il encore, tout le droit se ramène à l'existence de sa race et de sa plus haute expression, l'État ethnique. Le pur aryen, — et personne n'ignore que l'Allemand seul est le représentant de la race noble entre toutes, — doit abandonner toutes les conceptions puériles du droit. Il doit vouloir par-dessus tout son propre être, c'est-à-dire son État ethnique... Le droit n'existe qu'en fonction de l'esprit allemand. »

Par un travail continu de propagande, qui commence au début du XIX⁰ siècle et est devenu particulièrement intense depuis un quart de siècle, la théorie de M. Gœtte a pénétré l'âme de tous ses compatriotes et a faussé chez eux les notions les plus élémentaires de justice et d'humanité. Pour nous, le droit est le résultat d'un libre contrat, d'un engagement synallagmatique qui lie également les parties; ils n'y voient que l'accomplissement de leur volonté momentanée. Ils appliquent à leur race la théorie des Augustes romains : Sic volo, sic jubeo; sit pro ratione voluntas. « Il s'agit pour nous, écrit Frédéric Naumann, d'arriver à la centralisation de la maîtrise du monde. La tâche que nous avons à réaliser est d'une telle importance que, devant elle, toutes les considérations morales doivent s'effacer. La race allemande, race supérieure, doit posséder l'empire du monde. »

M. Houston-Stewart Chamberlain fait figure de penseur et de chef d'école; son ouvrage sur les *Bases du XIX⁰ siècle* est une sorte de Somme du Pangermanisme et a eu une influence prépondérante sur l'esprit public; ses conclusions sont formelles et claires :

« Le devoir de tout Germain est de croire à la mission de sa patrie. Qu'on ne parle ici ni d'orgueil, ni de présomption. En réalité, l'Allemagne est l'instrument d'une volonté divine devant laquelle chaque citoyen doit s'incliner en toute humilité, car le mérite et la gloire n'en sont pas à lui. Sa fonction se borne à se montrer digne d'une semblable prédestination. Depuis longtemps l'instinct ou plutôt la certitude que notre race est réservée à une mission spéciale vit dans l'âme de l'élite de notre peuple. Il ne manquera pas de sceptiques au cœur sec qui m'accuse-

ront de flatter les Allemands et de les induire en
erreur par la justice que je leur rends : ne vaudrait-il
pas mieux leur rappeler leurs défauts, leurs fautes et
leurs péchés?.... Je n'ignore pas que, pris individuel-
lement, les Allemands, comme les autres peuples,
sont un assemblage de gens de bien et de méchants,
d'hommes de talent et de sots. Mais il s'agit de tout
autre chose et la question n'est pas là. L'évolution que
subit notre planète depuis une dizaine de siècles est-
elle arrivée à un tel point que l'Allemagne, ou, plus
exactement, le Germanisme est devenu un instrument
de Dieu, un instrument indispensable et unique de
Dieu? — Je réponds oui. — Je ne me propose pas de
flatter les Allemands. Je leur demande d'être pleins
de l'esprit de dévouement et de sacrifice. Rien de
plus. Même le plus stupide des Allemands doit comprendre maintenant qu'un pâle rayon de la lumière
divine auréole son front. »

Que l'on parcoure le livre si solide, si probe, de
M. Maurice Muret, sur l'Orgueil allemand, et les citations topiques qu'il a recueillies dans les sermons et
les brochures des pasteurs allemands. Je ne doute
pas que leur foi soit sincère. Il n'en est que plus
remarquable qu'elle ne les ait pas préservés de semblables aberrations. Les absurdes et sacrilèges folies
devant lesquelles ils ne reculent pas nous ouvrent
un jour effrayant sur le mysticisme orgiaque, qui,
au delà du Rhin, emporte les âmes dans une houle
de folie. — « La profondeur, la noblesse de la vie
intérieure, déclare le pasteur Kirmss, la chaleur et la
fidélité de l'esprit, la pensée, la poésie et le rêve que
les autres considèrent tantôt avec une certaine pitié,
tantôt avec une étrange crainte incapable d'intelligence, la fidélité et la sincérité, la piété simple et
intime, la chasteté et la pureté qui nourrissent la
flamme du foyer familial, le respect devant l'idéal

éternel de l'humanité, telle est la nature que le peuple allemand tient de la grâce de Dieu. »

Christ était un Allemand, ainsi que l'indiquent assez ses yeux bleus, ses cheveux blonds et son teint rose et que le prouve clairement son nom, ou plus exactement, l'Allemagne elle-même est le Christ. Elle est crucifiée par la haine furibonde de ses ennemis, qui sont les suppôts de l'enfer; mais de sa croix rayonne l'éternelle lumière qu'adoreront le monde repentant et le Démon vaincu.

Pour triompher des embûches que lui dressent les soldats de Satan, elle a son armée. Les éjaculations pieuses finissent toutes par des dithyrambes lyriques en l'honneur du sabre, des forgerons qui l'ont trempé et des Macchabées qui le manient. De la mer du Nord aux Alpes, comme une clameur d'ouragan, s'élève la chanson de l'épée.

Plus caractéristiques encore peut-être que ces élucubrations de théologiens en délire, s'entassent les témoignagnes des philosophes ou des politiques qui traduisent sans doute plus exactement la moyenne de l'opinion.

Quelques-uns des professeurs les plus connus et les plus réputés de l'Allemagne, Hintze de Berlin, Erick Marcks de Munich, Paul Darmstaedter de Gœttingen, Schmoller, Meinecke, etc., ont publié en 1915 un important volume, *L'Allemagne et la guerre mondiale*, qui représente l'effort le plus remarquable de la science germanique depuis le début des hostilités. Écrit par des érudits de profession, destiné surtout aux neutres, il devait par définition éviter les exagérations et les fantaisies qui auraient choqué les lecteurs impartiaux. Sur quel point se concentre l'effort des avocats de la cause allemande? — Sur la défense du militarisme. Meinecke, dans un article d'ailleurs fort modéré de ton et d'une incontestable habileté, s'indigne à la seule pensée que l'on puisse songer à limiter les armements de l'Allemagne. — Trœltsch, professeur de philosophie à l'université de Berlin, entonne un hymne en l'honneur du militarisme. « Il a son origine dans le vieux caractère belliqueux des Germains ; il n'a été affaibli par aucun dilettantisme esthétique, par aucun puritanisme ni par aucune philosophie commerciale... Il a fondu le sentiment de l'honneur et l'esprit de corps qui caractérisent l'officier de Frédéric avec l'armée populaire de Scharnhorst, le talent de gouverner et d'organiser qui distingue le prussianisme avec l'idéalisme moral de la culture germanique ;... dans l'organisme militaire se sont combinées toutes les forces sociales de la civilisation, de la technique, de la science ; il donne son modèle et sa force à tout le miracle de l'organisation allemande, dans laquelle une union féconde réunit l'initiative de l'individu et la discipline de l'ensemble. (*L'Allemagne et la guerre mondiale*, p. 72.)

« C'est sur les épaules de son armée, écrit M. de Bülow, que l'Allemagne a été portée sur les hauteurs escarpées d'où elle a pu étendre son regard sur le vaste monde... L'histoire du Brandebourg-Prusse est l'histoire de l'armée prussienne et, dans ses oscillations diverses, elle est le reflet des péripéties de cette armée. Ce n'est pas le caprice des pédagogues, mais la logique de la réalité qui veut que l'enfant allemand apprenne tout d'abord l'histoire de son pays dans ses traits généraux comme une histoire militaire. » Par là, l'histoire de la Prusse se distingue de celle de toutes les nations modernes, et elle ne saurait être rapprochée que de l'histoire romaine. Au moment de la domination française, les noms de Turenne et de Condé s'effacent devant ceux de Richelieu, de Mazarin et de Lionne ; la bataille de Rosbach n'a pas le moins du monde diminué l'influence française dans le monde. Chatham et Pitt sont plus importants que Nelson et l'action de Metternich dépasse singulièrement celle de Radetzky. Au contraire, le grand œuvre de la puissance prussienne a été accompli par l'armée. C'est comme monarchie militaire qu'elle est apparue sur le terrain de la politique européenne avec le Grand Électeur, au moment de la paix de Westphalie, et la bataille de Fehrbellin a été l'aurore de la gloire des Hohenzollern. « Dès l'origine, l'armée brandebourgeoise-prussienne a été fondée sur les deux forces actives de la vie nationale, l'amour de la patrie et la volonté de puissance de l'État, qui répondent à sa double mission : défendre la patrie toujours menacée et prouver d'autre part au dehors et étendre la puissance de l'État ». Le fer et le sang marquent les étapes de la marche de la puissance prussienne sur la route caillouteuse de sa croissance, et sur chacun de ses progrès décisifs flottent les étendards de son armée. Le monde, a dit Frédéric II avec une juste fierté, ne repose pas plus solidement sur les épaules de l'Atlas que la Prusse sur les épaules de ses régiments. C'est un fait d'une importance particulière que l'homme d'État qui, par des guerres victorieuses, a créé l'Empire, y est arrivé en soutenant avec le Parlement une lutte acharnée pour la réforme de notre système militaire. De tous les dons que la Prusse a faits à l'Allemagne, le plus précieux est son armée, l'œuvre des siècles que les tempêtes et les agitations du temps n'ont pu que consolider et perfectionner. Les étrangers, qui nous haïssent parce qu'ils ne nous connaissent pas ou nous craignent, s'imaginent que les petits États allemands ne demanderaient pas mieux que d'être débarrassés de cette armée avec sa discipline impitoyable qui leur a été imposée du dehors, et qu'ils trouveraient une complète satisfaction à poursuivre dans une paisible indifférence une vie d'affaires et de curiosité intellectuelle. Cela prouve qu'ils ne comprennent rien à la situation exacte des choses. Quand Bismarck, le plus militariste des hommes d'État allemands depuis Frédéric II, a prononcé sa parole célèbre que la question allemande serait résolue par le fer et par le sang, il savait bien que l'armée, qui aurait la force de briser, aurait aussi celle d'unir. C'est elle en effet qui a soudé les membres du nouvel Empire. L'ossature militaire que Bismarck a donnée à son œuvre, a fait de l'armée le soutien de la pensée impériale, comme elle avait été l'incarnation de la pensée prussienne. — Ainsi parle l'homme qui, pendant dix ans, a été le représentant de la politique germanique, le suprême espoir des quelques personnes qui, de l'autre côté du Rhin, ont gardé une lueur de raison et qui, épouvantés de l'abîme où court leur peuple, voudraient le réconcilier avec le monde civilisé !

Je me suis toujours élevé contre la tendance, à laquelle n'ont pas échappé d'assez nombreux écrivains français, de détacher dans quelques ouvrages des phrases isolées qui ne traduisent qu'un moment ou une parcelle de la pensée de l'auteur. Si l'on veut serrer de près la vérité, il faut rechercher chez un écrivain l'idée maîtresse, dégager la dominante. J'accorde de même volontiers qu'il est juste de rappeler que tous les peuples ont leurs chauvins et qu'il convient de tenir largement compte de l'exaltation universelle produite par la guerre. Je ne crois pas cependant qu'il soit facile de trouver, même dans les ouvrages les plus fumeux de Léon Daudet ou de Bainville, rien qui ressemble à la conviction messianique qui éclate dans d'innombrables ouvrages d'outre-Rhin. — Et c'est là ce qui est grave, la multiplicité, l'abondance effroyable, le retentissement prodigieux de ces épîtres nationalistes. Nous assistons au spectacle terrifiant d'une nation entière frappée de folie dionysiaque, écumant sur son trépied, victime de cette infernale puissance, l'UBRIS, l'excès, l'orgueil, qui guette les hommes dont un bonheur trop constant a troublé l'esprit et les mène à leur ruine. L'Allemagne a remplacé son ancien Pater par une nouvelle prière : — Que mon règne vienne, que ma volonté soit faite, parce qu'à moi appartiennent le règne, la puissance et la gloire.

*
* *

Pouvons-nous espérer que les Allemands échapperont aux fantômes qui hantent leurs cerveaux? Tout arrive et une poignée de pacifistes béats se bernent de cette agréable illusion : credunt quia absurdum. Il est plus prudent de ne pas s'abandonner à un optimisme qui a déjà failli nous coûter cher. A quoi sert, écrit M. de Bülow qu'il est souvent utile d'écouter, de prouver au lion que la nourriture végétale est plus saine et moins échauffante que la chair? Mieux vaut le tuer ou au moins lui rogner les griffes. Nous ne voulons tuer personne et nous ne désirons pas voir s'accroître encore les monceaux de cadavres dont la pensée déchire nos cœurs. Nous entendons seulement nous mettre à l'abri de nouvelles attaques. — Exigence modeste, mais sur laquelle nous ne transigerons pas.

Que les Allemands doivent se convertir rapidement et renoncer à leur volonté de domination, nous n'en croyons pas un mot, et pour des raisons dont personne ne saurait nier la gravité. « En fait d'histoire, a écrit Taine, il vaut mieux continuer que recommencer. » Aucun peuple ne s'inspire plus de cet adage que les Allemands. Une des qualités dont ils se vantent le plus, c'est leur *Treue*, leur fidélité; ils n'aiment pas les nouveautés, par quoi ils se distinguent des Celtes inconstants et frivoles, toujours en quête de changements, novarum rerum cupidi; ils suivent les ornières et ne se détournent pas aisément des sentiers battus. Leurs historiens parlent avec componction de la solidité de leurs compatriotes, de leur sens du détail, de leur méthode, de leur conscience méticuleuse. Ce sont de précieuses vertus qui expliquent les succès de la race; il n'entre nullement dans mon dessein d'en diminuer l'importance, comme aussi bien je ne méconnais en rien la grandeur du peuple germanique. Comme toutes les vertus humaines, ses qualités ont leur revers, une certaine lenteur de corps et d'esprit, le manque d'initiative, la docilité inerte qui continue indéfiniment à subir l'impulsion première, le peu d'aptitude au renouvellement et à la transformation. Chez toutes les fractions des peuples germaniques, on constate le même esprit de conservation, la même persévérance dans la direction une fois adoptée. La seule grande révolution qui ait agité l'Allemagne, la Réforme, n'était dans l'esprit de Luther qu'une restauration, un retour à l'Église primitive; elle n'est devenue un élément de progrès et d'émancipation que sous l'influence de la France.

Le Prussien est appliqué, écrivait Cherbuliez au lendemain de Sadowa; il sait bien ce qu'on lui enseigne et s'entend à s'en servir... Il lui manque la rapidité d'un esprit primesautier et la finesse des perceptions naturelles.

M. de Bülow le reconnaît sans hésitation. « Nous ne savons pas répondre avec un empressement joyeux et spontané aux exigences des temps nouveaux. Gœthe dénonçait le secret de nos forces, mais aussi de nos faiblesses, quand il disait que le carac-

tère des Allemands était de s'appesantir sur tout. »
C'est que, chez eux, la fantaisie se coagule en système et qu'ils identifient leurs appétits et leurs con-
voitises avec les nécessités de l'évolution éternelle.
Un Anglais exprimait à M. de Bülow son étonnement
de voir sans cesse revenir dans les discussions du
Reichstag le mot Weltanschauung, conception du
monde. Chez nous, écrivait plus familièrement Lange,
un apothicaire ne prépare pas un clystère sans se
dire qu'il travaille ainsi à la réalisation de l'esprit
éternel sur la terre.

Comment supposer qu'un peuple lent, conservateur, mystique et didactique, se déprenne rapidement de théories qui lui ont été prêchées sans inter-
ruption depuis des dizaines d'années par des milliers
de prophètes et qui forment comme la substance et
la moelle de son esprit. M. G. Sorel a décrit la naissance, le développement et l'influence sur le cœur
de l'homme des *mythes* qui, nés de son imagination,
deviennent des divinités extérieures et finissent par
lui dicter impérieusement sa conduite. Nous savons
la pérennité des religions, qui ne cessent pas d'être
des mobiles tout-puissants d'action, longtemps après
que leurs dogmes ont été rejetés par l'intelligence.
Que d'épreuves ne devra pas traverser l'Allemagne
avant de se résigner à renverser l'idole devant
laquelle brûle son encens, la Force, et de reconnaître
le nouveau Messie, la Justice! Combien seront
longues ses *Wander und Lehrjahre*, ses années
d'apprentissage et d'éducation, avant qu'elle se con-
tente de sa part légitime et ne prétende plus traiter
les autres peuples comme des bâtards et des dégénérés.

Peut-être aurait-elle été dégrisée par un désastre
immédiat et humiliant. La fortune, — et les fautes
des Alliés — lui ont permis au contraire de bruyantes

victoires. Si elle n'eût pas déshonoré ses succès par des barbaries stupides, — qui s'expliquent elles-mêmes moins encore par la rudesse brutale de ses instincts que par sa soumission servile aux aphorismes qu'elle s'était imposés, — sa défaite aurait été glorieuse. Elle aura pendant plusieurs années bravé l'assaut d'une des plus formidables coalitions qu'ait connues l'histoire; ses armées ont remporté d'éclatants succès; elle a pu croire à plusieurs reprises qu'elle était près d'obliger ses adversaires à demander merci. Pourquoi dès lors n'essayerait-elle pas de prendre sa revanche? Nous nous figurons volontiers que Guillaume II est impopulaire, parce qu'il est responsable des maux dont souffre son peuple. Illusion ridicule et qui prouve une psychologie bien sommaire. — Der arme Kaiser, notre pauvre Empereur! disait devant moi, il y a quelques semaines, un prisonnier. Pour lui, comme pour des milliers de malheureux qui souffrent et qui meurent, l'Allemagne et son souverain ont été victimes d'une fatalité déplorable et d'un concours inouï de circonstances; le moment viendra où la coalition paradoxale qui s'est opposée à leurs desseins se dissoudra d'elle-même et alors, l'heure de la vengeance sonnera : elle sera terrible.

M. de Bethmann-Hollweg, au moment même où il se donnait des apparences de modération, a montré que son maître n'abandonnait rien de ses ambitions, quand il a pris pour base des négociations possibles la carte de guerre. Encore ses réticences ont-elles provoqué de nombreuses et violentes protestations. — « Le peuple allemand, écrit Bülow en terminant son livre, sait aujourd'hui que Gœthe n'a pas personnifié notre nation dans Wagner, qui contemple avec satisfaction l'œuvre magnifique déjà accomplie, mais dans Faust qui, ardent à l'espoir et plein de confiance

en lui, ne suspend jamais ses efforts ni ses peines.
Un adage résume sa sagesse : L'homme seul mérite
la vie et la liberté qui doit chaque jour les conquérir.
Que chaque Allemand se rappelle les devoirs que
nous impose une histoire vingt fois séculaire qui,
par les tempêtes de l'invasion des peuples, par Charlemagne et Frédéric Barberousse, nous a conduits
à Fehrbellin et à Leuthen, à Leipzig et à Waterloo,
à Kœniggrætz et à Sedan. — Que tous les Allemands
s'unissent dans la sainte promesse : Deutschland
über alles. »

Après de tels avertissements, venant de telles
bouches, si, par la suite, nous nous laissons surprendre, nous aurions mauvaise grâce à nous plaindre
et nos ennemis pourraient nous répondre en toute
équité : n'aviez-vous pas été prévenus? A l'heure
même où ils sentent le plus le besoin de ménager les
susceptibilités de l'opinion étrangère, ils ne se donnent pas la peine de dissimuler leur volonté inflexible
de domination. — Quelle barrière dresserons-nous
contre leurs desseins? — A la différence de nos
adversaires nous ne combattons pas pour l'hégémonie, mais pour notre indépendance. — Comment
réussirons-nous à l'assurer? Par quel moyen nous
mettrons-nous en garde contre de nouvelles agressions? — L'expérience a montré aux plus sceptiques
la gravité du péril qui pesait sur nos têtes; comment
le conjurerons-nous?

Nos ancêtres, qui étaient exposés au même danger,
n'ont jamais aperçu que deux solutions. La diplomatie officielle, qui a trouvé ses plus illustres représentants dans Vergennes et Talleyrand, s'est appliquée à maintenir la division de l'Allemagne et à
empêcher la formation sur nos frontières orientales
d'un Empire puissant et uni. Combinaison très sage,
qui supposait seulement une prudence sans cesse en

éveil et la certitude que nous serions toujours libres de disposer de nos forces pour surveiller les surprises de l'ennemi et diriger la marche du monde. L'événement a trompé leur espoir, et nous n'avons plus aujourd'hui qu'à pleurer un passé pour toujours disparu. Les Grüner, les Arndt et les Gœrres qui, en 1815, parlaient de morceler la France en créant des royaumes de Bourgogne et d'Aquitaine, nous semblent des sots et des barbares. Qui donc chez nous aurait envie de les prendre pour modèles? De temps en temps quelques hallucinés nous rebattent les oreilles des dissentiments qui divisent Berlin et Munich et remettent sur le tapis l'idée des trois tronçons dont parlaient les ministres de Napoléon III, quand ils cherchaient un moyen d'excuser les sottises de leur maître. — Jamais le Mein n'a marqué une frontière réelle et les prétendues divisions de la Bavière et de la Prusse sont une légende niaise et une invention saugrenue.

En face de la diplomatie royale, l'instinct populaire, simpliste, imprévoyant, se préoccupait assez peu du sort de l'Allemagne, pourvu qu'entre elle et nous se creusât le large fossé du Rhin. Sieyès, pour acheter le concours de Frédéric-Guillaume III, lui eût volontiers sacrifié le Saint-Empire. Dussé-je attirer sur ma tête de mécréant les foudres des partisans innombrables de la tradition sacro-sainte, j'avoue que son imprudence ne me paraît pas si malavisée et il y avait plus d'avenir dans l'esprit de cet iconoclaste que dans les combinaisons alambiquées des savants constructeurs de chimériques systèmes. Aujourd'hui, les provinces rhénanes seraient complètement fondues dans l'unité française et toute l'histoire du siècle eût pris une autre direction.

Est-ce à dire qu'il convienne de revenir au programme des révolutionnaires? *Es war*, cela fut, c'est le titre d'un roman de Südermann. On subit les conséquences de ses fautes; il est permis d'essayer de les atténuer, on ne les supprime pas. Il n'est personne d'entre nous qui n'ait eu l'occasion de constater que, depuis un demi-siècle, les Allemands qui s'établissent à l'étranger ont cessé de s'assimiler. Nous en avons un exemple dans ce qui se passe aux États-Unis. Jusqu'en 1870, les immigrés apprenaient très rapidement l'anglais et avaient hâte de se muer en citoyens de l'Union : aujourd'hui, leurs enfants et petits-enfants se réclament de l'Allemagne. Les habitants des provinces rhénanes ont dû à l'Empire les deux joies suprêmes qui enchaînent à jamais l'âme des peuples : une merveilleuse prospérité économique et l'orgueil immense de commander au monde. Arrachés à la patrie qui leur est chère, atteints dans leur fortune, humiliés dans leur fierté, jetés au milieu d'un peuple dont ils ne comprennent pas les tendances et dont ils ne partagent pas les goûts, ils garderont au fond de l'âme la nostalgie de leur gloire évanouie.

D'ailleurs, en admettant même qu'ils se résignent à leur sort ou même, si l'on veut, finissent par se réjouir d'un malheur qui les aura affranchis de l'oppression prussienne, la difficulté n'en sera guère diminuée. La solution de Sieyès était acceptable parce que, de son temps, elle eût été facilement admise par les deux partis. Aujourd'hui, la mutilation de l'Allemagne provoquerait chez les vaincus une fureur inextinguible; pour en mesurer la violence, il suffit de songer aux protestations que soulève chez les meilleurs de nos compatriotes la seule pensée d'une pareille atteinte aux droits des peuples. En dehors même de toute question de principe, il serait d'autant plus absurde d'exaspérer les haines de nos adversaires et de les condamner en quelque sorte à de nouvelles guerres que leurs forces ne seraient guère amoindries par des mutilations partielles.

Nous ne voulons ni humilier l'Allemagne, ni anéantir sa puissance; nous désirons seulement la forcer à abandonner ses projets d'impérialisme mondial. Le moyen d'y réussir, elle nous l'indique elle-même par la manœuvre de sa politique.

*<br>* *

Elle a beau plastronner et faire beau visage à mauvais jeu, elle sait désormais que son coup est en partie manqué. Depuis la bataille de la Marne, c'est-à-dire du moment où elle n'avait pas réussi dès les premières semaines à supprimer la France, ses meneurs ont dû s'avouer que l'heure n'avait pas encore sonné où elle anéantirait d'un seul assaut tous ses adversaires. Ils n'ont pas cependant renoncé à retirer de la guerre des avantages qui leur permettraient dans un avenir prochain de recommencer la lutte avec de meilleures chances de succès.

Les récentes propositions de paix de l'Allemagne qui ont causé dans le public une si extrême surprise, étaient prévues depuis longtemps par tous ceux qui suivent avec quelque attention la marche des événements. Elles s'expliquent par des raisons nombreuses.

D'abord, l'espoir d'ébranler la force de résistance des alliés, soit en surexcitant les désirs d'une solution immédiate, qui sont naturels et unanimes, soit en rendant courage aux pacifistes, qui, même en Angleterre et en France, n'ont pas tous désarmé.

Ensuite, les difficultés financières et économiques des Empires du Centre. Nous accueillons aujourd'hui avec scepticisme les nouvelles que répandent les journaux sur la détresse matérielle de l'Allemagne, parce que nous avons accepté sans critique leurs premiers pronostics. Il n'est guère douteux cependant que la gêne devient de plus en plus générale chez nos ennemis; s'ils sont encore loin de la famine, ils supportent des privations très dures qui, à la longue, risquent de compromettre pour longtemps l'avenir du pays et ébranlent peu à peu le moral de la foule. Un grand pays industriel et commercial tel que l'Allemagne ne saurait sans de très graves inconvénients être coupé presque complètement de ses relations avec l'extérieur; les négociants s'inquiètent à la pensée des clients qui leur échappent; les armateurs s'effrayent de l'état dans lequel ils retrouveront leurs bateaux; les financiers supputent avec épouvante les impôts futurs et s'alarment du cours du change. En supposant même que nos pertes ne soient pas inférieures aux leurs, — ce qui est évidemment absurde, — nous y songeons moins, parce que pour nous la victoire est une question de vie ou de mort, et qu'importe la ruine quand il s'agit de l'indépendance du pays! Les Allemands savent bien au contraire que leur indépendance n'est menacée par personne.

La véritable raison cependant qui les a déterminés à essayer d'ouvrir des négociations, c'est qu'en fait, à l'heure actuelle, même s'ils n'obtenaient aucun avantage matériel direct, ils se retireraient de la partie avec un énorme bénéfice. Pendant les hostilités, en effet, ils ont réussi à mettre la main sur l'Autriche, la Turquie et la Bulgarie, c'est-à-dire qu'ils tiennent l'Orient dans leur puissance. Le chemin de Bagdad, l'instrument et le symbole de leur poussée vers l'Est, est désormais réalisé. Dans son numéro du 11 janvier 1917, la revue anglaise, *The New Europa*, a résumé avec beaucoup de précision et de force les avantages insensiblement conquis par nos adversaires. « Le monde entier, écrit-elle, constate que seule l'Allemagne soutient encore ses alliés et les protège contre une catastrophe immédiate. D'abord l'Autriche, puis la Turquie, la Hongrie et la Bulgarie auraient succombé sans son aide militaire et, chaque fois, elle en a profité pour concentrer sous son autorité exclusive la direction réelle des opérations. Les Archiducs et les Feldzeugmeisters peuvent bien conserver leurs situations honorifiques : l'impulsion part des généraux allemands qui se trouvent derrière eux. Des officiers allemands sont expédiés en Autriche comme en Bulgarie; des régiments allemands encadrent les régiments non-allemands et, à l'occasion les fusillent. Même l'intendance est passée entre les mains des serviteurs de Guillaume II. »

La dépendance économique des alliés de l'Allemagne est plus absolue encore : elle leur fournit l'argent sans lequel depuis longtemps ils seraient absolument hors d'état de payer leurs soldats et leurs ouvriers, et elle a pris ses mesures pour que sa domination se perpétue après la paix. Les sociétés financières et industrielles allemandes qui se sont fondées depuis deux ans dans l'Europe orientale, se comptent par dizaines : banques, usines métallurgiques, mines, entreprises agricoles, voies ferrées, compagnies de navigation; les capitaux investis se chiffrent par dizaines de millions.

L'Allemagne s'est doublée dès maintenant d'une ceinture de colonies; à côté de ses 70 millions d'habitants, elle a 80 millions de sujets, 52 millions d'Austro-Hongrois, 21 millions de Turcs, 6 millions de Bulgares. En supposant même qu'elle évacue les territoires qu'ont envahis ses troupes, elle n'en aura pas moins réussi à constituer en fait au centre de l'Europe un État de 150 millions d'hommes. Désormais, elle exercera par là une pression irrésistible sur le reste du monde.

On prête à M. Luzzatti, le célèbre financier italien, une parole sévère sur la diplomatie de Berlin. « L'Allemagne, aurait-il dit, — organisation technique admirable, gouvernement médiocre, diplomatie d'imbéciles. » A bien des points de vue, cette condamnation est justifiée. « Nous ne sommes pas un peuple politique, écrit M. de Bülow, parce que nous n'appliquons pas à la vie la méthode expérimentale et moderne, mais les habitudes scolastiques de la déduction. Nous ne nous préoccupons pas d'aborder la nature les yeux ouverts, de voir ce qui s'est passé, ce qui arrive ou peut arriver, et arrivera nécessairement plus tard. Nous n'adaptons pas notre programme à la réalité, mais nous entendons que la réalité se règle sur notre programme. » De là, les erreurs psychologiques extravagantes qu'ont commises depuis quelques années l'Empereur et ses représentants; elles seront une des causes les plus directes de la ruine de la puissance germanique.

Cette cécité intellectuelle et morale n'exclut pas cependant une rouerie grossière. Le but actuel de l'Allemagne est de dissimuler ses conquêtes. Elle lève les mains au ciel, pour prouver qu'elles sont nettes, et qu'elle n'emporte rien. Comme elle tient ses ennemis pour sots autant que pleutres, elle se persuade que nous n'apercevrons pas le butin qu'elle a déjà enfoui dans ses poches.

Elle ne dédaigne même pas à l'occasion de faire une révérence à nos principes, et elle n'hésite pas à se présenter comme le champion de la liberté des peuples. Contre la perfide Albion, elle défend l'indépendance des Canadiens, et contre la tyrannie française, celle des Bretons et des Basques. Elle nous a déjà appris qu'elle avait couru aux armes pour affranchir les Flamands qu'opprimait le roi Albert.

Sa dernière invention n'est guère moins grotesque, bien que mieux dissimulée, et elle a été assez adroitement mise en scène pour jeter quelque hésitation dans certains esprits. Débarrassée par une mort opportune de l'Empereur miteux qui lui avait rendu les derniers services qu'on pût raisonnablement lui demander, elle pousse en avant le pauvre *bleu* qui a recueilli sur ses chétives épaules la lourde succession de François-Joseph. En deux ou trois semaines, une série de modifications ministérielles ont renouvelé le personnel politique viennois. Le comte Tchernin a remplacé le baron Buryan au Ballplatz. La direction des affaires en Cisleithanie a passé au comte Clam-Martinic, un des chefs de la haute aristocratie bohême, flanqué du docteur Baernreither, qui, depuis plusieurs années, s'époumonait à amorcer une réconciliation entre les Tchèques et les Allemands. Il est vrai que le comte Tisza, le premier ministre de Hongrie et l'un des auteurs responsables de la guerre, conserve ses fonctions; mais on écarte le personnel usagé jusqu'à en être vermoulu qui entourait le défunt monarque, son aide de camp, le comte Paar, son grand chambellan, le prince Montenuovo. On éloigne du ministère des Affaires étrangères le baron Macchio et le comte Forgach, tristement compromis tous les deux dans les faux qui, quelques années avant la guerre, ont avili l'Autriche et déshonoré l'administration du comte d'Æhrenthal.

L'Autriche, visiblement, fait peau neuve. Elle revêt une robe d'innocence et ses agents parcourent déjà le monde en montrant aux peuples ahuris les brins d'oranger dont elle pare son virginal corsage. Au milieu de ses égarements, elle n'a jamais cessé de réciter ses patenôtres et elle se rappelle les paroles de l'Évangile : « Il lui sera beaucoup pardonné, parce qu'elle a beaucoup péché. »

Ses émissaires nous racontent que Charles et sa femme Zita, — dont les sympathies françaises sont si connues, — se préparent à reprendre les projets de l'archiduc François-Ferdinand : on abandonnera le dualisme; les Magyars n'opprimeront plus les Latins et les Slaves qui habitent avec eux le royaume de Saint-Étienne; on accordera aux Tchèques des garanties qui protégeront leur nationalité. Ainsi réparées les fautes de l'ancien Empereur, l'Autriche cessera d'être une dépendance de l'Allemagne, reprendra son rôle naturel, reviendra aux saines traditions qu'elle avait trop longtemps méconnues. Elle sera la protectrice indulgente et équitable des petits peuples de l'Europe centrale; ils se développeront sous sa souple houlette et elle les défendra contre l'invasion étrangère.

Idyllique tableau! Les anciens ennemis tombent dans les bras les uns des autres, en versant de douces larmes. Guillaume II leur donne sa bénédiction et les présente au président Wilson. — Que pourrait-on encore réclamer de l'Allemagne? Elle renonce même à exiger le prix de ses victoires. Elle consent à ne pas exiger de la Belgique le remboursement des frais que lui a imposés l'occupation de son territoire. Elle oublie généreusement l'agression des aviateurs français sur Nuremberg.

Quelque sot! — Espère-t-elle vraiment duper par de semblables simagrées le plus confiant des pacifistes? Où est le politique assez niais, assez fermé à l'évidence, pour ne pas voir qu'actuellement, l'Autriche, au point de vue politique, militaire, financier, économique, n'est plus qu'une succursale de l'Allemagne? Que Charles I<sup>er</sup> est aussi dépendant de Berlin que le prince de Waldeck ou de Reuss, et que par conséquent les transformations que nous annonce une presse officieuse sont le résultat manifeste d'un concert préalable entre Vienne et Berlin. En dehors même de la conquête complète, absolue, illimitée de l'Autriche par Guillaume II, qui supposera une minute que les Allemands de la monarchie et les Magyars, qui sentent derrière eux l'appui de l'Empire germanique, consentiront bénévolement à abdiquer leurs privilèges et renonceront au bénéfice de leur suprématie? Que vaudraient d'ailleurs des concessions sans garanties qui n'auraient été visiblement accordées que pour surprendre la bonne foi des Alliés et les amener au piège adroitement préparé. Fatalement elles seraient destinées à disparaître au lendemain du traité.

*La Rheinisch-Westphælische Zeitung*, l'organe de Krupp et des grands métallurgistes de l'Allemagne occidentale, trahissait ces derniers jours les intentions réelles des Habsbourgs, quand elle parlait de la formation d'un royaume yougoslave qui serait constitué sous le gouvernement du prince Mirko, le second fils du roi de Monténégro, et qui deviendrait un État vassal et tributaire de l'Autriche. Ce n'est pas d'autre façon que l'Allemagne entend la liberté des peuples de la monarchie habsbourgeoise.

Nous n'avions pas besoin d'ailleurs de ces aveux. Depuis le début de la guerre, les Magyars ont poursuivi dans les pays croates, serbes ou roumains une politique d'extermination : ils ont déporté les habitants par dizaines de mille ; ils les ont remplacés partout où il leur a été possible par des colons magyars. Par quel retour de magnanimité imprévue ménageraient-ils des adversaires qu'ils croient tenir à merci et dont ils sont séparés par des ruisseaux de sang!

François-Joseph a proclamé l'autonomie de la Galicie (5 nov. 1916), ce qui implique que les députés galiciens ne siégeront plus au Reichsrat. Les 106 députés polonais et ruthènes ainsi écartés du Parlement de Vienne, les Allemands y disposent d'une majorité énorme qui leur assure une pleine liberté d'action. A qui persuadera-t-on que le premier usage qu'ils en feront sera d'étendre les libertés des Slaves, qu'ils méprisent plus encore qu'ils ne les détestent et dont, depuis des siècles, avec un infatigable acharnement, ils poursuivent l'asservissement et l'assimilation? Dans quel monde a-t-on jamais vu les rancunes ataviques s'effacer par une brusque conversion d'un souverain, même si l'on supposait sincères — ce qui est plus qu'invraisemblable, — les intentions conciliantes de Charles I<sup>er</sup>?

Admettons, si l'on y tient, qu'il veuille rompre avec la politique néfaste de son prédécesseur, comment ferait-il triompher sa volonté? Alea jacta est. Le temps est passé où les Habsbourgs étaient libres de se dégager de la griffe des Hohenzollern. Même innocent, Charles I<sup>er</sup> est condamné à payer les fautes de ses aïeux. Au lendemain de la guerre, la situation financière de la monarchie sera désespérée. Elle sera débitrice vis-à-vis de l'Allemagne de sommes énormes. Toute sa vie industrielle et commerciale dépendra de la bonne volonté de sa voisine. Comment se soustrairait-elle à ses ordres?

L'Autriche ne peut plus exister désormais que comme une secundo-géniture de l'Allemagne. Certaines situations sont plus fortes que les volontés les mieux trempées; mettez à Vienne un homme d'un génie supérieur, il se brisera contre l'airain de la réalité.

De temps en temps, quelques polémistes en mal de copie demandent au public : Ne conviendrait-il pas de maintenir l'Autriche?

Le public ne comprend pas, et il a raison. Il n'y

a plus de question d'Autriche, par le simple fait qu'il n'y a plus d'Autriche. L'Autriche est morte et enterrée. Il s'agit de savoir si nous permettrons que l'Allemagne qui l'a tuée, s'engraisse de la chair et du sang des peuples slaves qui en formaient la substance.

Quel serait le danger que créerait au monde une semblable solution? La guerre actuelle suffit à nous le montrer. L'Allemagne, en plein conflit, alors qu'elle avait à faire face aux plus redoutables complications, est parvenue à galvaniser ses alliés et elle a tiré d'eux des ressources grâce auxquelles elle a prolongé le combat et failli forcer la victoire. — Avec quels obstacles n'avait-elle cependant pas à compter? — L'opposition des peuples, la jalouse défiance des administrations autonomes, l'incurie des gouvernements de Constantinople et de Vienne.

Désormais elle aura le champ libre.

Que l'on s'imagine un peu en effet l'extraordinaire dépression morale que produirait chez tous les adversaires de l'Allemagne une paix qui ne supprimerait pas pour toujours le danger de l'impérialisme prussien.

Voilà des peuples qui, depuis de longues séries d'années, vivaient sous la terreur germanique et tendaient vers l'indépendance tous les espoirs de leur âme et toutes les fibres de leur corps. Vous leur avez montré à l'horizon l'aube flamboyante du réveil de la liberté. Pendant des mois et des mois ils ont haleté dans les affres de l'agonie. Leurs chefs les plus aimés sont en exil, en prison, ou ont été exécutés, victimes de la plus infâme comédie judiciaire. Leurs enfants sont tombés par milliers pour une cause qu'ils détestent. La pauvre fortune qu'ils avaient économisée sou par sou est anéantie. Tant de souffrances, tant d'épreuves, ils les ont supportées sans faiblir, parce qu'ils avaient devant eux la joie de la délivrance. Et maintenant, vous rivez de nouveau leurs chaînes, et vous leur demandez de continuer le combat! Les meilleurs fuiront, les faibles s'inclineront, trahiront leur race et grossiront le troupeau famélique des apostats et des traîtres; la foule, émasculée, s'abandonnera à son malheur et, indifférente, aveugle, laissera passer le destin et s'accomplir la fatalité.

Les administrations de leur côté se seront habituées à leur subordination et leur jalousie se transformera en une émulation empressée et joyeuse. Vienne, qui se glorifiait jadis d'être le Paris de l'Europe orientale, se vantera d'en être devenue le Berlin. Les yeux rivés sur le casque brandebourgeois, les Universités travailleront de plein cœur, avec leurs professeurs ordinaires et extraordinaires, à l'organisation du monde; au son de l'aigre fifre brandebourgeois, elles frapperont de leur talon brutal la terre conquise, et au pas de l'oie, elles marcheront à la suite de la séquelle allemande, vers la conquête du monde. Charles de Habsbourg, Ferdinand de Cobourg et les Jeunes Turcs qui, autour d'Enver Pacha, tirent les ficelles d'un sultan de contremarque, se confondent dès aujourd'hui, misérables comparses, dans le pompeux triomphe du Hohenzollern, Cæsar et Imperator.

Que l'on jette les yeux sur une carte et l'on se rendra compte de ce que serait la puissance allemande, après le traité, en apparence équitable et égal, qui consoliderait l'état de choses qu'elle a créé en fait.

La grande ligne Hambourg-Berlin-Prague-Budapest-Nich-Sophia-Constantinople-Konia-Alep-Bagdag, lui livrerait la domination incontestée de toute l'Europe centrale et barrerait toute communication entre les nations occidentales et la Russie, désormais complètement livrée aux influences exclusives de son impérieuse voisine. Ses colons se répan-

draient sur les riches et immenses territoires de la
Mésopotamie, organiseraient la Perse et atteindraient
les limites de l'Empire anglais des Indes. Cette artère
centrale serait doublée à l'Est par la ligne Ham-
bourg-Berlin-Breslau-Lvov-Constanza-Varna-Cons-
tantinople, et à l'ouest par la ligne Berlin-Trieste, et
par l'embranchement qui, parti de Nich, se dirige
par Salonique sur Athènes. L'Allemagne serait ainsi
absolument maîtresse de l'Adriatique dont elle tiendrait toute la côte orientale, et elle arriverait par
Athènes en face du Caire. Elle enserrerait dans les
branches de ses tenailles la Grèce, où règne la sœur
de Guillaume II, et la Roumanie, où l'on remplace-
rait le roi actuel par un autre membre de sa famille,
moins jaloux de son honneur.

D'autre part, à Alep s'embranche sur le chemin de
fer de Bagdad une ligne qui atteint Damas et Médine
et se prolonge à l'ouest jusqu'à la frontière de
l'Égypte. Il sera facile de la continuer par la Mecque
jusqu'à Hodéida, à l'entrée méridionale de la mer
Rouge. Du coup, le canal de Suez serait supprimé et
les relations de l'Angleterre avec ses possessions
asiatiques seraient virtuellement interrompues. La
grande ligne du Cap au Caire deviendrait à jamais
impossible et l'Empire britannique africain, pris
entre le Sud-ouest allemand et l'Afrique Orientale
allemande serait sous le coup d'une menace perpé-
tuelle de démembrement. Le sultan, qui ne serait
plus que le pontife musulman de Berlin, maître
désormais incontesté des villes saintes de l'Arabie
et délivré définitivement de la terreur des schismes
religieux, retrouverait sur l'Islam son autorité
morale complète. Les possessions italiennes de Tri-
politaine, la Tunisie, l'Algérie et le Maroc seraient
troublées par des révoltes perpétuelles, et elles tom-
beraient dans les mains de l'Allemagne, dès que celle-

ci jugerait le moment opportun d'en prendre effectivement possession. Les Mahométans de l'Inde et du Turkestan seraient travaillés par les agitateurs de l'Islam que soudoierait Berlin. On s'explique sans peine dans ces conditions que l'Allemagne puisse renoncer sans inquiétude à l'annexion de la Belgique, que l'Angleterre, harcelée sur tous les points du monde, serait désormais hors d'état de défendre. Elle pourrait même sans inconvénient nous rendre l'Alsace et la Lorraine, puisqu'il ne tiendrait qu'à elle de nous attaquer de nouveau quand elle jugerait que l'heure a sonné de notre mort.

Il est nécessaire que l'opinion de la France et du monde soit avertie de ce que cache l'apparente modération de Guillaume II. Un traité par lequel l'Allemagne abandonnerait les territoires qu'elle a envahis et qui aurait pour base le *statu quo ante bellum*, même s'il comportait des avantages importants pour nous, aurait pour résultat réel notre rapide et fatal asservissement. Ce que nos adversaires nomment une paix équitable, — les neutres feront sagement de ne pas l'oublier, — c'est l'établissement de la domination germanique immédiate ou indirecte sur l'ancien continent et sa prépondérance incontestée sur l'ensemble de l'univers. Aurons-nous supporté tant de sacrifices pour consentir à laisser nos adversaires piper les cartes? Au moment où visiblement ils sont à bout de souffle, quand ils ont échoué dans leur assaut brusqué, serons-nous les dupes d'une tricherie qui leur vaudrait tout le bénéfice de la partie?

Par une folie plus impardonnable que celle de Napoléon III en 1866, et dont cette fois les suites seraient irréparables, permettrons-nous aux Pangermanistes de constituer à nos portes cet empire *tentaculaire* qui étendrait ses antennes sur le vieux monde tout entier, jusqu'au jour prochain où, sous l'ombre pestilentielle de sa domination, s'évanouirait la liberté de l'univers.

*
* *

La note des Alliés au Président Wilson, que M. Steed nommait ces derniers jours « l'acte le plus important et le plus magnifique des annales diplomatiques », montre qu'ils ont clairement aperçu le péril. Elle demande des réparations, des restitutions et des garanties. Des réparations et des restitutions pour le passé, la conscience politique les exige impérieusement. Les garanties pour l'avenir, l'opinion populaire encore médiocrement instruite en sent moins directement le besoin. Elles n'en sont pas moins d'une nécessité primordiale, et le devoir des gouvernements qui ont charge d'âme est de n'accepter aucune concession sur ce point.

Pour nous mettre à l'abri de nouvelles invasions, pour que l'Europe jouisse enfin d'une paix véritable, — fondée, non plus sur la tolérance insolente et instable d'un peuple de maîtres, telle que nous l'avons connue depuis les traités de Francfort et de Berlin (1871-1878), à chaque instant troublée par de menaçantes alertes et hérissée de milliers de baïonnettes, mais sur l'équilibre des forces et le droit naturel des peuples, — il faut que l'Allemagne soit ramenée à ses limites naturelles. Même après l'abandon des provinces qu'elle a conquises par la force et qu'elle ne détient que contre la volonté manifeste des habitants, l'Alsace-Lorraine, le Slesvig, les territoires polonais de Posnan, de Silésie et de Prusse occidentale, elle comptera encore de 60 à 65 millions d'habitants, et elle sera assez forte pour que personne ne cède à la tentation de la provoquer. Elle demeurera une grande nation. Il faut qu'elle se résigne à n'être plus la nation seule, unique.

Nous entendons la mettre désormais à l'abri des hallucinations qui la tourmentent. « La destinée des grandes nations, écrit Oncken, est une chose trop importante et placée trop haut pour qu'elles ne soient pas obligées de fouler aux pieds l'autonomie des petits peuples qui ne sont pas de taille à se protéger eux-mêmes. » Ces conceptions extravagantes et abominables qui sont un danger permanent pour la paix publique, en même temps qu'un outrage au sens commun et à la morale, les Allemands s'en guériront à la longue, mais à une condition : qu'on les réduise à une situation telle qu'ils touchent du doigt l'irrémédiable vanité de leur conception. Ils ne renaîtront à la sagesse que quand leurs ambitions invétérées se heurteront à un mur infranchissable.

Au XVI<sup>e</sup> siècle, les Bourbons se sont une première fois trouvés en face d'un péril semblable; une série de mariages heureux avaient permis à Charles-Quint et à son frère Ferdinand I<sup>er</sup> de rassembler sous leur sceptre un conglomérat de territoires qui présentait une certaine analogie avec le salmigondis de provinces vassales que Guillaume II a réunies sous son autorité indirecte ou immédiate. L'indépendance de la France était en sérieux péril : François I<sup>er</sup> et Henri IV ne s'arrachèrent pas sans peine à l'étau qui les serrait à la gorge. Après deux siècles, nos rois sortirent victorieux d'un duel inégal. Comment s'explique leur succès? — Presque uniquement par la prévoyance et l'habileté de leur diplomatie, qui, sur les derrières de la monarchie des Habsbourgs, leur ménagea l'alliance de la Suède, de la Pologne et de la Turquie, et leur permit ainsi de compenser la supériorité de leurs adversaires en les obligeant à diviser leurs forces.

Il s'agit aujourd'hui de revenir à la grande tradition nationale, en adaptant aux conditions contemporaines la politique de nos plus illustres souverains. L'Autriche est pour l'Allemagne le plus redoutable de ses instruments de domination. — Il faut le briser entre ses mains, ou, — plus exactement, — le retourner contre elle. — Compter, comme le supposent gratuitement quelques écrivains, que les Habsbourgs pourraient nous aider à la transformer et que nous aurions quelque chance d'obtenir leur concours contre nos adversaires, c'est vouloir, de parti pris, fermer les yeux à la réalité la plus aveuglante. Un changement aussi radical serait contraire, non seulement à la tradition la plus ancienne et la mieux établie de leur maison, mais aux conditions mêmes de leur existence actuelle. Incapables désormais de disputer aux Hohenzollern la maîtrise de l'Allemagne, ils ont reporté leurs désirs vers l'Orient et leurs ambitions, endiguées désormais dans des barrières infranchissables à l'ouest et au nord, refluent vers la Méditerranée et Constantinople avec une irrésistible furie. Comme ils ne peuvent les réaliser que contre la Russie, ils sont obligés, fût-ce en dépit de leurs secrets désirs, de chercher leur appui à Berlin. Voudraient-ils même, ce qui est une vaine hypothèse, échapper à l'étreinte de leurs protecteurs, leurs tentatives seraient aussitôt brisées par leurs sujets magyars et allemands qui, habitués à occuper une situation privilégiée dans la monarchie, ne peuvent la conserver que par une étroite alliance avec l'Empire germanique.

Une seule solution demeure; à la place de la monarchie dualiste, constituer une série d'États indépendants : en premier lieu, le royaume serbo-croate, auquel se rattacheront les Slovènes, et qui s'étendra jusqu'à la rive droite du Danube, et l'État tchécoslovaque qui arrivera jusqu'à la rive gauche du fleuve, en s'accotant à la Pologne vers le nord et vers la Russie à l'est.

La paix de l'Europe trouvera dans ces jeunes États le meilleur des garants, parce que, comme nous, ils auront un intérêt primordial à surveiller les projets de l'Allemagne et à lui barrer la route de l'Orient. Trop faibles pour être tentés de courir les aventures, ils ne menaceront personne, mais seront les gardiens vigilants de l'équilibre européen, par lequel ils vivront. Les Slaves, qui y posséderont une majorité considérable, seront cependant condamnés par le souci élémentaire de leur propre existence à ménager les susceptibilités des groupes ethniques différents qui leur seront nécessairement rattachés. La vie leur enseignera l'utilité de la tolérance et le respect scrupuleux des droits d'autrui. Ils seront ainsi, en même temps que les représentants attitrés de l'ordre public international, les préparateurs de l'avenir et les forgerons d'une morale supérieure à celle qui règle jusqu'à présent les rapports des peuples entre eux.

* *

Le royaume slave septentrional se composera de deux groupes fraternels, les Tchèques proprement dits qui habitent la Bohême et la Moravie, et les Slovaques qui peuplent la Hongrie septentrionale et sont les sujets de la couronne de Saint-Étienne.

Une question préalable se présente aussitôt à l'esprit.

La fusion de ces deux groupes s'accomplira-t-elle sans difficultés? Les destinées de l'État qu'il s'agit de constituer ne seront-elles pas compromises par des rivalités et des jalousies intestines? Comment, demandent quelques personnes, les Slovaques, qui n'ont jamais été rattachés au royaume de Saint-Venceslas, accepteront-ils leur nouvelle destinée? La force de la tradition est puissante. Ne préféreraient-ils pas demeurer réunis aux Magyars dont ils ont si longtemps partagé la fortune, dans le bonheur et dans le malheur? — Si même, à diverses reprises, ils ont montré quelques tendances séparatistes, n'étaient-elles pas le résultat d'une agitation superficielle, extérieure, passagère? Ont-ils prouvé une volonté sincère et permanente d'émancipation? Les seuls peuples ont un avenir qui ont un passé, et les seules nations méritent l'indépendance qui l'ont gagnée par de longs et pénibles labeurs. Les Slovaques ont-ils une histoire? Ont-ils résisté à l'oppression étrangère? Ont-ils manifesté les facultés de courage, de ténacité, d'intelligence, de santé physique et morale, sans lesquelles les États libres ne sauraient subsister? Il est inutile et dangereux d'embarrasser le théâtre de l'humanité avec des créations artificielles et d'appeler à l'existence des peuples mort-nés qui, à peine échappés au néant encombrent de leur longue décrépitude la marche de l'avenir.

C'est pour essayer de répondre à ces questions que j'ai écrit ce livre. Ce n'est qu'une esquisse, suffisante pourtant peut-être pour attirer l'attention sur une population moins importante par le nombre que par la situation géographique qu'elle occupe, mais qui, par son union avec les Tchèques, est appelée à tenir une grande place dans le monde nouveau que préparent nos soldats.

Les Tchèques commencent à être assez bien connus en France, et l'on n'ignore plus en général le rôle qu'ils ont joué du xiv<sup>e</sup> au xvii<sup>e</sup> siècle. L'admirable développement de Prague sous le règne de Charles IV de Luxembourg, la prospérité de l'Université caroline vers la fin du moyen âge et l'influence qu'elle a exercée pendant le grand schisme, le supplice de Hus et de Jérôme à Constance, les victoires de Zizka, de Procope le Grand et de Georges de Podiébrad, les hautes et pures vertus de l'Unité des frères bohèmes, la défénestration, le désastre de la Montagne Blanche, les persécutions de Ferdinand II et la domination des jésuites, sont des souvenirs dramatiques et pittoresques qui forcent et retiennent l'attention. Prague est une des plus magnifiques cités du monde. Elle attirait chaque année des hôtes toujours plus nombreux, elle accueillait avec une somptueuse fraternité nos touristes, nos gymnastes et nos conseillers municipaux. Ils en revenaient émerveillés et émus, les yeux pleins d'admiration pour l'originale et grandiose splendeur des anciens monuments ou des nouveaux palais, le cœur et l'esprit frappés par l'activité, le courage, la constance d'une population qui, avec une infatigable volonté, poursuivait à travers mille difficultés l'œuvre ardue de la restauration nationale. A chaque pas, ils y découvraient les traces d'une activité féconde; on leur parlait avec ferveur des grands acteurs de la renaissance contemporaine; grâce à ces voyageurs, les noms de Palacky et de Rieger sont presque populaires chez nous.

Très rares sont au contraire ceux qui ont la moindre idée des Slovaques. Malgré quelques articles excellents, mais succincts, de M. L. Leger, le public, j'entends le public lettré, sait à peine leur nom, et les situe péniblement sur la carte. Il n'en est pas peut-être tout à fait de même en Angleterre, grâce à M. Seton-Watson, qui a consacré sa vie à l'étude des Slaves de Hongrie; son livre, — les problèmes

ethniques en Hongrie (Londres, 1908) [1], — fondé sur
des observations directes et de longues et conscien-
cieuses recherches, est un ouvrage de premier ordre.
Ce n'est pas sa faute si son œuvre est un réquisitoire
accablant pour les Magyars; il n'avait au début
aucun préjugé contre eux, et jusque dans ses conclusions, on s'aperçoit qu'il ne s'est pas complètement dégagé de ses sympathies antérieures. Son
témoignage n'en est que plus probant. Il n'apporte
aucun fait qu'il n'ait vérifié, et personne n'a osé
récuser son témoignage. Pour la période immédiatement contemporaine, il offre une mine presque inépuisable de renseignements. On y trouvera la preuve,
je crois, de mon affirmation qu'aucune tentative de
réconciliation n'est désormais possible entre l'oligarchie forcenée qui possède le pouvoir en Hongrie
et les sujets qu'elle prétend assimiler par tous les
moyens. Si l'on ne brise pas le lien qui rattache les
Slovaques au royaume de Saint-Étienne, on les condamne à devenir la proie des Magyars, c'est-à-dire,
les victimes de l'Allemagne.

Pour bien comprendre leur rôle, il m'a paru nécessaire cependant de les *situer* d'abord dans leur
milieu, c'est-à-dire, de donner quelques indications
générales sur la monarchie des Habsbourgs, son ethnographie, son histoire et son rôle dans le passé.
J'insisterai naturellement un peu plus sur le règne
et le caractère de François-Joseph, parce que c'est
lui qui a laissé passer l'heure où il était encore possible de sauver l'Autriche en la transformant et de
réconcilier ses peuples dans la liberté. Il a été un des
types les plus mesquins, les plus chétifs, un des plus
représentatifs par cela même de l'ignorance, du fatalisme, de la pauvreté d'esprit et de cœur de la

---

1. Il a paru sous le pseudonyme de Scotus Viator.

dynastie habsbourgeoise, de son orgueil surtout; il en a subi l'obsession jusqu'à lui sacrifier la dignité de sa couronne et son honneur de souverain. L'idée impérialiste a fait d'innombrables victimes. François-Joseph en est une des plus pitoyables, dans tous les sens du mot.

# CHAPITRE II

## L'IMPÉRIALISME AUSTRO-GERMANIQUE ET FRANÇOIS-JOSEPH

L'Autriche n'est pas une unité géographique. — L'ethnographie :
la prépondérance slave. — Les six grandes étapes de l'histoire
habsbourgeoise. — Les idées directrices de la politique autrichienne : impérialisme et germanisme. — François-Joseph :
le dualisme de 1867. — L'asservissement progressif à l'Allemagne. — Taaffe et Badeni. — Magyars et Allemands.

Le conglomérat austro-hongrois, tel qu'il se présentait à nous au début de 1914, n'offrait qu'une
unité géographique assez vague. Le Danube, qui
baigne les deux capitales, Vienne et Budapest, crée
sans doute entre la plupart de ses provinces un lien
naturel, et par là s'explique dans une certaine mesure
l'influence anormale conquise dans la monarchie
par les peuples qui habitent les rives de son grand
fleuve, Allemands et Magyars. Mais la porte de Dievin,
en aval du confluent de la Morava, par laquelle aux
environs de Presbourg, il s'échappe définitivement
de la région montagneuse pour entrer dans l'immense
et monotone plaine de l'Alfœld, sépare deux régions
très nettement distinctes. Le fleuve hongrois qui,
à travers les prairies marécageuses, les champs de
roseaux ondulés et les *pusztas* sableuses parsemées

d'innombrables moulins, traîne majestueusement, le long des sinuosités de ses rives incertaines, ses flots ralentis et bourbeux, ne ressemble guère à la rivière tourmentée et mugissante qui s'est frayé héroïquement un passage entre les contreforts rocheux des Alpes autrichiennes au sud et les magnifiques forêts de la Choumava tchèque (Bœhmerwald) ou des Karpates slovaques au nord.

Dans ce bassin supérieur, le long de la Traun et de l'Enns, s'est constituée d'abord la petite principauté féodale qui est devenue plus tard l'archiduché d'Autriche. C'est une région accidentée, pittoresque, coupée de défilés faciles à défendre; l'invasion turque s'est brisée devant ce bastion, comme jadis s'y était arrêtée la domination magyare. Longtemps, les pâtres sauvages et pauvres de ces rudes vallées n'ont entretenu avec les tribus des steppes herbeuses du sud que des rapports espacés et distants. La Transilvanie de même hésite entre l'est et l'ouest, comme ses fleuves dont les uns finissent leurs cours en Hongrie, tandis que les autres arrosent la Moldavie et la Valachie.

Aucun lien d'autre part ne rattache directement au Danube la Bohême ou la Galicie. Baignée par l'Elbe, qui emporte vers la mer du nord les eaux de la Vltava, la rivière de Prague, la Bohême propre forme une sorte de zone intermédiaire. La Moravie et la Slovaquie, qu'habitent des peuples de même origine et de même langue que les Tchèques, l'attirent vers le sud; par son climat, ses cultures, son orientation générale, elle incline vers la grande plaine de l'Europe centrale et pendant longtemps elle a étendu son influence ou sa domination sur la Silésie, la Misnie, la Lusace et même le Brandebourg. La Galicie, sur le versant septentrional des Karpates, est tout entière comprise dans le bassin de la Baltique, et ses fleuves, la Vistule et le San, en font une dépendance de la Pologne.

Il n'est pas douteux qu'entre les cinq ou six régions distinctes qui constituent aujourd'hui la monarchie autrichienne, les relations sont faciles et les rapports nombreux. Sans cela, l'État ne se serait pas créé, ou du moins, il n'aurait pas subsisté aussi longtemps. Mais leur union ne nous apparaît nullement comme une nécessité géographique et la conséquence fatale d'une loi naturelle. Pas de centre commun qui attire et retienne les divers peuples; rien qui rappelle, même de très loin, cette dépendance réciproque des parties et leur fusion harmonieuse dans un organisme vivant que tous les géographes qui ont parlé de la Gaule ont signalées et qui avaient déjà frappé Strabon. Un simple coup d'œil sur la carte nous révèle ainsi déjà que nous sommes en présence d'une œuvre artificielle où la volonté de l'homme a eu la plus grande part. Les Capétiens et les Bourbons ont réuni les fragments d'un domaine momentanément brisé par la féodalité; les Tsars de Moscou ont rassemblé les terres russes. Les Habsbourgs ont créé de toutes pièces un État composite et fortuit. Par la politique et la force, leur dynastie a réussi à franchir les barrières qui s'opposaient à ses envahissements; elle ne les a pas abattues et elle a vainement travaillé à fondre dans une même unité les nations profondément disparates qu'elle avait courbées sous ses lois.

***

Elles se rattachent aux quatre groupes principaux qui se partagent l'ancien monde civilisé, si bien que le kaléidoscope autrichien nous offre comme le résumé de l'ethnographie européenne.

D'après le recensement de 1910, la population de l'Autriche-Hongrie, en y comprenant la Bosnie-Herzégovine, est de 52 millions d'habitants environ.

| | |
|---|---|
| Slaves . . . . . . . . . | 24 500 000 (J'arrondis les chiffres.) |
| Allemands . . . . . . . | 12 000 000 |
| Magyars . . . . . . . . | 10 000 000 |
| Roumains . . . . . . . | 3 000 000 |
| Italiens. . . . . . . . . | 800 000 |
| Divers . . . . . . . . . | 1 000 000 |

Ce simple tableau suffit à prouver que, suivant la parole célèbre, l'Autriche, avec sa façade allemande, est une maison slave.

Encore cette statistique brutale ne donne-t-elle qu'une impression absolument inexacte. En réalité la majorité slave est beaucoup plus marquée que ce tableau sommaire ne paraît l'indiquer.

Tout d'abord, il convient de défalquer des 22 millions de Germano-Magyars 2 millions de Juifs, — les statistiques comptent 2 250 000 Israélites, — qui, assez indifférents d'habitude aux querelles ethniques, acceptent docilement les indications du commissaire de police et se rallieront avec une extrême rapidité à tout gouvernement qui leur garantira la liberté civile et commerciale.

De plus, dans un État où les diverses races ont vécu si longtemps en promiscuité, elles devaient inévitablement essaimer de leur territoire propre. Il s'est constitué ainsi un peu partout des groupes isolés, complètement séparés de la souche primitive. Parmi ces rejetons perdus sur un sol étranger au milieu de populations différentes, les uns, vigoureux et chenus, ont conservé une vie indépendante et une physionomie propre. Il sera nécessaire et juste de protéger soigneusement leurs droits; il conviendra de leur assurer le libre exercice de leur langue, de ne pas lésiner sur les subventions qu'ils réclameront pour leurs écoles et de leur reconnaître une très large autonomie locale. Les Tchèques ont trop souffert de l'intolérance, et ils en ont aperçu trop clairement l'inanité pour refuser à leurs compatriotes d'une autre origine l'égalité qu'ils ont si longtemps réclamée en vain pour eux-mêmes.

L'îlot germanique le plus important est en effet celui de Bohême où les colons bavarois, saxons et silésiens ont occupé le versant intérieur des Monts métalliques et des Sudètes. Ils peuplent aujourd'hui l'angle occidental du royaume, depuis Domažlice (Tauss) au sud-ouest, jusque vers Louny (Laun), et Litomiečice (Leitmeritz) au nord-est, en laissant en dehors de leur territoire Plzen à l'ouest et, plus au nord, Rakovnik qu'ils contournent. A partir de Litomiečice, la frontière ethnographique se dirige dans le sens général du nord-est, jusqu'au sud de Liberec (Reichenberg) dans les environs de Jablonec (Gablon), où elle atteint la Silésie prussienne. A cette masse allemande dont la plus grande largeur s'étend de Cheb à Kralovice se rattachent, comme les deux ailes d'une armée, au sud, la zone bavaroise de la Choumava (Böhmerwald) avec les villes de Prachatice et de Kroumlov; au nord, la région des Krkonošy (Monts des Géants), qui s'avance au sud jusqu'à Jaromierz et finit à Broumov (Braunau). En Moravie, les Allemands occupent vers le sud, le long de la frontière de la Basse-Autriche, une étroite bande de terrain qui s'élargit vers Brno, — et, vers le nord, un territoire plus important qui s'avance jusqu'à Chilperk, Chumberk, Chtemberk et aux collines qui s'élèvent à l'est d'Olomouc. Quelques-unes de ces enclaves isolées sont rongées par le flot slave et elles ne se sont maintenues jusqu'à présent que par la

protection officielle; elles sont destinées à disparaître dans un avenir assez rapproché. Il n'en sera
pas de même, au moins dans un temps prochain, des
colonies compactes de la Bohême occidentale et méridionale, mais il est manifeste que nous ne devons pas
en faire état quand nous parlons du bloc germanique. Aujourd'hui elles forment sans doute une
avant-garde redoutable de l'invasion teutonne, parce
qu'elles sont encouragées et soutenues par le gros de
l'armée allemande qui les a poussées en avant et qui
leur envoie de continuels renforts. Une fois coupées
de leur base, les nécessités de la vie et la communauté des intérêts les amèneront à confondre leur
existence avec celle des groupes ethniques auxquels
elles sont géographiquememt unies et dont elles
devront suivre la destinée.

En admettant même par conséquent que les Allemands d'Autriche doivent un jour grossir l'Empire
des Hohenzollern, il ne s'agirait pas le moins du
monde, comme on se l'imagine souvent sur le simple
énoncé des statistiques, de lui céder un bloc de
12 millions de nouveaux sujets. En réalité, ce chiffre
doit être réduit environ de moitié. En effet, si l'on
ajoute aux trois millions et demi de Germains qui
habitent la Bohême, la Moravie et la Silésie, les
quelques centaines de mille perdus en Bukovine, en
Galicie et à Trieste, et les deux millions dispersés en
Hongrie et en Transilvanie, la masse agglomérée et
compacte représente tout au plus six millions
d'hommes.

Ils sont concentrés le long du Danube et dans la
région alpestre (Basse-Autriche, Haute-Autriche,
Salzbourg, Styrie — sauf la zone méridionale qui est
slovène —, Tyrol septentrional et Vorarlberg).

Le chiffre officiel des Magyars doit de même
être sensiblement abaissé. Sans parler même des

fraudes de leur statistique officielle, dont les impudentes manœuvres sont tristement célèbres et qui grossit leur nombre dans des proportions fort appréciables, on en rencontre en effet près de deux millions en Transilvanie, tandis qu'un nombre au moins égal est disséminé sur la rive gauche de la Tisza, dans des comitats où la majorité appartient aux Roumains ou aux Serbes.

Dans le partage futur, qui suivra autant que possible les désirs des populations et les limites ethnographiques, mais qui devra bien pourtant tenir compte des conditions économiques et géographiques, les Slaves subiront aussi des pertes importantes; — les Tchèques, par exemple, n'ont nul désir d'annexer Vienne, bien qu'ils y soient au nombre de plusieurs centaines de mille; ils perdront de même probablement les districts qu'ils occupent dans la Basse-Autriche. — D'une manière générale cependant, ils sont beaucoup moins disséminés et il sera relativement facile d'établir entre leurs diverses familles un partage équitable. Les querelles qui les divisaient, et qui ne portent le plus souvent que sur des questions secondaires, étaient adroitement entretenues par la bureaucratie officielle qui avait pris pour devise : divide ut imperes, diviser pour régner. Nous ne prétendons pas d'ailleurs que, le lendemain du traité de paix, toutes les rivalités disparaîtront et qu'une éternelle fraternité règnera sur la terre. L'avenir dépendra en partie de la sagesse des peuples, de la prudence de leurs chefs et de la modération des journalistes. Il est permis d'espérer cependant que les récriminations seront moins amères que par le passé et les rivalités moins féroces, parce que les iniquités les plus criantes auront été corrigées et que l'état nouveau du monde répondra mieux aux désirs vitaux des populations.

Surtout, et c'est le point essentiel, les Slaves et les Latins, en dehors comme à l'intérieur de l'Autriche, affranchis d'une domination étrangère qui était pour beaucoup d'entre eux une intolérable oppression et pour tous une constante menace protégeront l'Europe contre de nouvelles agressions de l'Allemagne. A chaque jour suffit sa peine. La crise actuelle n'est que la conséquence fatale des ambitions pangermanistes qui ont trouvé dans les Habsbourgs de dociles complaisants. Ce sont elles qu'il est nécessaire avant tout de briser, en arrachant aux Hohenzollern leurs instruments et leurs armes.

Il y a quelques semaines, les journaux reproduisaient une interview d'un diplomate anglais qui a fait quelque bruit. Nous ne demanderions pas mieux que de négocier, aurait-il dit; seulement, avec qui? On ne supposera pas sans doute que nous songions à traiter avec un Hohenzollern, avec le descendant d'une race de proie qui n'a fondé sa puissance que par le fer et par le feu et qui ne prétend reconnaître d'autre loi que la force. — Généreuses déclarations, imprudentes cependant, et qu'il serait dangereux de prendre à la lettre. Nous laissons à Dieu et à leur conscience le soin de punir Guillaume II et les complices qui l'ont poussé à la guerre ou ont exécuté servilement ses ordres criminels. Si les Allemands sont satisfaits de son gouvernement et lui sont reconnaissants d'avoir souillé leur nom d'une indélébile infamie, ne les chicanons pas sur leurs goûts; ce ne sera pas la première fois que nous nous apercevrons que nous n'apprécions pas les grandeurs terrestres à la même échelle que nos voisins et que nous ne trouvons pas plaisir aux mêmes joies. Libre à nos ennemis de conserver leurs dieux et de continuer leurs hommages au maître que leurs professeurs ont baptisé les délices du genre humain.

Si nous n'avons aucune envie de porter une main sacrilège sur la couronne des Hohenzollern, parce que nos principes nous obligent à respecter les désirs des peuples, si extraordinaires qu'ils nous paraissent, nous ne saurions avoir les mêmes scrupules en face des Habsbourgs, parce qu'ici nous ne détruirons qu'une unité factice et nous ne renverserons qu'une dynastie dont la déchéance a été déjà proclamée par la volonté manifeste de ses sujets. C'est que leur politique néfaste a détourné l'Autriche de sa mission naturelle quand ils en ont fait un instrument d'oppression et de conquête et qu'entre leurs mains, leurs peuples n'ont été qu'un moyen de domination. Ils n'ont jamais eu qu'un but, l'Empire œcuménique, et un moyen, la germanisation.

***

L'histoire de l'Autriche, si compliquée en apparence, se résume en six dates essentielles.

1278, défaite d'Otakar II au Marchfeld, qui vaut à Rodolphe de Habsbourg la possession des provinces danubiennes et alpestres;

1526, bataille de Mohacz, à la suite de laquelle Ferdinand I rattache à ses domaines héréditaires les royaumes de Saint-Venceslas et de Saint-Étienne, (Bohême et Hongrie);

1620, bataille de la Montagne-Blanche qui marque en Bohême la victoire de l'absolutisme catholique;

1718, traité de paix de Požarevac, qui, en écartant définitivement le péril turc, permet au souverain d'établir solidement son autorité en Hongrie;

1780, avènement de Joseph II, qui ouvre la période de centralisation méthodique et de germanisation systématique;

1867, enfin, Compromis austro-hongrois, par lequel François-Joseph, en réservant aux Allemands de Cisleithanie les moyens d'asservir les Slaves du nord de la monarchie, remet aux Magyars le soin d'écraser les résistances des allogènes de Hongrie et de préparer la pénétration germanique vers l'orient.

A chacune de ces étapes correspond un progrès de l'idée impérialiste allemande qui, depuis l'origine, n'a pas cessé de tracasser les Habsbourgs et qui s'impose de plus en plus à leur cerveau débile avec la force d'une obsession maladive.

---

Dans la seconde moitié du XIII<sup>e</sup> siècle, le roi de Bohême Ottakar II (1253-1278), le plus illustre représentant de la dynastie nationale des Přémyslides, avait fondé un puissant empire qui s'étendait des Monts des Géants aux confins de l'Adriatique. Sa cour était élégante et magnifique, ses armées redoutables, et les trouvères chantaient la gloire du « souverain d'or ». Profitant de l'anarchie germanique pendant le grand interrègne, il avait relevé la gloire du nom slave et renoué entre les Tchèques et les Slovènes les liens que l'invasion magyare avait brisés au X<sup>e</sup> siècle.

Bien qu'Ottakar II eût plutôt des sympathies germaniques et qu'il attirât volontiers dans ses domaines des colons étrangers, la réunion sous une dynastie nationale d'un groupe compact de tribus slaves était une menace pour l'Allemagne. Elle en oublia un moment ses querelles intestines et les Électeurs appelèrent à l'Empire un vaillant chevalier de Souabe, qui avait fait ses preuves de ruse et d'énergie en étendant les domaines héréditaires de sa maison en Alsace et en Suisse. Il les conduisit aussitôt au combat contre les Tchèques et, après la bataille du Marchfeld où le roi de Bohême fut battu et tué, il obtint pour son fils, en récompense de ses loyaux services, l'investiture de l'Autriche, de la Styrie, de la Carinthie et de la Carniole (1283).

L'origine de la puissance des Habsbourgs se confond ainsi avec une victoire éclatante des Allemands sur les Slaves. Le centre électif et comme sentimental de leurs possessions demeurera toujours cette Marche de l'est que Charlemagne avait fondée pour protéger la frontière de la Germanie contre les invasions et qui, sous les Babenberg, était devenue un foyer de colonisation allemande.

Rodolphe était encore un trop mince personnage pour reprendre les vastes desseins des Otton ou des Hohenstaufen. Ses successeurs n'oublièrent pas cependant que leur puissance était liée à la possession du globe impérial et, même quand les partages et les dissensions familiales paralysent leurs ambitions, ils ne perdent jamais de vue la sphère terrestre qu'a tenue dans ses mains victorieuses leur premier ancêtre, le roi des Romains, le vicaire de Dieu sur la terre.

Dans la seconde moitié du xv° siècle, une série de hasards heureux permet à l'Empereur Frédéric III de rassembler les domaines dispersés de la famille, et son fils, Maximilien, épouse la fille de Charles le Téméraire, qui lui apporte en dot les Pays-Bas. La chimère longtemps courtisée paraît près de se réaliser par le mariage du fils de Maximilien I<sup>er</sup>, Philippe le Beau, avec Jeanne la Folle, la fille de Ferdinand d'Aragon et d'Isabelle de Castille. Souverain de l'Espagne, de l'Italie, des Flandres et du Nouveau-Monde, maître des provinces héréditaires de la maison d'Autriche, Empereur, protecteur redouté et exigeant du Saint-Siège, Charles-Quint est plus grand que Charlemagne et le soleil ne se couche jamais sur ses domaines. Si l'Allemagne frémit sous le joug, il l'étreint, à l'ouest, par ses possessions de Franche-Comté, d'Alsace et des Pays-Bas, à l'est, par la Bohême et la Hongrie.

***

Depuis longtemps, les Habsbourgs étaient en rivalité avec les Luxembourgs de Prague et les Angevins de Bude et ils guettaient avec une patiente obstination le moment favorable qui leur permettrait de se débarrasser de leurs concurrents. La bataille de Mohacz où périt en 1526 le roi de Bohême et de Hongrie, Louis II, offrit à Ferdinand Ier, le frère de Charles-Quint, l'occasion patiemment attendue.

Ses titres à la succession de Louis l'enfant étaient contestables; les Magyars et les Tchèques refusèrent d'en reconnaître la validité; ils devinaient vaguement le despotisme envahissant et rongeur des Habsbourgs, s'inquiétaient surtout à la pensée de remettre la destinée de leur peuple au représentant d'une race redoutée et haïe. L'invasion turque pourtant était menaçante et ils avaient besoin des secours de l'Allemagne. Ils cherchèrent un moyen terme, imposèrent à Ferdinand des conditions étroites, lui arrachèrent la promesse de respecter leurs libertés politiques et leurs droits nationaux. Tant d'innocence ingénue nous fait sourire. Quel candidat a jamais refusé de signer les programmes qu'on lui présente! A aucune époque, les engagements et les serments n'ont rien coûté aux Habsbourgs; ils sont sûrs de trouver toujours des juristes pour interpréter les uns, et des casuistes pour les délier des autres.

Ferdinand était jaloux, sournois et rancunier. Bien qu'il soutînt la politique de son frère, par égoisme, et tant qu'il ne lui était pas possible de le remplacer, il souffrait de l'ombre dans laquelle le rejetait la fastueuse majesté de son aîné. Avide de pouvoir, constant dans ses vues et souple dans ses desseins, il ne pardonna pas aux Diètes de Bohême et de Hongrie leurs hésitations et leurs exigences; elles ne lui avaient guère remis que l'apparence du pouvoir; il travailla à en faire une réalité. Dès la première heure, il s'habitua à voir dans ses nouveaux sujets des ennemis et des rebelles. La France est sortie de l'intime et sincère collaboration de son peuple et de ses rois; l'histoire de l'Autriche n'est que le douloureux et monotone récit d'un duel ininterrompu entre les souverains et leurs sujets.

La France s'est formée lentement, par la fusion progressive et volontaire des diverses provinces qui subissent graduellement l'attraction d'un centre vital; la plupart de ces provinces n'étaient pas très étendues; leurs populations sortaient d'une souche commune et avaient traversé des transformations analogues; leur histoire antérieure était courte et médiocrement remplie; elles étaient rapprochées par les conditions géographiques, la langue, les habitudes, la manière de vivre, la tournure d'esprit, les échanges économiques; les plus distantes et les plus opposées étaient reliées entre elles par une gradation de transitions insensibles; les plus personnelles, le Languedoc, l'Aquitaine, ont été recueillies par les Capétiens ou les Valois au lendemain de crises terribles qui avaient d'avance paralysé les résistances en brisant les âmes, et ne laissaient subsister qu'une immense fatigue et un absolu besoin de repos. Les souverains français, qui n'avaient pas à craindre de résistances sérieuses, apportaient à leurs nouveaux sujets l'ordre, la paix, une administration régulière et indulgente; ils s'attachaient leurs conquêtes par les bienfaits qu'ils répandaient sur elles et leur rendaient en justice et en paternelle protection la fidélité qu'ils en recevaient. Beaucoup commirent des fautes, et il ne s'agit sans doute pas ici de tracer un tableau paradisiaque de la vieille monarchie française. Peut-être cependant ce tableau souriant et paisible serait-il sensiblement moins éloigné de la vérité que les sombres images sous lesquelles nous nous représentons trop souvent l'ancien régime. Je ne sais pas ce qu'est la conscience d'un coquin, écrivait Joseph de Maistre, mais je sais ce qu'est la conscience d'un honnête homme; et cela fait frémir. Quand on examine de près la vie des hommes qui ont construit la nation de leurs robustes et laborieuses mains, on relève à chaque pas chez eux des faiblesses, des erreurs, des défaillances. Tout de même, Philippe Auguste, saint Louis, Charles V, Charles VII, Louis XII, François I<sup>er</sup>, Henri IV, Louis XIV, ont droit à quelque sympathie et leur œuvre fut bonne. S'il leur arriva de pressurer leurs sujets et s'ils ne furent pas toujours assez économes de leur sueur et de leur sang, ils aimaient la France, qui était leur chose, et le peuple les aimait aussi, qui était la France. On triomphait et on souffrait ensemble. Et puis, de très bonne heure, Paris se dressa, dominant de la tête les provinces, faisant face à l'ennemi, brandissant tour à tour la torche ou le flambeau, mais si vivant, si divers, si plein d'animation, de joie, de lumière, de pensée, qu'avec tremblement quelquefois et en le maudissant souvent, les provinces le suivaient toujours, qu'il leur parlât par la voix d'Étienne Marcel ou de Voltaire, par celle de Richelieu, de Danton ou de Lamartine et de Gambetta.

Au temps où elle n'aspirait pas encore à devenir une succursale de Berlin, Vienne mettait sa vanité à se nommer un second Paris. Elle tâchait de son mieux à y ressembler avec une bonne volonté émouvante. Elle en affectait les allures détachées, le scepticisme souriant, la démarche légère. Pauvre copie et médiocre pastiche! Pour approcher de son modèle, il lui a toujours manqué l'enthousiasme, la foi intérieure, l'animation de l'esprit. C'était une aimable et charmante cité; pour devenir une vraie capitale, une seule chose lui faisait défaut, — une âme. Auprès de Prague, tragique et passionnée, elle faisait assez pauvre figure. Les peuples passaient dans ce caravansérail, mais n'y cherchaient pas une règle de vie; on s'y amusait quelques jours, et on l'oubliait. Qu'avait-elle à vous dire? Des refrains de café-concert on n'a jamais tiré une Marseillaise.

Ferdinand I<sup>er</sup> et ses successeurs eurent beau se donner du mal pour bégayer le tchèque et le magyar, ils restèrent étrangers dans leurs nouveaux États et, ne les comprenant pas, ils les haïrent. Entre leurs peuples et eux aucune idée commune; tout les séparait, les traditions, les sentiments, les désirs et les rêves. Intronisés par ruse, ils ne se maintenaient que par la force. Ils étaient campés au milieu d'un pays ennemi qu'ils sentaient toujours frémissant et sans cesse près de l'insurrection; leur situation n'était pas sans analogie avec celle des Turcs et, comme les Sultans au milieu des Chrétiens, ils tenaient surtout à leurs domaines pour y lever des impôts et des janissaires.

Sans racines parmi les anciennes populations, ils s'appuyaient sur l'Allemagne, en appelaient des colons, des administrateurs, des ministres. A l'exemple des Babenberg, les premiers colonisateurs de la Marche Orientale, ils se regardaient comme les délégués du Saint-Empire en terre barbare. Quand Frédéric III avait adopté la célèbre et mystérieuse devise A E I O U (Austria est imperatrix orbis

universi, ou Alles Erdreich ist Œsterreich unterthan,
l'Autriche est la maîtresse de l'univers, ou tout l'univers
est soumis à l'Autriche), c'est que les iné-
branlables ambitions des chefs des Ottons et des
Hohenstaufen revivaient en lui. L'historien anglais
Bryce, dans un livre célèbre, a montré l'irrésistible
fascination que certains mots exercent sur les cœurs :
les Habsbourgs ne sont jamais descendus de l'em-
pyrée qu'ils s'étaient construit; absorbés dans la contemplation mystique des Augustes romains, vicaires
temporels du Seigneur, ils entendaient que la Chrétienté s'inclinât devant leur trône; ils la conduiraient
à la croisade contre les schismatiques, les hérétiques
et les infidèles jusqu'au jour où, à Rome et à Constantinople, Latins et Grecs réuniraient leurs voix
dans un alleluia triomphal en l'honneur de Jésus-
Christ et des Habsbourgs, ses féaux et ses ministres.

Pour accomplir leur divine mission, ils avaient
besoin de la force de l'Allemagne et de la bénédiction du Saint-Père. Malheur aussi à ceux qui ne
répondent pas dévotieusement à leur appel. L'opposition à l'Allemagne et l'hérésie leur apparaissent
comme une insulte à leurs droits souverains et ils les
confondent dans le même anathème, — longtemps
encore après que la Germanie a en grande partie
rejeté l'obédience romaine. Il leur faudra des siècles
pour s'apercevoir qu'ils marchent derrière un spectre
et que l'Allemagne véritable est depuis longtemps
passée à d'autres idoles.

Ils honorent d'une rancune inextinguible et impitoyable les Tchèques qui, irrévocablement attachés
à leurs origines et rebelles à la papauté, représentent
à leurs yeux les plus dangereux ennemis de cette
unité chrétienne sur laquelle doit se fonder l'édifice
impérial. Après un siècle de luttes, la bataille de la
Montagne Blanche (8 nov. 1620) livra le pays à leur

implacable vengeance. Ils s'acharnèrent sur ses restes sanglants et mutilés ; supplices, confiscations, dragonnades ; la noblesse nationale exterminée et dépouillée ; en exil, quiconque gardait au cœur l'amour de la langue des ancêtres ou le culte de la religion consacrée par le sang des martyrs et les exploits des héros. Les diètes réduites au silence, la bourgeoisie ruinée, le peuple livré en proie à l'oppression des aventuriers qui, de tous les coins de l'horizon, étaient accourus à la curée, ils administrèrent le pays à leur guise, sans entraves, sous le couvert d'une constitution octroyée qu'ils interprétèrent à leur fantaisie. Pour les aider dans leur tâche de sang et de mort, ils avaient trouvé des auxiliaires admirables dans les jésuites dont la discipline surhumaine avait arrêté la marée protestante au moment où elle allait submerger le monde. Émerveillés de leur zèle, de leurs méthodes et de leurs succès, les Habsbourgs courbèrent bientôt la tête devant les serviteurs qu'ils avaient appelés, implorèrent leurs leçons, remirent entre leurs mains expertes et délicates leur embryon de conscience. Ils furent des élèves excellents, apprirent de leurs maîtres que la fin justifie les moyens, que tout est permis aux élus et que la dignité royale doit être défendue comme la Majesté céleste ; sans pitié, sans remords, ils frappèrent comme une offense personnelle la moindre indépendance de pensée et la plus légère protestation morale. Ils ne furent plus que des cadavres que poussait en avant dans une marche macabre une hallucination fantasque.

La Hongrie fut moins malheureuse que la Bohême, parce qu'elle fut longtemps en grande partie occupée par les Turcs. Son tour arriva quand, les forces musulmanes brisées au siège de Vienne (1683), le traité de Požarevac enleva définitivement aux insurrections magyares l'appui qu'elles avaient trouvé jus-

qu'alors à Constantinople. A Prague et à Pest, le but
des Habsbourgs était le même, établir leur pouvoir
absolu, pour étendre le gloire de l'Allemagne et de
l'Église. Les moyens seuls différèrent. Les mœurs
s'étaient adoucies et les procédés violents de Ferdinand II auraient soulevé l'indignation universelle. Marie-Thérèse (1740-1780), patiente, insinuante,
tenace, onctueuse, par des pensions, des grâces, de
riches mariages, domestiqua l'aristocratie magyare,
lui passa doucement le mors, l'amena à la cour, lui
enseigna l'art de la révérence et des belles manières.
L'alliance se prépare dès lors qui, après de bruyantes
querelles et de dramatiques péripéties, a été de nouveau scellée en 1867. Alliance du cheval et du cava-
lier où l'étalon magyar est libre de faire le beau et
d'encenser, pourvu qu'il aille où on entend le mener.

---

Joseph II (1780-1790) jugea le moment venu d'a-
chever d'un coup l'œuvre d'assimilation adroitement
conduite par sa mère. En apparence, ce turbulent
apôtre des lumières fait contraste avec ses ancêtres
confits en dévotion et abondants en patenôtres. Dès
qu'on le regarde mieux, on retrouve vite chez lui la
tare habsbourgeoise qui, comme la lèvre proéminente de la famille, se transmet de génération en
génération : l'orgueil impérial, la volonté implacable
de domination et le fanatisme de l'Allemagne. Le
despotisme conquérant a revêtu la livrée des philosophes; elle cache mal la cagoule médiévale. Agité,
fiévreux, toujours en mal de projets, tourmenté par
des tentations perpétuelles auxquelles il ne songeait
pas à résister, un diplomate le comparait à un enfant
égaré dans un magasin de jouets qui voudrait tout
emporter. Avec la même concupiscence brouillonne,
ses mains avides se tendent vers l'Italie, la Turquie

et l'Allemagne. S'il n'était pas mort brusquement, il eût ameuté contre lui l'Europe et ses propres sujets.

Ses successeurs profitèrent de la leçon, sans oublier son exemple. Leur prudence tatillonne essaya de mieux ménager les transitions; ils carguèrent les voiles, ne modifièrent pas le cours du bâtiment.

Depuis qu'au début du XVIII<sup>e</sup> siècle, Léopold I<sup>er</sup> avait commis l'invraisemblable sottise d'accorder la couronne royale à Frédéric I<sup>er</sup> de Prusse, et surtout depuis Frédéric II qui leur avait enlevé la Silésie, les Habsbourgs sentaient l'Allemagne leur échapper. Elle avait trouvé dans les Hohenzollern des galants moins fripés, aux mains plus lestes, mieux vêtus à la mode du jour. Il est amusant aujourd'hui, maintenant que Berlin prodigue à Vienne ses sourires et ses grâces, de relire les diatribes que, sans désemparer, pendant un demi-siècle, n'ont cessé de lancer contre la Maison d'Autriche les Häusser, les Droysen, les Sybel et les Treitschke, toute l'encombrante lignée des courtisans du soleil nouveau, toute la bande des pamphlétaires qui assénaient leurs pesants volumes sur la tête chenue des descendants de Charles-Quint. Ils leur reprochaient surtout de ne pas aimer l'Allemagne d'un amour assez exclusif; ils ne se doutaient pas que leurs favoris, les rois de Prusse, deviendraient bientôt à leur tour les tenants de la politique mondiale.

Les Habsbourgs juraient leurs grands dieux qu'ils étaient les meilleurs Germains du monde, les plus sincères et les plus purs, et ils suaient sang et eau pour dépouiller leur monarchie de l'apparence composite et de la couleur macaronique qu'elle gardait en dépit de leurs persévérants nettoyages. Ils surveillaient de fort près leurs peuples et, si quelque part émergeait à la surface quelque signe où se trahît la persistance d'une vie nationale indépendante, ils s'indignaient avec une sincérité qui n'était pas feinte. Ils travaillaient de leur mieux à fortifier l'armée et la bureaucratie qui, constituées par la dynastie, n'avaient d'autre intérêt que ceux du monarque. Plus encore qu'à la bureaucratie et à l'armée, ils se fiaient à la police dont l'œil vigilant se glissait partout, découvrait aux replis les plus cachés des cœurs les pensées coupables, apercevait dans les livres les plus innocents les germes criminels et figeait les paroles sur les lèvres qui auraient pu s'ouvrir.

Déroutée un instant par les incidents tumultueux de 1848, la police habsbourgeoise reprit vite du poil de la bête et profita du découragement dans lequel étaient tombés les peuples, pour recommencer de plus belle son travail d'oppression et de germanisation. Le prince de Schwarzenberg, le principal dompteur de la révolution, appartenait à la catégorie de ces politiques médiocres qui confondent l'audace réfléchie avec la brutalité et, pour stupéfier les badauds, ramassent dans les chambres de débarras les ornements en chrysocale. Il prétendait mener l'Europe tambour battant et traiter l'Allemagne à la hussarde. Les petits souverains de la Confédération, encore effarés de la récente alerte où ils avaient fait médiocre contenance, cherchaient à tâtons un appui contre leurs peuples; ne seraient-ils pas trop heureux d'accepter la protection des généraux qui avaient fait leurs preuves en bombardant Prague et Vienne? Schwarzenberg pensait les amener sans trop de peine à se grouper à l'ombre rafraîchissante de son grand sabre; il aurait constitué ainsi, au centre de l'Europe, un État de 70 millions d'hommes, qui aurait dicté ses lois au monde et empêché à jamais toute révolution.

Malgré ses déboires, l'Allemagne conservait un patriotisme trop chatouilleux et l'orgueil de race y était trop développé pour qu'elle consentît à subir une domination qui aurait eu l'apparence d'une conquête étrangère. Pour la soumettre, il fallait d'abord que l'Autriche lui donnât des gages en réduisant les Slaves à merci. Schwarzenberg et, lorsqu'il eut été emporté par une attaque d'apoplexie, Bach, qui le remplaça dans la direction des affaires, retapèrent les vieux projets de Ferdinand II, de Léopold I<sup>er</sup> et de Joseph II. Avec plus de fougue que d'intelligence, ils établirent dans tout l'Empire un système de centralisation rigide et supprimèrent les libertés locales et provinciales; appuyés sur l'administration, l'armée, l'Église et la police, ils passèrent à tous leurs sujets la casaque de force allemande. Toute vie politique cessa; un silence de mort régna sur l'Empire et les ministres se réjouirent d'avoir étouffé jusqu'à l'ombre d'une opposition.

Elle couvait sous la cendre, plus irréconciliable et plus dangereuse que jamais. Contre le vainqueur du jour, les ennemis de la veille ajournaient leurs vieilles rancunes et un soulèvement unanime des consciences se préparait. Les politiques qui aiment à se donner, — et peut-être de bonne foi, — comme les exécuteurs des ordres célestes, ont presque toujours une conception purement matérialiste de la société et de la vie; ils en sont restés aux théories féodales et calculent leurs succès au nombre de kilomètres carrés qu'ils annexent; l'homme n'est à leurs yeux qu'une sorte de cheptel et son rôle est fini quand il a payé l'impôt et fourni les années de service militaire qu'on exige de lui. Les Habsbourgs ne se sont jamais doutés que l'influence d'un État au dehors est fonction de sa santé matérielle et morale.

Schwarzenberg et ses continuateurs avaient tout sacrifié au prestige et leurs ambitions, qui ne s'appuyaient que sur leurs avidités constructives, aboutirent à une banqueroute formidable. Compromise pendant la guerre de Crimée par ses timidités et ses atermoiements qui frisaient la déloyauté, en abomination à la Russie qui ne lui pardonnait pas son ingratitude, odieuse aux libéraux d'Allemagne, suspecte aux princes, avec des finances en désarroi, un crédit ruiné et un papier-monnaie discrédité, l'Autriche s'effondra au premier coup de canon. Après les défaites de Magenta et de Solférino, les plus aveugles durent s'avouer que le système d'absolutisme germanisateur, condamné sans appel par l'épreuve, devait être abandonné. — Du moins ils y pensèrent un moment. Malheureusement François-Joseph (1848-1916) avait subi trop profondément l'empreinte de ses premiers guides pour échapper jamais à leur influence. Jusqu'au dernier jour, il resta prisonnier de leurs idées, parce qu'elles n'étaient en somme que celles qu'il avait reçues de sa naissance et de ses origines. Quelques avatars qu'il ait traversés, il n'a jamais cessé comme ses ancêtres de croire que Dieu lui réservait l'hégémonie de l'Europe et qu'il ne remplirait ses destinées qu'en s'accrochant désespérément à l'Allemagne. Sa vie durant, il courut après la vapeur d'une ombre. Seulement, après 1871, quand les Hohenzollern eurent décidément enchaîné la Germanie à leur fortune, il se trouva qu'il courait derrière leur char. Il avait besoin d'encens et il se grisait de la fumée des sacrifices que l'on offrait à son vainqueur. Il lui savait gré de l'admettre dans son fastueux cortège et il jouait sans amertume le rôle de brillant second.

En décembre 1848, quand il avait été hissé sur le trône par sa mère l'archiduchesse Sophie et Schwarzenberg, on avait jugé sans trop de sévérité les frasques et l'inexpérience de ce gamin de dix-huit ans. L'avenir prouva vite que les années passaient sur sa tête sans mûrir son esprit. M. de Bülow reproche à ses compatriotes de ne pas avoir le sens de la vie et d'agir presque toujours à contresens. Il leur manque le flair, le tact, la finesse, cet ensemble de qualités innées que nous résumons par un mot : l'intelligence. A ce titre personne n'a été plus allemand que François-Joseph, je veux dire moins intelligent, plus esclave de ses idées premières, moins capable de transformation.

Ses origines le prédisposaient à l'obsession de l'idée fixe. *Bella gerant alii*, dit l'adage célèbre ; tu, *felix Austria, nube*. Et il est vrai que les Habsbourgs doivent plus à leurs combinaisons matrimoniales qu'à leurs succès militaires. Il arrive seulement que les mariages riches s'achètent assez cher. Ferdinand Ier avait pour mère Jeanne la Folle, dont le lourd héritage a pesé sur toute la race. Ses descendants, par scrupule religieux ou vanité nobiliaire, ont presque toujours cherché des impératrices chez les Wittelsbach, parmi lesquels les cas de folie sont nombreux, ou les Bourbons d'Espagne et d'Italie dont la santé physique et morale n'est guère supérieure. Ces unions répétées dans un milieu de plus en plus restreint aboutissent rapidement à la disparition ou à la dégénérescence de la race. L'impuissance, l'épilepsie, la phtisie, l'idiotie, l'érotomanie guettent les enfants de cette lamentable lignée, et en effet la famille des Habsbourgs nous apparaît de plus en plus comme une clinique de dégénérés. L'archiduc Charles, l'adversaire de Napoléon, et l'archiduc Albert, le vainqueur de Custozza sont des épileptiques ; de même, l'empereur Ferdinand Ier, l'oncle de François-Joseph. L'archiduc Otton, un autre de ses oncles, et l'archiduc Rodolphe, son fils, sont des déséquilibrés. Il serait facile de multiplier les exemples par dizaines. Les moins atteints de la famille sont des esprits faibles qui se confinent dans un travail mécanique et sont torturés par un misonéisme maladif. Ils ont peur de la vie, du mouvement, cherchent un refuge dans un passé qui se déforme dans leur imagination, à la fois tumultueuse et chétive.

Chez François-Joseph l'éducation développe encore le fétichisme de la gloire de sa race. Ses gouverneurs, médiocres, pauvres d'idées, par calcul ou par servilisme naturel, l'entretiennent dans le culte de ses aïeux et de son titre. Au milieu de ce pauvre cénacle, l'abbé Rauscher, le futur cardinal, archevêque de Vienne, ne songeait qu'à sa fortune et à l'Église. Docile disciple des Jésuites, il plie son catéchumène à une dévotion étroite et matérialiste; jusqu'à la fin de sa vie, son élève, fidèle à ses leçons, se regardera comme le serviteur de Rome qui, en échange de sa loyale obéissance, lui promet le royaume de la terre, en attendant celui du ciel.

Sa mère, l'archiduchesse Sophie, une de ces qua' e sœurs bavaroises qui menèrent les cours alleman pendant la crise de 1848, sèche, impérieuse, hau exigeait une éclatante revanche de la destinée  u l'avait longtemps reléguée au second rang. Comme Agrippine, elle pr  t son fils pour le trône, ce qui ne signifiait   qu'elle entendît l'émanciper; de peur de risqu  son influence, elle ne fit rien pour l'éloigner des banales aventures, qui, dans une cour comme celle de Vienne, sollicitaient la curiosité du jeune prince. Médiocres passades, qui n'étaient guère de nature à développer la générosité de son âme et accrurent son égoïste frivolité.

Dès le début, il nous apparaît tel qu'il demeurera jusqu'à la fin de sa vie, personnel, le cœur racorni, l'âme médiocre et vulgaire. Ses idées sont courtes et son credo se réduit à deux ou trois articles : la maison de Habsbourg est la plus noble de la terre et sa mission est d'étendre son prestige et d'accroître ses domaines; de toute éternité il a été choisi par la divine Providence pour continuer l'œuvre de ses aïeux en ajoutant de nouvelles terres à celles qu'ils lui ont léguées; elle lui a confié ses sujets pour qu'ils l'aident à remplir sa tâche en exécutant ses ordres. De là, sa souveraine sérénité d'âme en face des moyens les plus scabreux, pour peu qu'ils lui permettent d'arriver au but, son absence complète de sensibilité humaine, sa dureté naïve et brutale. Les pires tyrans n'ont pas chargé leur règne d'autant de meurtres que ce souverain qui, presque enfant, accepte sans frémir la responsabilité des boucheries d'Arad et de Brescia, et qui, ces derniers mois, d'une main glacée déjà par la mort, donnait encore l'ordre d'élever des potences d'un bout à l'autre de son royaume; on ne saurait dire pourtant qu'il fût vraiment cruel : Il était pire, indifférent. Comme il n'avait aucune imagination créative, il ne sentait pas en lui le retentissement des souffrances qu'il ordonnait; lieutenant de Dieu sur la terre, sans effroi, sans tristesse, il offrait à sa grandeur empruntée les holocaustes qu'elle réclamait. Implacable pour ses adversaires, il était bassement ingrat pour ses serviteurs, parce qu'il regardait les services qui lui étaient rendus comme l'accomplissement d'un devoir strict qui ne méritait aucune récompense. Il paraissait réfractaire aux désastres et aux malheurs, et comme il n'en apercevait que confusément la portée, sa confiance dans une prochaine revanche n'en était pas ébranlée.

Autour de lui, la folie et le crime. Sa femme qu'il réduit au désordre et au désespoir, fuit à travers le

monde dans une course éperdue. Son fils, victime
d'une éducation déplorable et corrompu par une
atmosphère empuantie, meurt dans une nuit d'orgie.
Son frère Maximilien, pour échapper aux suspicions
qui rôdent autour de lui, se réfugie dans une aventure insensée qui le mène au peloton d'exécution de
Quérétaro. Ses neveux et ses arrière-neveux som-
brent dans la débauche crapuleuse ou la démence.
François-Ferdinand, l'héritier désigné, disparaît,
emporté avec sa femme dans une catastrophe mystérieuse. Il assiste à cette avalanche de tragédies,
inerte, distant; à chaque sommation de la destinée,
il essuie une larme d'un doigt pressé et reprend sa
partie de tarok avec quelques courtisans, en savou-
rant les *Schnitzel* de Mᵐᵉ Schratt, une vieille actrice à
qui l'a confié la dédaigneuse protection de l'Impératrice. Il ne semble pas qu'il ait jamais essayé de
rentrer en lui-même, qu'il se soit jamais demandé si
ces drames n'étaient pas la sanction diffuse de son
incurable sécheresse d'âme et de son extraordinaire
étroitesse d'esprit.

La guerre de Crimée avait révélé tout de suite la
misère d'une politique qui ne mesurait pas ses desseins
à la réelle puissance de la monarchie et qui, désor-
bitée par les appels d'un passé depuis longtemps
évanoui, ne tenait aucun compte des transformations que le monde avait subies.

Metternich avait eu du moins la prudence de ne
pas brusquer les choses. Satisfait de l'apparence du
prestige, il avait réussi à conserver à l'Autriche une
ombre d'hégémonie, parce qu'il n'avait jamais essayé
d'user de l'autorité qu'on lui reconnaissait gratuitement. Il avait maintenu autour de la monarchie
des sympathies qui lui avaient permis jusqu'à la fin

de tenir son rang et de sauver la face. Du jour où, sous l'influence des idées de Schwarzenberg, on allait essayer de transformer en une autorité réelle la vague influence dont s'étaient sagement contentés ses prédécesseurs, on devait susciter des résistances actives et, au premier choc, l'imposante machine, mal agencée et rongée par la rouille, volerait en éclats.

Les alliés qu'avait soigneusement ménagés Metternich et qu'avait retenus près de lui son système de stabilité et de réserve, s'éloignèrent dès qu'ils soupçonnèrent les projets du cabinet de Vienne. La Russie, alarmée par les intrigues de Buol dans la péninsule des Balkans, se crut obligée, pour les prévenir, de reprendre ses desseins sur Constantinople et se trouva entraînée malgré elle dans la guerre de Crimée.

L'Autriche, qui aurait facilement empêché une rupture que personne ne désirait, ne sut ni prévenir les hostilités, ni adopter une ligne de conduite loyale et franche. Nicolas I<sup>er</sup> se croyait sûr de son appui; elle négligea de l'avertir à temps qu'il n'avait pas à compter sur elle et, par une véritable trahison, quand il se fut décidément engagé dans une entreprise mal combinée, elle lui entrava les bras, en le forçant à évacuer les provinces danubiennes. En même temps elle se laissait piteusement jouer par la Prusse qui reconquérait à Francfort une situation éminente et s'aliénait les puissances occidentales en signant avec elles un projet d'alliance qu'elle refusait le lendemain d'exécuter. Elle achevait de ruiner ses finances par une mobilisation prolongée, pour aboutir à un protocole de désintéressement qui n'était qu'un aveu d'impuissance. En punition de tant de fautes, suspecte à tous, mécontente d'elle-même, elle parut au Congrès de Paris (1856) la véritable vaincue et, lorsque Cavour y apporta les protestations de l'Italie frémissante, elle ne rencontra autour d'elle que des visages hostiles ou des sympathies hypocrites. Quelques années plus tard, battue à Magenta et à Solférino (1859), elle assistait impuissante à la formation du royaume d'Italie et perdait à jamais cette domination de la péninsule que le souvenir des anciens Empereurs revêtait à ses yeux d'un prestige symbolique.

Pour relever sa gloire compromise et rehausser l'éclat terni de ses armes, François-Joseph, poussé par quelques catholiques et quelques revenants du parlement de Francfort, Esterhazy, Schmerling, le baron de Biegeleben, au mépris du plus élémentaire bon sens, porte une main téméraire sur la Confédération germanique qui le protégeait contre les ambitions prussiennes et imagine d'atteler l'Allemagne à sa fortune. Pour cela, il est nécessaire qu'il lui donne des gages à la fois de ses intentions libérales et de la sincérité de son patriotisme germanique.

Les désastres des années précédentes avaient été en partie causés par l'affaiblissement continu de l'État qui se disloquait au milieu de la désaffection générale des peuples. En 1859, Bach avait été écarté des affaires et l'Empereur avait appelé au ministère de l'Intérieur le comte Goluchowski. Polonais d'origine, médiocrement instruit, féru de noblesse, Goluchowski possédait la qualité qui a le plus souvent manqué aux hommes d'État autrichiens, le sens commun Il s'attacha à adoucir les conflits, lâcha doucement les rênes, essaya de calmer les haines ethniques; les épreuves récentes avaient beaucoup diminué les exigences respectives des diverses nationalités et elles se seraient volontiers contentées de concessions modestes. Le diplôme d'octobre 1860 fut accueilli avec une satisfaction assez générale; il annonçait l'établissement d'une constitution raisonnable, qui accordait aux citoyens des libertés modérées et reconnaissait les droits naturels des différents peuples. Une ère nouvelle s'ouvrait, de réconciliation, de justice et de paix.

Un régime fédératif qui avait nécessairement pour condition le développement des institutions locales, menaçait les intérêts de la bureaucratie, dont les pouvoirs seraient sensiblement diminués, l'orgueil de l'armée qui perdrait sa situation prépondérante, et l'hégémonie des Allemands, désormais obligés de renoncer à la condition privilégiée qu'ils avaient si longtemps occupée. Dangereux adversaires ! Le sort de Goluchowski fut décidé quand le cardinal Rauscher jeta dans la balance le poids de son autorité : par principe et par tradition, l'Église est centraliste et elle supprimerait volontiers de l'histoire le fâcheux épisode de la tour de Babel. Goluchowski fut remplacé par Schmerling (déc. 1860) qui, sous prétexte d'interpréter le diplôme d'octobre, substitua aux tendances fédéralistes une politique de pseudo-libéralisme germanisateur.

L'opinion étrangère qui savait gré à Schmerling de ne pas s'être compromis à la suite de Stadion et de Bach et qui juge plus sur les mots que sur la réalité, l'a longtemps regardé comme un champion des idées modernes, parce qu'il était d'origine bourgeoise et qu'il a introduit à Vienne les formes parlementaires. Son adresse consista à transposer sur le mode contemporain la vieille chanson des Habsbourgs. Ferdinand II avait voulu germaniser l'Autriche par les Jésuites et Joseph II par la philosophie ; Schmerling prétendit y réussir par l'institution d'une diète centrale où, grâce à une adroite prestidigitation électorale, la majorité des suffrages appartiendrait à la minorité allemande. La ruse était si grossière que parmi les intéressés personne ne s'y trompa, pas plus à Francfort qu'à Vienne et à Pest. L'intervention de

Schmerling n'en a pas moins été décisive et, depuis lors, la patente de février 1861 pèse sur les destinées de la monarchie. François-Joseph a été quelquefois obligé de louvoyer; il a jeté du lest; il n'a jamais compris la faute qu'il avait commise en 1861 et qui a fini par faire de lui un simple vassal de Guillaume II.

Ces questions de constitution ne l'ont jamais beaucoup intéressé et il n'en voyait pas la gravité. On s'est étonné souvent de la facilité avec laquelle il changeait ses ministres, et scandalisé qu'il oubliât si vite les promesses les plus solennelles. A-t-il quelquefois pressenti que ces brusques secousses, ces volte-face scandaleuses et ces serments aussitôt oubliés que prêtés ébranlaient la vieille monarchie? En réalité, il ne prenait pas au sérieux les demandes et les récriminations de ses peuples, convaincu qu'il lui suffirait de leur montrer ses favoris pour qu'ils tombassent à genoux devant Leur Majesté.

N'avait-il pas appris dès son adolescence que les Souverains n'ont que des droits et non des devoirs, que la vertu d'un citoyen se mesure à sa docilité et que le monarque n'est tenu ni à la reconnaissance envers ses serviteurs, ni à la loyauté vis-à-vis de ses peuples. — Mais la morale? — Au-dessus de la morale, il y a la religion qui consacre le pouvoir absolu de l'oint du Seigneur. — Mais l'honneur? — Il n'y a pas de mot dont François-Joseph ait plus complètement ignoré le sens. Il le confondait avec l'étiquette, sur quoi il était pointilleux.

Quand il signe une constitution, il fait à l'humeur bizarre de ses contemporains une concession gracieuse qui ne le lie que dans la mesure qui lui convient. Quelles que soient les clauses des diplômes qu'il sanctionne, il n'y lit jamais qu'une phrase : ma puissance est inaliénable, parce qu'elle me vient du ciel. Comme pour Charles X, toutes les chartes se résument pour lui dans l'article XIV, qui lui permet, dès qu'il le veut, d'ajourner le Reichsrat et de gouverner sans son concours, — ex lex, comme on dit en Autriche.

Il éprouve pour les Slaves une antipathie particulière : ils ne sont pas nés, ne connaissent pas les belles manières, — Eine sonderbare Gesellschaft, quelle étrange compagnie! dira-t-il après les élections où ont triomphé les Jeunes Tchèques. Sans prendre au sérieux les racontars qui les dénoncent comme vendus à la Russie, il les tient capables de haute trahison, parce qu'ils ont leurs traditions propres qui ne se confondent pas avec celles de la dynastie, qu'ils réclament une politique de paix et qu'ils résistent à la pénétration germanique. Il ne comprendra jamais qu'ils sont les plus fermes, ou plus exactement les seuls soutiens de son trône, précisément parce qu'ils sont jalousement attachés à leur individualité nationale et, par là, inaccessibles aux sollicitations de Berlin.

C'est contre eux, non moins que contre les Hohenzollern, qu'il reprend à partir de 1861 les plans gigantesques de Schwarzenberg et se présente comme le champion de la reconstitution de l'Allemagne. Irréparable imprudence! Quieta non movere, lui avait répété Metternich mourant, ne pas soulever de questions inutiles. Pas de zèle, disait Talleyrand. — Du jour où il s'avisait de transformer en autorité réelle sa présidence nominale, il s'aliénait les États secondaires, contraignait les Hohenzollern qui, jusque-là, ajournaient le conflit, à sortir de leur réserve et à jouer leur va-tout. Il s'en aperçut trop tard, et, bien qu'il prévît l'écrasement probable, ne sut pas éviter le combat. La bataille de Kœniggraetz et le traité de Prague (1866) consacrèrent la victoire de la Prusse et rejetèrent l'Autriche hors de l'Allemagne.

Un échec n'est rien en lui-même. Il ne devient grave que si l'on ne sait pas en tirer parti. Bien que la situation fût moins favorable qu'en 1860, parce que les Magyars qui avaient déjà obtenu par surprise des avantages fort appréciables étaient devenus plus exigeants, il n'était pas encore complètement impossible, en revenant aux idées de Goluchowski, d'essayer une réconciliation des peuples dans un régime de liberté et d'égalité. Sous l'inspiration de Beust, François-Joseph préféra le dualisme : il livra aux Magyars une moitié de l'Empire, pour que les Allemands fussent libres de maintenir dans le reste de la monarchie leur absurde suprématie. Expédient malencontreux qui ne pouvait avoir et n'a eu pour résultat que de rendre les luttes plus farouches, en enfermant les adversaires dans un cercle plus étroit.

Comment l'Empereur, si jaloux de son autorité, s'est-il résigné à une mesure qui morcelait son pouvoir ? — D'abord, il faut songer aux facteurs personnels, l'influence de la cour, celle de l'Impératrice Élisabeth, qui s'était engouée des Magyars. Ces patriotes farouches sont d'adroits et subtils courtisans ; ils portent sans en être écrasés des titres pompeux et des costumes d'apparat. Avec eux, on peut causer, ils sont du monde (hoffæhig). Comment s'arranger au contraire avec ces lourdauds de Slovaques ou de Tchèques, instituteurs, misérables prêtres de village, paysans ? — Ensuite, il est probable qu'il ne mesura pas la portée de l'acte qu'il signait, n'y vit qu'une de ces péripéties secondaires auxquelles il s'était habitué, pensa qu'il retirerait quand il le jugerait bon la concession qu'il accordait. Pour le moment, il s'agissait de désarmer l'opposition et de lui soutirer les soldats et l'argent qui permettraient une revanche prochaine au vaincu de Sadova. Il avait compté sans ses hôtes. Quand Bismarck engagea la lutte définitive en 1870, les Magyars s'accrochèrent aux basques de Beust et le collèrent au mur. Sedan et la paix de Francfort fondèrent pour un demi-siècle l'hégémonie de la Prusse.

Les desseins de Dieu sont insondables et ses voies ne sont pas nos voies. François-Joseph conclut de ses défaites multipliées, non pas que les destinées de l'Autriche étaient désormais bornées, mais qu'elle devait les atteindre par de nouveaux chemins. De toutes les routes qu'avait tour à tour essayées son impatience, une seule demeurait ouverte devant lui : l'Orient. Tête baissée, il s'y précipita. Adroitement, en dissimulant ses pensées, Bismarck l'y attira, en attendant que Guillaume II l'y lançât à corps perdu. Évidemment, ni Andrassy, qui inaugura la nouvelle politique, ni son maître, ne connaissaient la fable du pot de terre et du pot de fer.

Il est amusant de lire le panégyrique que Wertheimer a consacré à Andrassy. De très bonne foi, le ministre hongrois s'imagine qu'il a enchaîné Bismarck à sa fortune, qu'il l'a décidé malgré lui à conclure un contrat dont l'Autriche seule recueillera les bénéfices. — J'ai fait un prisonnier, crie le héros de la légende. — Amène-le. — Mais c'est qu'il ne veut pas me lâcher. — L'Allemagne tenait l'Autriche et elle allait la pousser devant elle pour qu'elle essuyât les plâtres et lui frayât les voies.

Après tant d'autres, les Habsbourgs, comme jadis les Bourbons, travaillaient pour le roi de Prusse. Revirement si prodigieux que pendant longtemps les politiques les plus perspicaces ont refusé d'y croire. — C'est qu'ils n'avaient aucune idée de l'âme du souverain apostolique et ne comprenaient pas la force de l'obsession. François-Joseph n'a jamais dépassé les apparences des choses; tant que l'étiquette était maintenue, il n'apercevait pas les progrès de l'influence étrangère, l'invasion du capital allemand, l'infiltration des idées pangermanistes. Le sol était miné sous ses pas. Il dormait sur une mine près d'éclater. — Par héroïsme? — Non, par imprévoyance et myopie.

Qui lui aurait révélé le péril imminent? — A coup sûr, ni M^me Schratt, ni le comte de Paar, son aide de camp ou le prince Montenuovo, son chambellan. Au moment de l'annexion de la Bosnie, en 1879, un journal satirique, qui, bien entendu, fut confisqué, publiait une amusante caricature : Bismarck, tranquillement étendu dans un fauteuil, cinglait un âne, qui péniblement gravissait un âpre sentier de montagne; sur l'âne, François-Joseph dont la tête s'ornait d'un triomphal bonnet de coton, se dandinait béatement, au milieu d'un chœur de Franciscains qui chantaient à plein gosier : sic vos non vobis. — S'il eût aperçu cette caricature, l'Empereur en eût-il apprécié le sel? — Très probablement non. Qu'avait-il voulu depuis le début de son règne? — Agrandir l'Empire. Il y réussissait, ce qui prouvait que la bénédiction céleste finit toujours par retomber sur la tête de ceux qui ne perdent pas la foi.

De quel prix payerait-il ses accroissements de territoire? Il ne se le demandait pas. Quand le Parlement de Francfort avait offert à Frédéric-Guillaume IV la couronne d'Allemagne, Bismarck avait supplié le roi de ne pas accepter le dangereux présent de la démocratie; un jour viendrait où elle en réclamerait le prix, et il rappelait la parole célèbre du Freischütz : « Croyais-tu donc que cet aigle t'eût été donné en cadeau et pour rien. » François-Joseph n'avait pas la vue si lointaine. Moyennant un pourboire, il se laissait transformer en sergent-fourrier de la Prusse, en attendant qu'elle le changeât en agent provocateur.

De temps en temps, Guillaume II accourait à l'improviste pour mesurer le chemin parcouru ; il avait plus de bonne volonté que de tact, et ses flatteries un peu grossières agaçaient un instant le vieux souverain qui avait l'habitude de manières plus délicates et plus réservées ; d'après des racontars, qui ne proviennent pas toujours de sources très sûres, le Nestor des peuples témoignait par moments à son hôte quelque mauvaise humeur. Elle ne durait guère. Bien vite, il retournait à sa chaîne, et, sans grogner, revêtait la livrée de Berlin.

Depuis longtemps, il avait oublié Kœniggrætz. Les Viennois, — et, si on avait dépouillé François-Joseph de sa défroque princière, on eût aussitôt découvert en lui le Viennois classique, léger, médiocre, cancanier, peu exigeant dans ses plaisirs, plat, — n'ont pas la mémoire longue. Il avait rejeté la honte de sa défaite sur le malheureux Benedek qui mourut de son ingratitude, écœuré et ulcéré. Si le souvenir confus lui en revenait quelquefois, il se consolait par la pensée qu'il avait été battu par des Allemands. Un voyageur français se préparait un jour à courir au secours d'un gamin badois que rossait un sergent bavarois, quand il le vit tout rouge et essoufflé des coups qu'il avait reçus, se retourner vers lui et lui dire avec un air de satisfaction complaisante : Hein ! Quels biceps ! Quelle poigne ! — François-Joseph éprouvait une pointe d'orgueil en pensant à la solidité de l'armée prussienne.

Il tint assez longtemps rigueur aux Allemands de Cisleithanie, qui n'avaient montré aucun enthousiasme quand l'occupation de la Bosnie et de l'Herzégovine en 1878 avait accru de deux millions le nombre des Slaves soumis aux Habsbourgs. Il les avait punis de leur rébellion et de leur sottise en appelant aux affaires un de ses amis d'enfance, le comte Taaffe (1879-1893), mais sans permettre que leur situation fût sérieusement compromise.

En 1897, le comte Badeni essaya d'aller un peu plus loin et, le 5 avril, il lança ses fameuses ordonnances pour régler la question des langues en Bohême : les administrations et les tribunaux seraient tenus de se servir dans leurs rapports avec les parties de la langue que ces dernières auraient employée; toutes les pièces intérieures relatives à la cause seraient rédigées dans cette même langue; à partir de 1901, les fonctionnaires et les juges devraient connaître les deux langues du pays. — Si l'on songe que la Bohême est un royaume tchèque d'origine, que les Allemands n'y sont que des immigrés et que les Slaves représentent la grande majorité de la population, ces ordonnances ne sauraient être regardées que comme une concession presque excessive à l'élément étranger. Elles n'en provoquèrent pas moins une explosion de fureur chez les Slavophobes. « L'homme le plus pacifique, écrit l'historien Charmatz avec une indignation comique, ne peut pas vivre en paix, si son méchant voisin ne veut rien entendre. » C'est une antienne que nos ennemis nous cornent fréquemment aux oreilles. « Les Allemands, continue notre auteur, ressentirent les ordonnances comme autant de coups de fouet... Leurs fils, les enfants d'une population fidèle, étaient exposés à la plus douloureuse des humiliations. Eux qui avaient grandi dans des contrées purement allemandes, qui avaient fait leurs études dans des universités allemandes, ne pourraient pas être nommés fonctionnaires publics s'ils n'apprenaient pas le tchèque! » Abominable scandale en effet qu'un noble et pur Allemand fût condamné à apprendre l'idiome du peuple qu'il voulait administrer! L'Empereur ne pouvait pas tolérer un semblable attentat aux droits de la nation souveraine, de la race d'élection.

Les Hohenzollern et Bismarck l'avaient prévenu : ils ne se mêlaient pas des affaires intérieures de la monarchie, à condition que les droits de leurs compatriotes ne fussent pas menacés. « Dans les pays mixtes, disait Bismarck en 1892, le moment arrive toujours où émergent à la surface la valeur et la puissance de travail de l'élément germanique. En Bohême, le Tchèque se plaint de l'Allemand, qui, par son esprit de labeur et d'autres qualités, lui dame le pion. » Comment une nation si visiblement supérieure à ses voisins consentirait-elle à être traitée comme leur égale! Tant qu'il avait été là, le Chancelier avait veillé au grain. A l'occasion, il attirait l'attention de François-Joseph sur la pénétration des querelles ethniques dans l'armée où elles commençaient à affaiblir la discipline.

— Les Allemands, disait-il à une délégation autrichienne, ont un sens national peu développé: aussi chacun espère se les assimiler aussi facilement que « la France s'est assimilé les Alsaciens qui préfèrent sa livrée à l'habit des libres paysans allemands » (18 juin 82). Heureusement l'Empire est là et il n'abandonnera pas sans défense à l'absorption étrangère ses pacifiques enfants. Depuis plus d'un millier d'années, depuis les temps légendaires, l'Autriche et l'Allemagne s'appartiennent l'une à l'autre; la vieille puissance allemande du Saint-Empire Romain s'étendait de la mer du nord à l'Apulie. Par une décision remarquable de la destinée et de la divine Providence, cet immense et puissant territoire de l'Europe centrale est de nouveau rassemblé. Nous ne permettrons pas qu'on le démembre. Le devoir des Allemands d'Autriche est de travailler à resserrer les liens historiques des deux pays. Plus leur influence sera forte et solidement établie, mieux seront assurés les rapports des deux grands États germains… « Dès 1852, où pour la première fois, je suis entré en rapports directs avec votre souverain, j'ai toujours trouvé en lui un cœur allemand et les traces de son origine germanique. » Sa tâche est noble et facile. « Quand l'Allemand est en présence d'autres peuples, pour peu qu'il montre quelque patience et quelque persévérance, il devient fatalement l'élément directeur, comme l'homme doit l'être dans le mariage.

Les Slaves ont beaucoup des qualités féminines, la grâce, la ruse, la prudence, l'adresse, mais le poids lourd est de notre côté : ayez le sentiment, le sentiment profond que vous êtes supérieurs à vos rivaux et qu'avec le temps, cette supériorité vous vaudra la victoire. Il est impossible qu'il en soit autrement, en particulier en Autriche. Toute l'Autriche actuelle repose sur sa bureaucratie allemande et sur son armée de formation allemande. Buvez donc avec moi à votre souverain, à l'esprit allemand et à l'indissolubilité de l'alliance qui nous unit. » (7 avril 1895.)

Une première fois déjà, en 1871, Guillaume Ier avait clairement signifié à François-Joseph que, pour que la paix fût possible entre les deux États, la première condition était que les Allemands ne fussent pas opprimés, — c'est-à-dire, pour parler clair, qu'ils opprimassent les autres. François-Joseph s'était incliné et avait aussitôt congédié Hohenwart, suspect de fédéralisme. Depuis lors, il n'était jamais retombé dans ses erreurs passées. A l'occasion, pour échapper à des difficultés parlementaires trop pressantes, il avait offert quelques concessions aux Tchèques, s'ils se résignaient à une condition subordonnée et acceptaient sans réserve sa politique extérieure, qui était fondée sur une étroite alliance avec Berlin. Il n'ignorait pas la parole de Bismarck : Qui est maître de la Bohême est maître de l'Europe ; il savait que du jour où l'hégémonie germanique serait menacée à Prague, il ne pourrait plus compter sur l'appui du Chancelier et que ses projets de domination sur l'Orient iraient aussitôt à vau-l'eau. A aucun prix, il n'eût accepté une brouille qu'il eût dû acheter par une telle abdication. Il tenait plus encore au prestige qu'à la puissance. Il comptait d'ailleurs toujours sur un retour imprévu de la fortune qui pouvait modifier brusquement les rapports des Habsbourgs et des Hohenzollern. Pourquoi le sceptre de l'Allemagne ne reviendrait-il pas à la famille qui aurait porté sa domination jusqu'à Constantinople et à Bagdad ?

Le rôle qu'il réservait aux Allemands en Cisleithanie, il l'abandonnait aux Magyars en Hongrie, et ici encore il était parfaitement d'accord avec Berlin. Bismarck et Guillaume II accueillaient avec la plus complète indifférence les lamentations qui leur arrivaient de leurs compatriotes de Transilvanie ou de Presbourg que les gouvernants de Budapest ne ménageaient pas. C'est qu'ils étaient sûrs de l'inépuisable servilité de l'oligarchie hongroise. Le comte Andrassy, le fils de l'homme qui fut avec Deak le fondateur du dualisme et qui signa la Triple-Alliance (1879), dans une série d'articles publiés par la *Revue de Hongrie* et la *Revue politique internationale*, a trouvé piquant d'écrire en français une apologie enthousiaste de l'Allemagne.

— Nulle part, dit-il, l'Allemagne n'est plus admirée que chez nous et nous sommes unis à elle par la communauté des intérêts. Nous n'avons rien à craindre d'elle, parce que nos frontières au nord et à l'ouest nous protègent contre le danger possible d'une domination étrangère, et nos ambitions qui se dirigent vers le sud et l'est ne sont en rien gênées par les progrès et les désirs de l'Empire germanique.

Depuis un siècle, nos sympathies nous portent vers la Prusse. Dans notre lutte contre Joseph II, nous comptions sur l'appui de Frédéric-Guillaume II. En 1848, l'Assemblée de Vienne refusa de recevoir la députation de notre Parlement. — Pourquoi? — Parce que la majorité était slave. Kossuth déclarait que la dynastie des Habsbourgs disparaîtrait si l'Autriche cessait d'être un État allemand. A qui devons-nous notre indépendance? — A Bismarck et à la victoire de Kœniggrætz. Aussi ce sont les Magyars qui, après 1866, ont rétabli les relations cordiales entre Vienne et Berlin. Quand mon père prit le pouvoir, ce fut pour diriger vers l'Orient la politique autrichienne et cette politique avait pour condition une entente durable avec l'Allemagne. Il empêcha Beust d'intervenir en 1870, et son attitude, en localisant la guerre, facilita le triomphe de l'Allemagne. Il conclut l'alliance de 1872 qui prépara l'alliance de 1879, et sa politique fut approuvée même par les chefs de l'opposition, Apponyi et Szilegyi. Cette alliance n'est pas une alliance de cabinets, mais une alliance des peuples; c'est la seule sur laquelle l'Allemagne puisse absolument compter. Bismarck a toujours reconnu que la Serbie était dans notre sphère d'influence et Bethmann-Hollweg a continué sa tradition en ne permettant pas que la situation à Belgrade soit modifiée à nos dépens.

« La conduite de la Hongrie a été et est encore dictée par des lois aussi claires et aussi immuables que les lois de la nature, dont on ne s'écarte pas impunément... L'alliance magyaro-allemande, qui ne saurait être remplacée par rien, est fondée sur les intérêts permanents des deux États dans le passé et le présent et il faut qu'elle devienne encore plus étroite. » —

La politique des oligarques magyars est-elle aussi

raisonnable que l'affirme le comte Andrassy et ne leur réserve-t-elle pas dans l'avenir un pénible réveil? Sont-ils bien sûrs que leurs alliés de Berlin respecteront longtemps leur indépendance, et leur triomphe sur les autres peuples du royaume n'entraînerait-il pas rapidement leur absorption dans la masse germanique? — C'est une autre question et qui ne nous intéresse pas pour le moment. Dès maintenant, la Hongrie est envahie par la finance allemande qui tient entre ses mains la vie économique du pays. Sans doute, actuellement, les pionniers de l'influence étrangère arborent sans barguigner les couleurs officielles et étalent un ardent patriotisme local; ils vont même quelquefois jusqu'à parler le magyar. Du jour où ils auraient écrasé les Slaves d'Autriche, ils reprendraient vite leurs allures envahissantes, et les Magyars, comme les Habsbourgs, s'apercevraient aussitôt du prix qu'ils devraient payer l'alliance dont ils sont fiers.

Comme il arrive si souvent, par peur d'un péril imaginaire, ils se sont jetés dans les bras d'un protecteur qui ne les lâchera pas. Du temps où ils cherchaient à Paris un refuge contre les sbires et les bourreaux de François-Joseph, ils se piquaient d'aimer notre littérature. Le comte Andrassy connaît certainement la fable du cheval et du cerf.

Ses compatriotes ont les passions vives, l'imagination ardente et le goût du risque. Ils se plaisent aux nobles compagnies et ces Touraniens se rengorgent parce qu'ils sont traités en frères par les Aryens du sang le plus pur. Ils tiennent moins à la sécurité qu'à la magnificence et, bien qu'ils se vantent d'aimer la liberté, ils la sacrifient volontiers à l'ivresse de la domination. Si, pour leur malheur, ils réussissaient dans leurs desseins, ils en seraient bientôt les victimes et ils paieraient leur triomphe de leur existence nationale.

Dans quelque temps, M. Eisenmann, qui est sans doute avec M. Seton-Watson l'homme du monde qui connaît le mieux la Hongrie, résumera dans un volume de cette collection la politique générale des Magyars. Mon intention ici est plus modeste et plus limitée. J'ai essayé de montrer par un exemple quel était le sort d'une des populations qu'ils avaient soumises et par quels procédés ils ont travaillé à l'exterminer. Le lecteur jugera ensuite s'il est possible de laisser subsister au cœur de l'Europe un pareil régime.

Le principe des nationalités, disait le comte Tisza dans un de ses discours récents, est aussi cher au président Wilson qu'aux puissances de la Quadruplice. Mais ce principe n'est nullement en opposition avec le principe de la monarchie austro-hongroise. C'est justement sous les ailes de cette constitution que les nationalités peuvent être protégées et développées. — Ici-bas, tout est affaire de définition. Les Magyars protègent et développent les allogènes de la couronne de Saint-Étienne comme les Allemands protègent les Belges et les Serbes. — Pour un mot, pour un seul mot, vous nous déclarez la guerre, disait M. de Bethmann-Hollweg à l'ambassadeur anglais. Ce n'est pas même un mot qui nous sépare des Magyars, c'est le sens que nous mettons sous ce mot. Si l'interprétation que le comte Andrassy donne au mot de nationalité venait par malheur à triompher, c'en serait fait de l'indépendance du monde et de la dignité humaine.

# LIVRE II

# LES SLOVAQUES

---

## CHAPITRE I

### GÉOGRAPHIE DE LA SLOVAQUIE

La plaine magyare. — La Hongrie supérieure. — Les Karpates
occidentales. — Tchèques et Slovaques. La langue.

La Hongrie, à laquelle la Slovaquie a été rattachée
pendant une dizaine de siècles et dont elle fait encore
partie officiellement, est essentiellement formée par
les vastes plaines herbeuses qu'arrosent le Danube
et la Tisza et dans lesquelles errent d'innombrables
troupeaux de chevaux, de bœufs et de porcs. C'est
l'Alföld, la puszta. Océan de boue à l'époque des
pluies, désert de poussière pendant les mois de
sécheresse, ces steppes revêtent, à certaines époques
de l'année, un admirable caractère de majestueuse
grandeur ou de charme mélancolique ; leur poésie
mystérieuse, leurs horizons infinis ont inspiré les
œuvres les plus saisissantes des grands poètes
magyars de la première moitié du XIX<sup>e</sup> siècle.

Les nomades ougro-finnois, proches parents des

Petchénègues, des Bulgares et des Khazares, qui descendirent dans ces plaines au xe siècle et auxquels les étrangers donnèrent le nom de Hongrois, y retrouvèrent les vastes espaces au milieu desquels ils avaient l'habitude de pousser leurs troupeaux et de transporter leurs tentes; ils y fixèrent leurs demeures et, de là, pendant longtemps, leurs hordes dévastatrices désolèrent l'Allemagne, l'Italie et même la France. Plus tard, quand autour d'eux se constituèrent des États assez puissants pour arrêter leurs razzias, ils s'établirent définitivement au milieu de ces pâturages qui, peu à peu, se transformèrent en champs de blé, et ils rattachèrent à leur domination les divers groupes de populations hétérogènes qui occupaient les versants intérieurs des montagnes voisines. Sauf de très rares exceptions, ils ne cherchèrent pas à s'installer sur leurs territoires. Bien que l'orgueil des descendants d'Arpad comprenne la Hongrie entière dans les limites du Royaume, le Magyarország, comme son nom même l'indique (terre des Magyars), ne désigne vraiment que l'Alföld. Si l'on compare deux cartes de Hongrie, ethnographique et géographique, écrit M. Gonnard, qui ne dissimule pas ses sympathies pour les Magyars, on est frappé de leur concordance. La plaine est magyare; là où commence la colline, le Magyar se mélange. Dans la montagne il disparaît.

Tout autour de la steppe s'étagent, comme autant de bastions, des régions accidentées et difficiles : au sud-est, la Transilvanie; vers le sud, les prolongements des Balkans et les collines de la Sirmie; à l'ouest, les contreforts des Alpes Dinariques; au nord, les contrées que dominent les Karpates et qui forment la Hongrie supérieure.

*
* *

La Haute Hongrie, entre le 48° et le 50° de latitude et entre le 16° 1/2 et le 23° 1/2 de longitude, s'allonge de l'ouest à l'est sur une étendue d'environ 550 kilomètres; dans sa plus grande largeur, elle mesure moins de 250 kilomètres. Elle est bornée au Sud par le Danube, depuis la porte de Dievin (Theben) jusqu'au point où il tourne brusquement vers le sud; plus loin, dans la direction générale du nord-est, elle est limitée par les monts Byk et les vignobles à étages de l'Hegyalia qui s'abaissent vers le fossé de la Tisza. De ce côté, le cours sinueux du grand affluent hongrois du Danube sert presque partout de séparation entre les molles et lentes ondulations du pays plat et les vallées étroites et tortueuses d'où descendent les torrents qui, sur sa rive droite, viennent grossir ses eaux.

Sauf dans la région danubienne, où s'élargissent quelques plaines, au milieu desquelles miroitent de larges et tristes marécages, la Haute Hongrie est une région accidentée, coupée de couloirs que surplombent des massifs tourmentés dont l'élévation grandit à mesure qu'on avance vers le nord. Orientées vers le sud, les vallées s'y ouvrent aux vents attiédis qui pénètrent jusqu'au cœur du pays; les montagnes y sont en général plus pittoresques que sauvages; leurs flancs sont couverts de prairies verdoyantes ou d'admirables forêts de hêtres et de sapins; dans les conques ou sur le penchant des ravins se cachent les maisons de pierre ou de bois des paysans et les petites villes, aujourd'hui silencieuses et ignorées, qui eurent au moyen âge leur heure de renommée : Trnava (Tyrnau), que ses nombreux clochers avaient fait surnommer la petite Rome et qui fut le centre d'une Université; — Trenčin, dont le château maintenant en ruines passait pour imprenable; — Stiavnica (Schemnitz) et Kremnica (Kremnitz), au centre d'une importante région minière, célèbres par les florins et les ducats qu'on y frappait et qui furent longtemps d'actifs foyers d'influence allemande; — Bánská Bystrica (Neusohl) qu'animent plusieurs usines métallurgiques. Levoča (Leutschau) eut dès 1585 son imprimerie, une des plus anciennes de la Hongrie, et Košice (Kaschau) fut, au XVIe et au XVIIe siècles une manière de capitale et le lieu de réunion de très importantes diètes magyares.

Vers le nord, la population est clairsemée et les chefs-lieux des comtés ne sont guère que des villages : Saint-Martin de Turčan n'a pas 4000 habitants et Saint-Nicolas de Liptov en a moins de 3000. Elles n'en sont pas moins demeurées les centres d'une vie intellectuelle et politique assez intense, parce qu'elles n'ont guère été touchées par la pénétration étrangère; de ces donjons que la géographie a protégés contre l'invasion, descendent les Slovaques qui reconquièrent à leur nationalité les cités plus méridionales, Sarvas, Caba, et surtout Prešpork ou Bretislava (Presbourg). La vieille cité germanique qui compte encore 30 000 Allemands sur ses 50 000 habitants, n'est plus qu'un îlot perdu au milieu d'un comté en grande partie slovaque. Quand je l'ai visitée, il y a déjà quelques années, j'ai éprouvé, sur le marché, au milieu des paysans du voisinage, la sensation très nette de la poussée slave qui peu à peu refoule l'étranger et reprend possession du territoire jadis imprudemment abandonné. Comme il est arrivé si souvent dans l'histoire, au moment de l'invasion, les populations indigènes s'étaient repliées dans la montagne; elles y ont trouvé un inviolable asile et, de cette forteresse des Karpates, elles dévalent vers les plaines dans une imperceptible et irrésistible coulée.

Le nœud de ces montagnes est constitué par la Haute Tatra qui, entre la Hongrie et la Galicie, s'étend sur une longueur de 170 kilomètres, de l'endroit où l'Orava (Arve) se jette dans le Vàh jusqu'au défilé par lequel le Poprad et le Dunajec s'échappent vers la Vistule et la plaine polonaise. Isolée par des vallées profondes des massifs voisins qu'elle dépasse de 1 500 à 1 800 mètres, la Haute Tatra n'atteint pas cependant la hauteur des Alpes et elle n'a pas la sublime grandeur des chaînes helvétiques ; les glaciers lui manquent et les neiges éternelles. Elle offre du moins au touriste un spectacle d'une étrange magnificence par l'escarpement de ses parois et la désolation de ses crêtes qui se dressent abruptes directement au-dessus de la sombre tache de ses forêts. « Bien que faite de roches cristallines, dit Reclus, elle a la hardiesse de profil, la bizarrerie de contours propres surtout aux grès et aux calcaires. » Elle est parsemée de lacs qui rappellent nos Pyrénées, et ces *yeux de la mer* que l'imagination populaire met en communication avec l'Océan, ont inspiré aux poètes du pays quelques-unes de leurs plus gracieuses fantaisies. Quoique l'hiver y soit rude et précoce, la nature n'y apparaît pas farouche et inhospitalière : les champs, les prairies et les villages grimpent jusqu'à un millier de mètres, les forêts s'élèvent magnifiques jusqu'à près de 1 400 mètres, et sur les vastes pâturages, pendant l'été vite interrompu par les chutes de neige, des bergers à demi sauvages surveillent les troupeaux de moutons et de bœufs.

A l'est du massif de la Haute Tatra, le défilé du Poprad et du Dunajec se continue vers le sud par la dépression profonde que forme la vallée du Hron ; elle divise en deux parties inégales la Hongrie supérieure. La région orientale, plus confuse, moins singulière, moins fertile aussi en général et moins abondante en richesses minérales, n'était pendant le haut moyen âge qu'une zone à demi déserte et une réserve de chasse. Elle n'a guère commencé à être peuplée qu'au xive siècle où arrivèrent les Petits Russes qui reculent aujourd'hui devant les Slovaques et sont rapidement absorbés par eux. Sur ses confins du sud et de l'est, elle se mêle à la terre des Magyars ; elle envoie à leur rivière, la Tisza, les eaux de ses vallées, et ses dernières collines, la chaîne Épéries-Tokai, se perdent dans l'Alföld.

La partie occidentale de la Hongrie supérieure constitue la véritable patrie des Slovaques. Bornée à l'ouest par les petites Karpates et les Beskides qui la séparent de la Moravie, elle est arrosée par d'importantes rivières, le Váh et le Hron. Le Váh, la plus longue des rivières slovaques, d'abord torrent fougueux, entre en plaine, après avoir arrosé Trenčín et coule paresseusement au milieu de la plaine du Danube, dans lequel il se jette à Komárno (Komorn), après un cours de 363 kilomètres. La Nitra, moins abondante et moins longue, suit une courbe sensiblement parallèle et ses bouches se confondent avec celles du Váh. Le Hron n'a pas non plus un cours aussi étendu que le Váh, dont les sources sont très voisines des siennes, mais il traverse une des parties les plus pittoresques du pays et, à son confluent avec la Slatina, il arrose Zvolen (Altsohl), dont les alentours sont riches en sources minérales et dont les habitants passent pour avoir conservé avec le plus de fidélité le type et le costume des ancêtres. Tout près de l'embouchure du Hron finit l'Ipol qui appartient déjà à la Slovaquie orientale et qui délimitera peut-être sur une partie de son cours la frontière du nouveau royaume tchécoslovaque.

Les rivières qui se frayent un passage au milieu des divers massifs, si elles n'en marquent pas les divisions scientifiques et rationnelles, servent au moins de points de repère commodes pour distinguer le mouvement général des montagnes.

La plupart sont symétriquement orientées dans la direction générale du sud-ouest. Au delà des Petites Tatras presque parallèles à la Grande Tatra dont les sépare le Váh, les Fatras, entre le Váh et le Hron, étendent leurs incomparables forêts et poussent leurs derniers contreforts jusqu'à la Nitra et aux affluents du Váh inférieur. La richesse de leurs mines leur a valu le nom de Monts métalliques hongrois, et à leurs pieds se sont fondés les centres miniers les plus célébres (Kremnica, Bánská-Bystrica, etc.). Entre la Nitra et le Váh, l'Inovac élève au-dessus de la plaine de lœss ses sommets de 1 000 mètres et se contin  ِ au nord par les Ventoux (Vietrné Hole) que la Magura prolonge au delà du Váh sur la rive droite de l'Orava.

Sur la rive droite du Vah, les Karpates blanches ou Beskides de Moravie se prolongent dans la direction du nord-est jusqu'à la passe de Jablunkov, qui ouvre une route vers les vallées de l'Oder et de la Vistule. A toutes les époques, ce fut une des grandes voies de communication entre l'Europe du nord et celle du sud et, par là, le contact s'est souvent établi entre les Magyars et les Polonais. A Jablunkov, au nord du défilé, dont les fils ont l'humeur si nomade que, suivant le proverbe, le monde finira le jour où tous les habitants seront chez eux, la population parle polonais, mais a conservé le costume slovaque. Nous sommes vraiment ici au confluent de deux mondes, où se sont heurtés et mêlés Allemands, Slovaques, Polonais et Magyars.

Le vaste demi-cercle des Karpates, qui, sur une étendue de 1600 kilomètres, étreint la Hongrie supérieure, se termine au sud-ouest vers le point où la Morava finit dans le Danube dont les eaux rapides et larges les séparent des hauteurs alpestres. Là s'ouvrait vers l'Allemagne la Porte Hongroise, à laquelle répondaient vers le sud-est du Royaume les Portes de fer qui marquent la limite entre les Karpates et les Balkans.

Ni les petites Karpates, cependant, ni la Morava qui forme à l'ouest le fossé du bastion, ne constituent vraiment une barrière et, bien moins encore, plus au nord, le massif des Karpates blanches ou des Beskides de Moravie. Si elles présentent quelques massifs imposants, tels que la Javorina, leur hauteur moyenne est médiocre et elles n'ont jamais empêché la pénétration des peuples. La géographie fermait la Slovaquie vers le sud, d'où venaient les invasions barbares, et, à toutes les époques, les paysans ont cherché un refuge dans ses montagnes : au début du moyen âge, contre les Avares et les Magyars; au xiiie siècle, contre les Mongols; au xvie siècle, contre les Turcs. Le pays s'ouvrait au contraire vers l'ouest, d'où arrivait la civilisation. C'est ainsi que, bien qu'ils aient été d'ordinaire rattachés politiquement à la Hongrie, les Slovaques ont en réalité surtout vécu de la vie des Tchèques. De l'occident, ils ont reçu leurs premiers princes et les prémices de leur vie politique; les Hussites leur ont apporté la Réforme et, au xixe siècle, les renaissances bohême et slovaque ont été si étroitement confondues qu'il est impossible de dire auquel des deux groupes en revient l'honneur. Kollar, le chantre de la solidarité slave, dont les sonnets enflammés ont éveillé chez tant de jeunes cœurs l'amour de la patrie vaincue et de la race proscrite; Safařik, qui, au milieu d'une lutte inégale,

soutenait les courages en hissant au-dessus de la tête
des combattants la carte de l'immense territoire
occupé par les Slaves, s'ils ont été naturalisés
tchèques par leurs services et leur gloire, n'en étaient
pas moins slovaques de naissance et ils ont toujours
gardé une particulière tendresse de cœur pour leur
patrie primitive. Palacky qui, originaire de Hod-
slavice, était déjà par là plus qu'à demi slovaque, a
grandi à Presbourg, et c'est un Slovaque, George
Palkovič, qui lui a enseigné le culte de la langue de
ses aïeux.

Les Slovaques n'ont pas seulement donné à la
renaissance tchèque contemporaine quelques-uns de
ses représentants les plus illustres, ils lui ont marqué
sa voie et imprimé son caractère. Ils lui ont appris à
s'élever au-dessus des intérêts étroits du Royaume
de Saint-Venceslas et à ne chercher le triomphe de
leur cause que dans l'illustration de la Slavie tout
entière. S'il n'y a probablement pas en Europe de
pays où le patriotisme soit à la fois plus ardent et
plus large qu'en Bohême, plus vigilant et plus com-
préhensif, plus prêt aux sacrifices et moins entiché
d'égoïsme et d'étroitesse, plus vibrant et plus généreux, le mérite en revient en partie aux Slovaques
qui, rapprochés à la fois des Yougoslaves, des Polonais et des Russes, forment ainsi comme le cœur de
la Slavie et semblent avoir été choisis par la fortune
pour servir de lien entre les frères séparés."

Depuis le milieu du xixᵉ siècle, les méfiances religieuses, l'imprudence de quelques meneurs et surtout
les vicissitudes politiques qui, après 1867, ont livré
les Slovaques à la domination des Magyars, avaient
rendu leurs relations avec Prague moins régulières
et plus incertaines. Malgré tout, elle demeurait la
métropole, et c'est vers son université que se dirigeaient tous les jeunes gens qui échappaient à la

captivité. Ils y retrouvaient un compatriote dans M. Masaryk, et son action pénétrait d'autant plus facilement leurs âmes que ses paroles venaient réveiller en eux les harmonies profondes déposées dans leurs cœurs par le lointain murmure des générations passées et les effluves de leurs vallons. Depuis une dizaine d'années en particulier, à mesure que l'oppression de Budapest devenait plus impitoyable et que l'émigration en Amérique rendait à la fois plus aigu le sentiment de la servitude et moins lourde la misère économique, le rapprochement de la Slovaquie et de la Bohême se faisait plus intime. Les dernières préventions qui çà et là survivaient encore dans les esprits timides ou bornés, ont été emportées par la guerre actuelle et les sanglantes exécutions ordonnées par le gouvernement austro-hongrois.

L'union a été d'autant plus facile qu'entre la Bohême proprement dite et la Slovaquie, la Moravie crée un lien naturel. Quand on entre de la Hongrie supérieure dans la Valachie et la Slovaquie moraves qui forment à l'est l'extrême limite du royaume historique de Saint-Venceslas, on est frappé du contraste qui sépare les deux pays. A l'ouest des Karpates, la région s'aplanit et s'adoucit, les vallées sont moins encaissées et plus larges, les collines moins rudes et moins étrangement découpées; les villages sont plus nombreux et plus riches, le climat plus doux; les cultures industrielles alternent avec les prairies et les champs de blé. — Mais, sur les deux versants des montagnes, les habitants se rattachent à une commune origine.

Malgré les changements apparents qu'ont déterminés la géographie et l'évolution sociale, la vieille parenté des populations qui peuplent l'ouest et l'est des Karpates éclate à première vue, et, quand les

Slovaques réclament la Moravie comme une annexe de leur domaine, l'ethnographie et l'histoire leur fournissent des arguments irréfutables. La Moravie a été jusqu'à présent réduite à un rôle un peu secondaire, parce que la volonté du gouvernement y maintenait artificiellement la prédominance, au milieu d'une contrée essentiellement slave, de l'élément germanique retranché dans les villes. Dès qu'ils ne seront plus défendus par la protection de Vienne, ces résidus étrangers se fondront dans le creuset national, comme dans la Hongrie supérieure se sont déjà évaporées la plupart des colonies germaniques. Brno (Brünn) deviendra alors l'aimant naturel entre les deux pôles de l'État tchécoslovaque, et son université, le point de rencontre où se scellera l'unité nationale.

*<br>* *

La crainte de voir se rapprocher un jour les Slovaques et les Tchèques a toujours hanté les Magyars; à l'exemple des Allemands, ils ne dédaignent pas de faire appel à la science et, pour écarter le péril qu'ils redoutent, ils ont essayé de prouver que les Slovaques n'appartiennent pas au même groupe ethnique que les Tchèques. Ils ont mobilisé à cet effet leurs philologues, et leur thèse a été résumée dans le livre de CZAMBEL, *Les Slovaques et leur langue* (1903), où il a déposé les conclusions de longues recherches grammaticales et historiques.

Czambel avait à Budapest une situation officielle : membre du bureau de la Presse, il était chargé de traduire en slovaque les lois et les ordonnances administratives. Il n'est pas défendu, par conséquent, de supposer que le purisme intransigeant qu'il a toujours affecté et le soin avec lequel il élimine les éléments tchèques, russes et polonais qui se sont peu à peu infiltrés dans le slovaque, en les remplaçant par des formes populaires, n'ont pas été toujours déterminés par des considérations purement philologiques. Témoin oculaire et dans une certaine mesure complice des procédés despotiques du gouverment, on s'étonne que son patriotisme rigide néglige la menace qui vient de Budapest, pour concentrer son attention sur les prétendus projets d'usurpation tchèque. Un publiciste serait justement suspect aux Français qui leur conseillerait de chercher un appui en l'Allemagne pour se défendre contre la pénétration latine.

Les slavistes les plus autorisés ont immédiatement flairé les intentions secrètes du traducteur magyar. « Czambel connaît bien les dialectes slaves, écrit Jagić ; mais, dans ses études, on aperçoit la tendance. » Ses travaux, présentés avec une apparence de rigueur scientifique, n'en ont pas moins trouvé quelque crédit et ses conclusions ont été adoptées par l'ethnologue russe Florinsky, que séduisent aisément les thèses aventurées.

On a l'habitude de diviser les Slaves en trois groupes : Slaves occidentaux, qui comprennent, (avec les tribus en grande partie disparues de l'Elbe et de l'Oder, qui ne sont plus guère représentées aujourd'hui que par les Vendes ou Serbes de Lusace), les Polonais et les Tchèques ; — Slaves Orientaux (Russes), — et Yougoslaves (Slovènes, Croato-Serbes et Bulgares). Auquel de ces groupes se rattachent les Slovaques?

— Aux Yougoslaves, affirme Czambel. Avant l'arrivée de Magyars, les Slaves méridionaux occupaient toute la plaine danubienne et le noyau de leur puissance était situé entre le Rab, le Danube et la Drave. Devant l'invasion hongroise, la population,

peu nombreuse, reflua dans les montagnes, et elle
commença à la fin du xi⁰ siècle à subir l'influence de
ses voisins de l'ouest. Son caractère primitif ne se
modifia d'ailleurs que lentement, parce qu'au sud
elle restait en contact étroit avec les Slovènes,
ainsi que le prouvent certains termes qui sont communs aux deux peuples et qui ne peuvent pas être
antérieurs au xiv⁰ siècle. Sans doute, aujourd'hui,
le slovaque est plus voisin du tchèque que de n'importe quelle autre langue, mais cette ressemblance
actuelle ne prouve rien pour le passé; au début, il
était en étroite parenté avec le slavon d'église, ce qui
démontre sans conteste sa communauté d'origine
avec les dialectes méridionaux. Les philologues qui
affirment l'identé du slovaque et du tchèque, se sont
laissé tromper par des analogies superficielles, parce
qu'ils ont eu le tort de n'étudier que la langue écrite
qui, depuis le xv⁰ siècle, est le tchèque, et qu'ils ne
se sont occupés que des parlers de la Slovaquie occidentale, altérés par l'action des influences littéraires. Une étude plus large et plus scientifique de
l'ensemble des dialectes locaux établira que, par son
origine et par ses caractères essentiels, le slovaque
appartient au groupe yougoslave. « Ne confondons
pas les choses, conclut Czambel. N'oublions pas que
nous ne sommes pas slaves, mais slovaques. » En
d'autres termes, ne cherchons pas des alliés au dehors,
ne portons pas nos regards au delà du Magyarorszag
et soyons les fidèles sujets de la Couronne de Saint-
Étienne.

*<br>* *

Comme on le voit, la théorie de Czambel est fondée
sur deux hypothèses. — Tout d'abord, l'espoir que
ses déductions problématiques seront confirmées par

l'étude des dialectes slovaques, qui est à peine commencée. Il ne semble pas cependant que sa confiance soit partagée par le gouvernement hongrois qui entrave par tous les moyens les recherches scientifiques commencées dans ce sens. Le professeur Pastrnek en a fait la désagréable expérience et il a été forcé par l'hostilité soupçonneuse de l'autorité magyare d'interrompre les études qu'il publiait dans les *Slovenské Pohlady* sur les dialectes slaves de la Hongrie supérieure.

Sa deuxième hypothèse, Czambel l'a empruntée à Miklosič qui croyait que le paléo-slave, c'est-à-dire la langue de la première version slave de l'Écriture, était le pannonien. Malheureusement cette théorie a été reconnue fausse et elle n'a plus aujourd'hui de partisan.

L'opinion de Czambel ne repose donc sur rien, ainsi que l'ont établi les philologues les plus autorisés, Pastrnek, Vondrák et Jagić. Par tout ce que nous savons de son histoire et de son évolution, aussi bien que par sa physionomie actuelle, le slovaque, au même degré que le tchèque, appartient au groupe slave occidental et il n'est séparé du tchèque proprement dit que par des différences tout à fait secondaires. En dehors même des preuves historiques, l'expérience quotidienne suffit à en témoigner. Chaque année, des milliers de paysans slovaques parcourent la Moravie et la Bohême; ils n'éprouvent pas plus de difficultés à se faire entendre que n'en éprouvent à Paris les ouvriers qui descendent du Massif central. Il est vrai que, voisins de la Pologne et de la Russie, les habitants de la Hongrie septentrionale ont accepté un assez grand nombre de termes que le tchèque ne connaît pas, mais sans que ces infiltrations aient en rien altéré le caractère fondamental de leur idiome et sans que ces différences superficielles autorisent à faire du slovaque une langue distincte.

Florinsky, qui l'a soutenu, a été victime d'une erreur de méthode : il a comparé uniquement le slovaque avec les textes littéraires tchèques contemporains, où fourmillent les néologismes introduits depuis le début du XIX<sup>e</sup> siècle et où la langue populaire s'est en partie transformée sous des influences savantes. Il a négligé de tenir compte des documents vieux-tchèques et des dialectes qui lui auraient fourni des preuves décisives de l'évidente fraternité linguistique qui unit les tribus de l'Elbe supérieure et des Karpates.

En réalité, le slovaque et le tchèque ne sont pas deux langues distinctes, mais deux branches d'une même langue qui ont été soumises à des influences divergentes; elles ont suivi le même développement organique, mais ne se trouvent pas l'une et l'autre au même stade. Sur certains points, l'évolution du slovaque est plus avancée que celle du tchèque; sur d'autres, il retarde sur lui; sous ces variétés extérieures, le philologue reconnaît sans peine l'identité réelle des deux rameaux sortis de la même souche et nourris de la même sève.

Les langues sont des êtres vivants qui sont soumis aux lois générales du développement. M. Meillet était ainsi parfaitement fondé à supposer que, si le slovaque et le tchèque n'étaient pas encore, à proprement parler, des langues distinctes, ils paraissaient destinés à le devenir dans un avenir assez rapproché. Il supposait naturellement que les conditions politiques et sociales qui, depuis un demi-siècle, tiennent éloignés les uns des autres les Slovaques et les Tchèques, continueraient à exercer leur influence dans un sens séparatiste. Au point de vue tchécoslovaque, la guerre actuelle est survenue à l'heure psychologique; preuve nouvelle — elles sont innombrables — de la prodigieuse sottise qu'a commise l'Allemagne, quand elle a voulu forcer les étapes et brusquer un triomphe que lui préparait notre aveuglement général. Quelque épouvantable que soit la crise actuelle, elle a été un bonheur pour l'humanité qui s'enlisait peu à peu dans la vase germanique. La folie de Guillaume II et de son pauvre complice, François-Joseph, nous a réveillés juste à temps pour nous permettre d'échapper aux fers qu'on nous préparait.

Les Magyars ont toujours cherché à justifier leur tyrannie en accusant les Slovaques de compromissions criminelles avec les Tchèques. La tentation était grande pour les opprimés, à qui leurs frères de Cisleithanie étaient hors d'état d'offrir une protection efficace, d'essayer de désarmer leurs adversaires en rompant tout lien avec le dehors. Les timides, qui sont partout la majorité, prêtaient une oreille complaisante aux diplomates qui, pour des raisons plus ou moins honorables, conseillaient à leur peuple de prouver son loyalisme en évitant tout ce qui ressemblait de loin à une conspiration contre la patrie magyare. Ces menées s'étaient heurtées jusqu'à présent à la résistance instinctive du bon sens national qui apercevait les dangers de l'isolement en face d'un ennemi supérieur; il serait téméraire d'affirmer cependant qu'à la longue cette propagande séparatiste n'eût pas produit quelques résultats. Elle a été arrêtée net par les événements actuels, au moment où, sous la pression des circonstances, la conscience de l'unité nationale risquait de s'oblitérer. Ils ont ravivé les sentiments de solidarité qui ont leur origine profonde dans la communauté de langue et de race et que les événements historiques n'ont jamais laissé prescrire. Sans vouloir dire que l'histoire de la Slovaquie se confond avec celle de la Bohême — ce qui serait excessif, — elle en est du moins le reflet et comme le prolongement. Toutes les fois que les liens se relâchent entre les deux pays, les Slovaques retombent dans une sorte de pénombre et leur existence n'est plus guère marquée que par leurs souffrances.

# CHAPITRE II

## L'HISTOIRE : LES ORIGINES

Les temps primitifs : Šafařik (les antiquités slaves) et Niederlé.
— L'expansion slave : le roi Samo. Charlemagne. — L'empire
de la Grande-Moravie : Rostislav et Svalopluk. — La conversion
au Christianisme : les apôtres slaves, Cyrille et Méthode. —
L'invasion magyare.

La plus ancienne période de l'histoire slave a toujours exercé et exerce encore sur les savants cette étrange fascination que gardent sur l'imagination humaine les problèmes dont nous savons qu'ils ne seront jamais résolus.

Les documents que nous possédons sur le séjour primitif des Slaves, leur civilisation originale et leurs migrations sont rares et remarquablement obscurs; ils permettent les interprétations les plus diverses et favorisent les hypothèses contradictoires. Les renseignements les plus vraisemblables et les plus dignes de foi qui nous soient parvenus sur ces siècles lointains sont ceux que nous fournit la *Chronique fondamentale russe* que l'on s'est habitué, depuis Schlözer, qui l'a étudiée le premier, à nommer la Chronique de Nestor. Le moine qui l'a rédigée au XI<sup>e</sup> siècle y a rassemblé les traditions populaires et sa sincérité est manifeste. Malheureusement les renseignements que nous trouvons chez lui sont en général extrêmement sommaires et souvent très difficiles à comprendre. Son récit est devenu un canevas sur lequel les annalistes postérieurs n'ont pas cessé de broder. Sous prétexte de compléter ou d'expliquer la Chronique de Nestor, ils se sont abandonnés à toutes les fantaisies de leur imagination, surexcitée de plus par un naïf enthousiasme patriotique. Ils ont accueilli sans critique et répandu sans remords les textes apocryphes et les légendes les plus suspectes. Leurs inventions ont été encore accrues et embellies par les écrivains qui sont venus après eux. Les systèmes les plus étranges ont été accueillis sans discussion; les théories les plus invraisemblables et les plus contradictoires ont trouvé des défenseurs. Au début du xix<sup>e</sup> siècle, l'histoire slave n'était qu'un incroyable mélange de fictions extravagantes et de systèmes préconçus.

Au milieu de ce chaos d'élucubrations contradictoires et d'affirmations arbitraires, un Slovaque, Šafařik porta le premier la lumière. Les *Antiquités slaves* (1837) sont aujourd'hui dépassées; les progrès de la science, en particulier de la philologie, de l'archéologie et de l'ethnographie, qui naissaient à peine alors, ont ruiné nombre des hypothèses de l'illustre érudit tchèque. Son livre n'en marque pas moins une date capitale par l'influence qu'il a exercée, les travaux qu'il a provoqués et le réconfort moral qu'il a apporté à ses nombreux lecteurs. Comme la plupart des historiens de son temps, Šafařik, disciple de Herder et contemporain des Niebuhr et des Grimm, était un poète non moins qu'un savant; par l'étendue des recherches qu'elles supposent, la magnificence du plan, la richesse de la conception, l'enthousiasme et la foi qui soulèvent l'âme de l'écri-

vain et qu'il communique à ses lecteurs, les Antiquités slaves nous font songer aux cathédrales du
moyen âge, où s'exprime avec une si somptueuse
splendeur l'appel des fidèles vers le ciel, et qui
triomphent des siècles, bien qu'il faille sans cesse
défendre leurs contreforts contre l'injure du temps.

Ces dernières années, l'étude de cette lointaine et
nébuleuse période a été reprise par un professeur de
Prague, M. Niederlé, bien connu en France par son
manuel : *La Race slave*, dont M. Louis Leger nous
a donné une précieuse traduction. Šafařik, grandi
sous l'action du romantisme, s'abandonnait volontiers à son ardente imagination et se plaisait aux
constructions sentimentales; Niederlé a la prudence
méticuleuse et la réserve inquiète des érudits contemporains. Avec quelque sévérité cependant qu'un
chercheur surveille les impatiences de son esprit, il
n'avoue pas volontiers que ses longues investigations
devraient aboutir à un procès-verbal de carence. Il
arrive ainsi à M. Niederlé de faire état de témoignages dont nous ne mesurons qu'assez mal l'authen-
ticité et la valeur. Ses connaissances sont prodi-
gieuses et ses conclusions fort adroitement déduites.
Quelques-unes sont dès aujourd'hui admises par tous
et son livre marque évidemment un progrès considérable sur les travaux antérieurs. Sur d'autres
points, — et non peut-être les moins essentiels, — les
résultats auxquels il aboutit reposent sur des bases
un peu fragiles et la discussion demeure ouverte.
Résignons-nous donc à confesser notre ignorance,
en nous contentant des quelques faits capitaux qui
paraissent dès maintenant assez solidement établis.

*  
* *

Les Slaves, avant l'époque de leur dispersion, occupaient le territoire qui s'étend de la Baltique aux Karpates, entre la Vistule et le Dniester moyen. Ils partirent de là pour se répandre vers l'Elbe, le Danube et le Don. L'archéologie semble prouver qu'avant l'époque chrétienne, ils avaient déjà pénétré dans la Hongrie septentrionale qu'avaient peuplée auparavant des Celtes et des Germains. Vers le v⁰ siècle ils prirent définitivement possession du pays vidé par la grande invasion et le passage des Huns.

Ils subirent ensuite le joug des Avares et en furent affranchis par le prince à demi légendaire, connu sous le nom de Samo qui, vers le milieu du vii⁰ siècle, réunit sous son autorité les Slaves occidentaux. Samo forma un État puissant dont le chroniqueur Frédégaire nous a raconté les démêlés avec le roi franc Dagobert. Il n'est pas impossible qu'au début de cette période quelques avant-gardes des tribus slaves méridionales qui s'étaient avancées par le sud entre le Danube et la Tisza, se soient établies dans les vallées des Karpates ; il ne saurait dans tous les cas s'agir ici que de groupes isolés qui furent rapidement absorbés par le flot plus puissant qui arrivait de l'ouest et du nord. Il convient d'ailleurs de se rappeler que les différences qui séparaient les divers rameaux slaves étaient encore assez peu marquées, que leurs dialectes étaient très voisins et que la population était très clairsemée ; la fusion fut donc facile et rapide et les anciens habitants disparurent parmi les nouveaux envahisseurs sans laisser de traces.

Avec Charlemagne, nous arrivons à une période un peu moins incertaine. Vers le Danube comme sur les bords de l'Elbe, le grand Empereur essaya de protéger contre de nouvelles surprises le monde chrétien et romain dont il avait rétabli l'unité et reconstitué la puissance. Ses victoires, qui marquent le début de la germanisation sur les bords de l'Elbe comme dans les Alpes orientales, profitèrent aux Slaves des Karpates. Après la destruction du royaume des Avares (796), ils s'étendirent jusqu'aux bouches du Hron, et peut-être même plus loin vers l'Est. En même temps, leur contact avec les Francs leur ouvrait une civilisation supérieure et leur apportait les premières lueurs du christianisme. — Parviendraient-ils à garder leur indépendance politique et leur individualité nationale, tout en maintenant avec l'occident les relations étroites qui leur étaient indispensables? La question, qui était difficile et comportait d'assez graves périls, sembla devoir être résolue du premier coup par les fondateurs de l'Empire de la Grande Moravie (830-906), Mojmir, Rostislav et Svatopluk.

*
* *

Les Slovaques étaient divisés en tribus, qui ne se réunissaient momentanément sous un chef commun qu'en présence de l'invasion. Devant le reflux germanique, Mojmir d'abord, puis surtout Rostislav rassemblèrent sous leur autorité les populations répandues à l'est de la Bohême (Moraves et Slovaques) et repoussèrent les tentatives de Louis le Germanique. Rostislav est dans une certaine mesure le Clovis slovaque et, si nous comprenons assez mal les mobiles de la conduite de Clovis et les causes de ses succès, bien que nous possédions sur lui d'assez nombreux témoignages, nous sommes plus mal éclairés encore sur la politique intérieure du créateur de la Grande Moravie, que nous ne connaissons que par quelques légendes suspectes ou quelques textes incertains. L'histoire de la conversion des chefs barbares est des plus nuageuses et elle a été si bien obscurcie par l'apologétique chrétienne que nous ne nous y débrouillons pas aisément.

Nous admettons généralement aujourd'hui que l'Europe du moyen âge a éliminé les Barbares qui ne sont pas venus au Christianisme et qu'elle paraît avoir fait de l'acceptation de l'Évangile une condition absolue de grande naturalisation; il est au moins douteux que les contemporains de Clovis et de Rostislav aient deviné la puissance de cette loi implacable et qu'elle les ait déterminés à solliciter leur admission dans l'Église. Tout d'ailleurs ne s'explique pas en histoire par le raisonnement et la volonté réfléchie; l'instinct mène l'homme plus que le calcul, et la sourde volonté des peuples qui doivent vivre trouve son expression dans l'obscur pressentiment de quelques chefs auxquels s'attache ensuite la reconnaissance de la postérité.

Depuis Charlemagne et surtout depuis Louis le Débonnaire, le Christianisme avait commencé à s'infiltrer en Bohême et dans les clans de la Hongrie septentrionale. Le proscrire, c'était se condamner à une guerre sans merci avec les souverains teutons et arrêter tout mouvement de progrès. Rostislav redoutait d'autre part, s'il se rattachait à l'Église germanique, d'ouvrir son royaume à des missionnaires qui étaient en même temps les pionniers de la conquête impériale. Il ne manquait pas de cette prudence soupçonneuse et de cette finesse sournoise qui sont communes aux paysans et aux princes à demi-barbares; avec l'autorisation du pape Nicolas I<sup>er</sup>, il s'adressa à l'Empereur grec Michel III qui lui envoya

les deux célèbres frères de Salonique, les *apôtres
slaves*, CONSTANTIN (CYRILLE) ET MÉTHODE (864).

Les Slaves occupaient alors la plus grande partie
de la péninsule des Balkans et ils étaient nombreux
dans les environs de Salonique. Pour les convertir,
c'est-à-dire pour les soumettre à l'autorité du basi-
leus byzantin, les missionnaires grecs avaient étudié
leurs habitudes et leur langue. Constantin et Méthode
apportaient avec eux l'alphabet glagolitique, une
liturgie slave et la traduction de quelques livres
sacrés. Ils parlaient un dialecte très voisin de celui
des Moraves. Les progrès du Christianisme avaient
été retardés jusque-là par la haine qu'inspiraient les
prêtres venus de l'occident, qui prétendaient imposer
aux néophytes, en même temps que leur foi, une
langue et une domination détestées et qui exigeaient
avec une impitoyable avidité le payement de la dîme.
Dès cette époque, les Allemands voyaient surtout
dans l'expansion de la civilisation une entreprise
commerciale qu'ils exploitaient à fond et une occasion de rapine. Constantin et Méthode rallièrent
autour d'eux tous ceux à qui ne suffisaient plus les
anciennes croyances et qui n'étaient écartés de
l'Évangile que par leur instinct national. Adrien II
autorisa la liturgie slave et Méthode fut nommé
archevêque de Moravie et de Pannonie (869). Un État
puissant se constituait ainsi qui, indépendant au
point de vue politique et religieux, menaçait de
barrer à l'Allemagne la route vers l'est. La Grande
Moravie s'essayait dès lors au rôle que nous espérons
voir reprendre par le futur royaume tchécoslovaque.

Les Allemands ne laissèrent pas au jeune empire
le temps de se consolider. On a l'habitude de repro-
cher aux Slaves leurs tendances anarchiques et la
faiblesse de leur sens politique. Accusations stéréotypées et lieux communs que les écrivains se passent

sans les contrôler! Les Slovaques de Mojmir et de Rostislav souffraient des vices communs à leurs contemporains et au stade social qu'ils traversaient. Les chefs de clans supportaient mal l'autorité du souverain et leurs révoltes étaient encouragées par les défenseurs attardés des anciennes idoles. Louis le Germanique profita de ces querelles pour envahir la Moravie; Rostislav, trahi par son neveu Svatopluk qui gouvernait les provinces orientales, c'est-à-dire la Slovaquie, fut livré aux Allemands.

Svatopluk n'avait accepté l'aide des étrangers que pour conquérir le pouvoir. A peine débarrassé de Rostislav, il secoua le joug et, après plusieurs années de luttes acharnées, il força Louis le Germanique à reconnaître son indépendance. Son ambition était vaste et ses vues lointaines : par son mariage avec la fille du prince de Bohême, il rattacha à sa politique les tribus de l'Elbe supérieur et il étendit son autorité sur les Serbes de Lusace, la Silésie, la Galicie occidentale et une grande partie des terres danubiennes; Méthode, archevêque de Moravie, avait sous ses ordres deux suffragants, dont l'un siégeait à Nitra. Le souvenir de la puissance de Svatopluk s'est longtemps conservé dans la mémoire du peuple et son nom revient souvent dans les légendes avec celui de ses châteaux, Dievin qui commande la porte du Danube, et Nitra que célèbrent les chants populaires :

Nitra, chère Nitra, haute Nitra,
Où sont les temps où tu florissais?
Nitra, chère Nitra, mère slovaque,
Je te regarde et les larmes me montent aux yeux.
Tu fus jadis la mère de tous les pays
Où coulent le Danube, la Vistule et la Morava,
Tu fus la capitale de Svatopluk...
Et la sainte métropole de Méthode
Quand il prêchait à nos pères la parole de Dieu.

Bien qu'il ait eu jusqu'à ses derniers jours à combattre les Allemands et qu'il n'ait conservé sans doute aucune illusion sur leurs desseins, Svatopluk prépara leur revanche par sa politique religieuse. Pour des raisons que nous ne connaissons pas, il n'aimait pas Méthode, et il devint l'instrument de son adversaire, l'évêque Viching; il commença par introduire la liturgie latine à côté de la liturgie slave et, après la mort de l'apôtre (885), il persécuta ses disciples. Deux cents prêtres ou diacres, et parmi eux, le successeur de Méthode, l'archevêque Gorazd, furent expulsés et se dispersèrent chez les Yougoslaves; ils y propagèrent l'Évangile et le rite byzantin.

En trahissant la politique de Rostislav et en rompant les liens qu'il avait noués avec l'Europe orientale, Svatopluk laissait son peuple isolé en face des ambitions tudesques. Les nouveaux prêtres, venus de Ratisbonne et de Passau, perdus au milieu d'une race dont ils ne comprenaient pas la langue et qui les repoussait comme des intrus, ne virent d'autre moyen pour se maintenir que d'invoquer la protection des rois de Germanie. Affaiblie par l'anarchie, l'Allemagne était à ce moment incapable à elle seule de reprendre ses projets de conquêtes; elle appela à son aide les hordes sauvages qui, traquées par les Petchénègues, s'étaient réfugiées dans les plaines de la Tisza et du Danube. Les premières incursions des Magyars furent repoussées. Mais la Slovaquie était déchirée par les querelles intestines qui mettaient aux prises les fils de Svatopluk, épuisée par ses longues guerres avec l'Allemagne. En 905 ou 906, les Magyars soumirent la Moravie et la Slovaquie méridionale; du grand Empire morave, les ruines mêmes disparurent.

.*.

Les Slovaques ne subirent pas tous aussitôt la domination magyare ; beaucoup d'entre eux se réfugièrent dans les montagnes où ils ne furent pas poursuivis. L'invasion de 906 n'en marque pas moins une date décisive dans leur histoire et dans l'histoire des Slaves en général. Le roi de Germanie Arnulf qui avait sollicité l'appui des Magyars contre la Grande Moravie ne prévoyait pas les épreuves que son imprudence préparait à ses compatriotes. Petits, trapus, les yeux enfoncés, le crâne chauve au milieu duquel se hérissaient bizarrement quelques touffes de cheveux, les Magyars étaient de redoutables pillards dont les razzias s'étendirent sur toute l'Europe centrale. La hardiesse imprévue et déconcertante de leurs incursions, la rapidité et la résistance de leurs montures, leur adresse à lancer leurs flèches, l'habileté avec laquelle ils surveillaient les mouvements de leurs adversaires et interceptaient leurs convois, leur assurèrent pendant longtemps une irrésistible supériorité. Ils brûlaient les villages et les villes, dévastaient les campagnes et enlevaient des milliers d'esclaves qu'ils vendaient en Orient.

Ils continuèrent leurs ravages jusqu'au moment où Henri I<sup>er</sup> et Othon réorganisèrent l'Allemagne et arrêtèrent leurs courses vers le milieu du x° siècle.

Malgré tout, l'Allemagne n'a pas gardé rancune à Arnulf et elle lui pardonne ses souffrances momentanées à cause du service qu'il lui a rendu. En introduisant les Magyars comme un coin au milieu des tribus slaves, il avait brisé pour longtemps la force du grand adversaire de la Germanie. Depuis lors, les Slaves de l'ouest, obligés de faire face sur deux fronts, se trouvent dans une situation des plus critiques et la vigueur de leur résistance vis-à-vis de l'invasion teutonne en est restée paralysée. Les Magyars, complices ou dupes, ont toujours été les instruments de l'hégémonie germanique et, à plusieurs reprises, leur intervention seule a déterminé la victoire des Allemands. La paix future brisera enfin les tenailles de fer dans lesquelles les Slovaques étouffent depuis dix siècles; elle leur rendra l'indépendance nationale et politique qu'ils n'ont pas retrouvée depuis la ruine du royaume de Svatopluk.

# CHAPITRE III

## LE MOYEN AGE

Saint-Étienne de Hongrie. — L'invasion mongole et la colonisation allemande. — Les Angevins : Mathias Čak. — Les Hussites : Jean Jiskra de Brandys. — Les influences tchèques. —
L'invasion turque et l'oppression féodale. — La Réforme : les
Frères Bohêmes. — Les débuts du despotisme autrichien :
Léopold I<sup>er</sup>. — La Restauration catholique. — Les origines de
la littérature slovaque et l'aube d'un temps nouveau.


Jusqu'à Saint-Étienne, à qui Sylvestre II remit en
1001 la *Sainte Couronne*, les Magyars n'exercèrent
dans la Haute-Hongrie qu'une autorité nominale;
Étienne la rattacha définitivement au royaume et elle
dépendit de l'archevêché d'Ostřihom (Gran) qu'il
avait fondé. Elle gardait encore une certaine unité
autour de Zvolen qui joua quelque temps le rôle
d'une petite capitale. Étienne, qui avait épousé une
Allemande et qui avait beaucoup de mal à guérir les
Magyars de leurs habitudes nomades et de leur barbarie native, ménageait les allogènes et il prêchait la
tolérance à son fils : « Sois bienveillant pour tes hôtes
étrangers et traite-les avec honneur, parce qu'ils
apportent dans ton pays des connaissances et des
lumières. Ils sont l'ornement du trône; le royaume
où dominent une seule langue et une seule coutume,
est faible et fragile. »

Sages conseils, d'autant plus que les Slaves étaient arrivés à un degré de civilisation beaucoup plus élevé que leurs vainqueurs et leur offraient d'utiles modèles. Quand on feuillette le travail de Miklosich *Les éléments slaves dans la langue magyare*, on constate que les nouveaux maîtres du pays ont emprunté aux anciens habitants un nombre considérable de termes relatifs à la religion, à la politique, à l'agriculture et à l'économie domestique. Ce qui prouve que les rapports des deux peuples étaient étroits et qu'ils n'étaient pas divisés par des haines profondes.

Malgré la tolérance des souverains qui se prolongea plusieurs siècles, la domination hongroise fut lourdement funeste aux Slovaques. Refoulés dans leurs montagnes, séparés de leurs frères de race, ils ne rencontrèrent nulle part l'appui qui leur eût été nécessaire pour sortir de leur misère matérielle et morale et ils furent condamnés à vivre en marge de la civilisation; jusqu'au xv⁰ siècle, on ne constate chez eux aucune activité intellectuelle. Les progrès du latin qui était la langue de l'Église et de l'État et qui même se répandit bientôt comme langue courante parmi les classes supérieures, contribuèrent à ralentir l'éveil de l'idée nationale, pendant que l'anarchie féodale et les privilèges de l'aristocratie étouffaient dans la masse du peuple la pensée et la vie.

Les Magyars ne surent même pas défendre les Slovaques contre l'invasion étrangère. En 1241, ils furent écrasés par les Mongols qui se répandirent sur le pays comme un torrent destructeur et qui ne l'abandonnèrent qu'après l'avoir ruiné et dépeuplé. Le voyageur, nous racontent les annales, errait de longues heures dans les campagnes sans rencontrer âme vivante; il n'apercevait que des cadavres, des animaux sauvages, des ronces et des ruines; les rares habitants qui s'étaient réfugiés au fond des forêts, se nourrissaient d'herbes et de racines; dans certains cantons on mangeait de la chair humaine; les loups étaient si nombreux qu'ils attaquaient les habitants dans leurs cabanes.

Quand les Mongols se retirèrent enfin d'un pays qu'ils avaient mangé jusqu'à l'os, Béla IV entreprit de reconstituer son royaume. Déjà au XIIe siècle, les souverains avaient commencé à appeler des colons allemands, et Geiza II (1141-1161) les avait établis sur la frontière de Pologne, dans la région qu'arrosent le Dunajec, le Poprad et le Hernad, autour de Levoča (Leutchau) et de Kejmarok. Ce district, qui abonde en forêts et en gras pâturages, possède aussi d'importantes richesses minérales; il compta au XIIIe siècle jusqu'à vingt-quatre villes royales qui formaient une confédération avec une juridiction particulière. Elles restèrent la forteresse de l'Allemagne dans les Tatras jusqu'au moment où, en 1412, Sigismond en engagea treize à la Pologne. Le royaume de Hongrie ne cessa pas d'ailleurs d'en revendiquer la possession et Marie-Thérèse, à qui Frédéric II avait enseigné l'art de colorer ses ambitions de prétextes historiques, les occupa en 1771; cette usurpation célèbre fut le premier signal du partage de la Pologne.

A l'exemple de Geiza II, ses successeurs continuèrent à favoriser l'immigration allemande. Elle prit une importance particulière après l'invasion mongole, et les colons, fuyant en foule l'anarchie du Saint-Empire, accoururent, alléchés par les très larges privilèges et l'autonomie que leur offraient les rois magyars. Les nobles et les monastères, qui détenaient des domaines immenses, suivirent l'exemple des souverains.

Après l'extinction de la dynastie nationale des Arpad, les Angevins (1308-1382) se heurtèrent à la résistance de quelques grands seigneurs slovaques. Ils s'appliquèrent à vaincre leur opposition en favorisant par tous les moyens l'arrivée des étrangers et, au xv⁰ siècle, il n'y avait plus une seule bourgade où ne fussent établies au moins quelques familles allemandes. Jamais la race slave des Karpates ne courut un aussi grand péril et rien ne montre mieux sa vitalité et sa force de résistance que le lent travail d'absorption par lequel elle a rongé et peu à peu fondu dans la masse nationale ces éléments hétérogènes. Ce progrès se poursuit sous nos yeux et chaque recensement marque la rapide érosion des territoires germaniques.

La réaction indigène se dissimula d'abord sous l'apparence de révoltes féodales contre l'autorité monarchique. Nous connaissons trop mal le caractère et les intentions de Mathias Čak, qui, jusqu'à sa mort (1321), fut en lutte contre Charles Robert d'Anjou, pour oser affirmer que sa résistance s'inspirait d'une pensée politique. Les phénomènes historiques d'ailleurs ne se présentent guère sous une forme simple et, à cette époque surtout, les passions ethniques se cachaient d'habitude sous les ambitions individuelles ou les rivalités de classes. Il est certain du moins qu'il groupa sous son autorité la Slovaquie presque entière et qu'il y exerça pendant un quart de siècle une autorité à peu près absolue. Le petit État qu'il avait constitué avait nécessairement un caractère slave. Les poètes qui ont célébré plus tard dans Mathias Čak le héros de la liberté renaissante, faussent certainement l'histoire en lui prêtant des intentions qu'il n'avait pas; mais, sans le vouloir et sans le savoir, par cela seul qu'il se séparait du reste de la Hongrie et qu'il rassemblait sous une loi commune les comtés slovaques, il ravivait l'idée de l'indépendance primitive et il est certain qu'il s'appuyait sur les classes populaires; elles le récompensèrent de ses sympathies en lui gardant un souvenir reconnaissant.

*
* *

Dès que la domination magyare s'affaiblissait, les Slovaques par un mouvement naturel se rapprochaient des Tchèques. L'épisode de Mathias Čak les prépara à l'influence hussite. Depuis la fondation de l'université de Prague, leurs étudiants étaient nombreux en Bohême. Ils y entendaient les sermons de Milič de Kromieřice et de ses successeurs, y assistaient aux discussions dans lesquelles les partisans de la réforme ecclésiastique soutenaient contre les défenseurs des abus les doctrines de Viclif. Ils rentraient chez eux, tout vibrants de ces polémiques ardentes et apportaient avec le nouvel évangile le culte de la nation bohême et de la race slave. En Autriche et en Hongrie, Jérôme de Prague avait audacieusement dénoncé les vices de la Curie, et l'écho de sa parole avait réveillé le souvenir des prédications vaudoises que n'avaient jamais complètement étouffées la surveillance de la hiérarchie et le zèle des Inquisiteurs. La parole du Christ, retrouvée dans sa pureté révolutionnaire sous la lave romaine, n'était-elle pas la plus véhémente diatribe contre l'oppression féodale, chaque jour plus accablante? Un frémissement de révolte courait parmi ces paysans, encore mal habitués au joug : le Christ et les Taborites leur promettaient une revanche.

Mon Dieu, Mon Père!
Quelle confusion dans ce monde!
Que de maux, que de souffrances
Pour le pauvre serf!...

Nous, messieurs les nobles,
Nous sommes vos sujets ;
Nous serons dans la terre noire
Vos égaux, vos égaux.
Paysans et nobles,
Il nous faudra tous mourir.
Tous dans la terre noire,
Il nous faudra pourrir, pourrir...
Mon Dieu, Mon Dieu,
Aie pitié dans le ciel !
Dans le monde je n'ai rien
Rien que toi.

A plusieurs reprises, les bandes hussites traversèrent la Slovaquie. Après la défaite des Taborites à Lipany (1434), quelques-uns des chefs des routiers radicaux s'y établirent, mi-croisés, mi-bandits, assez analogues aux écorcheurs que le dauphin Louis conduisait en Suisse ou le roi Charles VII en Alsace, ennoblis pourtant par le souvenir de la cause pour laquelle ils avaient combattu. Ils se groupèrent autour d'un chef remarquable par ses qualités militaires, Jean Jiskra de Brandys qui, au milieu des luttes dynastiques qui déchiraient la Hongrie, se tailla dans les montagnes un royaume indépendant. Jusqu'en 1466 où les débris des aventuriers tchèques furent définitivement exterminés, la Slovaquie fut une sorte d'annexe de la Bohême et la langue tchèque y domina.

Les guerres hussites avaient marqué un progrès remarquable dans l'art de la guerre ; les cohortes tchèques, entraînées à une discipline rigoureuse, bien équipées, habituées aux mouvements rapides, avec leurs redoutables charrettes de combat, étaient recherchées par les souverains ; leurs capitaines jouaient un rôle important à la cour de Hongrie et y introduisaient l'usage de leur langue. Il parut un moment que la Slovaquie allait l'imposer au royaume entier. Mathias Corvin (1458-1490), qui était demeuré longtemps en Bohême et qui avait épousé une fille de Georges de Podiébrad, rédigeait volontiers ses chartes en tchèque, tandis que nous n'en possédons aucune de cette époque en magyar. Son successeur, Vladislav II, était en même temps roi de Bohême; polonais d'origine, élu par l'influence d'Étienne Zapolský, dont la famille était slovaque, il trouvait son principal appui dans la Hongrie supérieure et il développa l'influence tchèque. A plusieurs reprises, il ouvrit la diète par un discours en langue slave.

*  
* *

Le désastre de Mohacz (1526) où mourut le roi Louis II ouvre pour la Hongrie et la Slovaquie la période de domination ottomane qui dure jusqu'au traité de Požarevac (1718). Les Turcs, favorisés par les querelles intestines des Hongrois, occupent la plus grande partie du royaume de Saint-Étienne. Maîtres de Bude (1541) qu'ils garderont un siècle et demi, soutenus le plus souvent par les princes de Transilvanie, ils s'emparent un moment de presque toute la Slovaquie méridionale. De Nové-Zamky (Neuhäusel) sur la rive droite de la Nitra, de Nitra, de Levice (Levencz), dans le comté de Tiékov qu'a rendue célèbre la victoire du comte Souches en 1664, de Sečany, presque chaque année, ils razzient les districts du nord, enlèvent les bestiaux, emmènent les femmes et les enfants. Les églises crénelées et les tours dont on aperçoit encore les ruines auprès de la plupart des villes et où veillaient nuit et jour des gardes chargés d'annoncer l'approche de l'ennemi, rappellent ces années d'épouvante.

En même temps, les seigneurs, dont la violence

et l'avidité n'étaient plus contenues par l'autorité royale, écrasaient les paysans sous un régime de fer. Dès 1496, un évêque écrit que les nobles traitent leurs sujets comme on ne doit pas traiter les animaux. Les paysans (rustici, coloni, jobagiones) étaient en marge du corps politique et la protection des lois ne s'étendait pas sur eux. Ils dépendaient absolument du maître qui sur son domaine exerçait sans recours la justice patrimoniale. Attachés à la glèbe depuis la constitution de 1514, accablés sous la charge des impôts qui pesaient exclusivement sur eux, pressurés par le clergé, méprisés et haïs par les grands qui redoutaient leurs révoltes et espéraient prévenir leurs insurrections en les réduisant à la plus noire misère, soumis à des corvées qui devenaient plus nombreuses et plus dures à mesure qu'ils étaient moins capables de payer des redevances en argent ou en nature, leur condition s'était aggravée avec les progrès de la petite noblesse, qui, besogneuse, ignorante et brutale, avait accru son influence et attiré à elle une partie importante de l'autorité. Une diétine provinciale déclarait qu'un sujet ne saurait avoir droit contre son maître et que l'idée seule qu'un seigneur pût avoir tort vis-à-vis d'un paysan, serait pour lui une intolérable offense.

Pour comprendre la situation de la Hongrie contemporaine, il est nécessaire de se rappeler les longs siècles pendant lesquels la classe dominante s'est entraînée à la férocité et s'est habituée à regarder les vilains comme une classe de serfs taillables et corvéables à merci. La fusion ne s'est jamais faite complètement entre les descendants des pillards nomades qui avaient établi leur domination sur le pays et les laboureurs qu'ils avaient soumis. Entre les vainqueurs et les vaincus, la race créait un obstacle infranchissable, comme la religion entre le musulman et le raïa. Les Magyars ont eu beau se frotter de civilisation et se piquer de belles manières, leur âme est celle des compagnons d'Arpad qui ne reconnaissaient d'autre droit que la force et ils se servent de la loi comme d'une massue. De là leur sympathie instinctive pour la Prusse et la facilité avec laquelle ils acceptent la direction de Guillaume II ; les junkers de la Tisza reconnaissent en lui l'odeur de leurs ancêtres, les bandits de la steppe.

De temps en temps, mourants de faim, ivres de désespoir et recrus de fatigue, les paysans, çà et là, se lèvent dans un sursaut d'agonie, brûlent les châteaux, massacrent leurs tyrans. Insurrections impuissantes et folles, vite noyées dans le sang. Après chaque tentative avortée, les rebelles sont plus lourdement courbés vers le sol.

*
* *

C'est pour nous un problème que la guerre actuelle nous aide à comprendre que tant d'épreuves n'aient pas complètement assauvagi les âmes des opprimés ou qu'ils ne soient pas tombés dans la torpeur du coma. Pendant ces siècles d'invasion et de misère, la Slovaquie ne cessa pas de vivre et de penser.

Elle le dut à la Bohême et aux influences hussites. Pendant la crise religieuse et démocratique du XVᵉ siècle, les paysans de la Slovaquie occidentale s'étaient soulevés au nom du Calice. Après les Compactats de Bâle (1436), les compagnons de Jiskra et les autres chefs de bandes arrivés de Bohême avaient apporté avec eux la traduction tchèque de l'Écriture, les sermons et les œuvres d'édification ou de polémique des prédicateurs et des théologiens les plus connus, surtout les chants religieux et guerriers qui avaient conduit les hérétiques à la victoire. Depuis lors, les idées de réforme de l'Église hantaient les consciences. L'opinion était mûre pour la révolte et, quand les étudiants slovaques qui fréquentaient assidûment l'Université de Wittenberg en ramenèrent les thèses de Luther, elles se répandirent rapidement. L'anarchie qui suivit la bataille de Mohacz (1526), ne laissa pas aux souverains le temps et les moyens d'étouffer l'hérésie et, en dépit de quelques persécutions momentanées, la Slovaquie jouit, en fait d'abord et pendant quelque temps en droit, — après 1606, — d'une liberté religieuse presque complète.

Tandis que les Magyars adoptaient en général le Calvinisme, les Slovaques se rattachèrent à la confession luthérienne; en 1610, ils élurent des *surintendants* et fixèrent les bases de leur constitution ecclésiastique, telle qu'elle s'est maintenue dans ses cadres essentiels presque jusqu'à nos jours.

Il était à craindre que les progrès de la Réforme ne servissent l'influence germanique, comme ce fut le cas dans une certaine mesure en Bohême, au moins pendant quelque temps. Mais le xvi<sup>e</sup> siècle est une époque de décadence pour l'Allemagne; elle souffrait d'une crise économique très grave et les médiocres successeurs de Luther, perdus dans leurs mesquines querelles, n'étendaient pas leurs regards au delà de l'horizon le plus étroit. L'émigration avait presque complètement cessé et les anciennes colonies germaniques, que ne nourrissait plus un courant perpétuel d'apports nouveaux, s'effritaient peu à peu sous l'influence du milieu. Les oligarchies bourgeoises s'étaient barricadées quelque temps derrière leurs privilèges et elles avaient obstinément interdit l'accès de leurs cités aux paysans des environs. Intolérance cruelle à l'époque où les razzias turques ne laissaient souvent aux laboureurs d'autre ressource que de chercher un asile derrière les murailles des villes. Les diètes, que cet égoïsme n'aurait guère émues s'il ne se fût agi que des Slovaques, s'indignèrent parce que les intérêts des Magyars étaient lésés du même coup; elles exigèrent que les Slovaques et les Magyars fussent admis dans les municipes royaux et y exerçassent les mêmes droits que les anciens habitants. Les patriciats étrangers furent dès lors rapidement submergés par les immigrés des campagnes voisines, et les villes furent bientôt en majorité conquises par l'élément indigène.

Si d'ailleurs l'hérésie arrivait d'Allemagne, c'était le plus souvent par l'intermédiaire de la Bohême, où elle s'imprégnait de traditions hussites. L'Église des *Frères* en particulier, avec son caractère démocratique et la pieuse simplicité de sa théologie, convenait admirablement à une population de paysans, peu accessible aux discussions dogmatiques et que les malheurs du temps inclinaient à un ascétisme à demi mystique. Même ceux des fidèles et des pasteurs qui n'acceptaient pas le catéchisme de l'Unité des Frères, subissaient l'ascendant de ses tendances morales.

La langue tchèque était si voisine du slovaque que les Protestants l'adoptèrent sans difficulté comme langue liturgique et ils reçurent de Bohême leur Bible, leurs psautiers et leurs livres de prières. La Réforme, qui supprime tout intermédiaire entre l'homme et le Sauveur et qui reconnaît pour unique loi l'ordre que la conscience individuelle tire de l'Évangile, attachait nécessairement un grand prix à l'instruction populaire. De nombreuses écoles se fondèrent. Quelques-unes étaient de véritables petites universités; leurs professeurs avaient étudié à l'étranger et possédaient une éducation supérieure;

elles avaient des imprimeries auxquelles nous devons les premiers livres tchécoslovaques. Comme l'intérêt se concentrait sur les questions religieuses, les seuls ouvrages slovaques que nous possédions de cette époque sont des recueils de prières, des catéchismes, des sermons et des cantiques, — les plus intéressants pour nous. Toute cette littérature religieuse était en tchèque et elle s'inspirait en grande partie des œuvres des Frères. La célèbre Bible de Kralice, qu'avait publiée l'*Unité*, et les psautiers de ses communautés sont demeurés pendant plusieurs siècles l'unique nourriture intellectuelle et morale des Slovaques, ou du moins de la fraction la plus énergique et la plus éclairée d'entre eux. Ce n'est pas un des moindres services que l'*Unité* a rendus à la Bohême; elle a noué entre les Slaves des royaumes de Saint-Venceslas et de Saint-Étienne des liens qui ne devaient jamais se briser entièrement.

Jusqu'au siège de Vienne (1683) qui marque le déclin de la puissance ottomane, l'autorité des Habsbourgs ne s'étendait que sur la Hongrie septentrionale et occidentale, c'est-à-dire sur des territoires en majorité habités par les Slaves. Bien que la noblesse fût depuis longtemps séparée de la masse de la population, elle en conservait les habitudes et la langue. Pendant tout le XVIIᵉ siècle, la vie publique en Hongrie a son centre dans les comtés purement ou à demi slovaques : Gran, le siège de l'archevêque Pasmany, est aux portes de la Slovaquie, et c'est à Nitra qu'il fonde le grand collège jésuite et l'Université d'où part la restauration catholique; parmi les Slovaques se recrutent en grande partie les *Kouroutses* (croisés) et les rebelles qui combattent Léopold Iᵉʳ sous la conduite de Tœkéli (1677-1685) et de François Rakoczy (1703-1711); le nom d'*Éperies* a été rendu célèbre par les assises sanglantes de 1687, que présida le général Caraffa, digne précurseur du général Potiorek ; trente nobles et bourgeois y furent torturés ou décapités ; « pendant plusieurs mois, sur un échafaud en permanence, des bourreaux pendirent, empalèrent, rompirent vives toutes les victimes que la réaction politique ou religieuse désignait à des juges sans indépendance » (Sayous). Sous ce nom d'Éperies, se cache une ville slovaque, Prechov, qui s'étend aux pieds du mont Tabor dans une ravissante contrée. Munkač, le nid d'aigles que défend contre Léopold l'héroïque Hélène Zrynski, la femme de Tœkéli et la mère de François Rakoczy, est sur la frontière de la Slovaquie, et la diète d'Onod qui, en 1707, proclame la déchéance des Habsbourgs, est en grande partie composée de députés des comtés slovaques.

Les anachronismes d'idées sont plus fâcheux que les erreurs matérielles, et il ne convient pas d'attribuer aux compagnons de Rakoczy les sentiments de Kollar ou de Louis Stúr ; prenons garde cependant de nous refuser par hypercritique à reconnaître dès le xvii⁰ et le xviii⁰ siècles les embryons des sentiments qui se transformeront plus tard en programmes concrets. Il est incontestable que le nom de Pierre le Grand a retenti d'un bout à l'autre du monde slave. Les ambassadeurs que lui envoya Rakoczy n'eurent pas de peine à s'entendre avec lui, parce qu'ils lui parlaient slovaque, et nous retrouvons dans leurs discours comme la première ébauche du programme slave actuel, l'affranchissement de l'Europe par la destruction de l'Autriche. — « Le moyen d'assurer ton empire vers le nord et l'ouest, dirent-ils au Tsar, est d'arracher la Hongrie à l'Autriche ; l'Empereur ne permettra jamais que ta puissance s'étende vers l'est ; le roi de Hongrie y consentira volontiers, si tu lui garantis son indépendance. » — « Que le Tsar, ajoutèrent-ils, pour son honneur et le bonheur de la Chrétienté entière se tourne contre l'Autriche : elle lui sera toujours infidèle. »

Pierre le Grand aurait eu peut-être la vue assez perçante pour pressentir la grandeur du rôle qui s'ouvrait à la Russie, mais son attention était absorbée par des soucis plus urgents et, après lui, la cour de Pétersbourg devait longtemps encore se laisser fasciner par les grâces allemandes et enjôler par les captieuses et décevantes caresses de Vienne.

Ce qui est essentiel du moins et ce qu'il faut retenir, c'est que, pendant près de quatre siècles, la Slovaquie, bien qu'elle ne cesse pas d'être rattachée à la couronne de Saint-Étienne, n'a pas subi les influences magyares, qu'elle a vécu d'une existence propre, qu'elle a gravité autour de Prague et qu'elle a reçu de la Bohême les éléments essentiels de sa pensée.

*<br>* *

Nous en trouvons une preuve nouvelle et décisive dans l'histoire si suggestive de la Contre-réformation. Complètement inconnue il y a encore un quart de siècle, elle nous a été révélée par un professeur de l'Université de Prague, M. Jaroslav Vlček, qui unit aux méthodes les plus rigoureuses de la science moderne le goût le plus délicat et une rare finesse psychologique. Tchèque d'origine et slovaque de naissance, M. Vlček est lui-même la preuve vivante de l'impossibilité matérielle de séparer les deux groupes du rameau tchécoslovaque.

La politique des Habsbourgs visait le même but en Hongrie et en Bohême ; ils voulaient établir leur auto-

rité absolue et supprimer les dissidences religieuses.
La bataille de la Montagne-Blanche (8 nov. 1620)
avait abattu la Bohême à leurs pieds. Avant de
passer à d'autres conquêtes, ils jugèrent prudent
d'organiser leur victoire, et, jusqu'à l'avènement de
Léopold I<sup>er</sup>, leur attention se concentra à peu près
exclusivement sur les provinces occidentales de la
monarchie.

Léopold I<sup>er</sup>, qui a régné presque aussi longtemps
que Louis XIV (1657-1705), n'est pas un mauvais
représentant de cette famille des Habsbourgs qui,
sans autre mérite qu'une certaine persistance dans
ses desseins, réussit à être grotesque et plate même
dans le crime et dont l'orgueilleuse sottise n'a été
longtemps voilée que par l'indulgence de la fortune.
Avec sa cuisse raide, ses gros yeux de myope, sa
lèvre proéminente, « la lèvre inférieure des Habsbourgs, écrit l'ambassadeur vénitien, si pendante
que les dents de devant sortent, ce qui lui rend un
peu difficile de parler », il prêtait à la caricature. —
Un contemporain raconte qu'un jour, pendant qu'il
jouait aux quilles avec son favori Portia, il se plaignit
que la pluie lui tombait dans la bouche; Portia prit
son temps et après avoir bandé son esprit, invita son
maître à fermer la bouche. L'Empereur l'écouta et
s'en trouva bien. — Ses conseillers n'étaient pourtant pas tous des imbéciles; hésitant, irrésolu, lambin,
il ne suivait leurs avis que de loin. Le dicton célèbre
que l'Autriche est toujours en retard d'une année et
d'une armée ne date pas d'hier.

Ses agents et ses ministres, le prince Lobkovic,
le chancelier Hocher, « tendaient à la monarchie
absolue ». En Hongrie, ils avaient contre eux des
traditions d'indépendance fort anciennes; elles étaient
chères à la petite noblesse, infiniment nombreuse,
qui détenait toute l'autorité administrative et qu'il

était dangereux de pousser à bout à cause du voisinage des Turcs. Léopold, engagé au dehors dans des guerres incessantes, louvoyait, revenait en arrière quand la résistance lui paraissait trop menaçante, ajournait les mesures décisives.

Il mettait plus de zèle à combattre l'hérésie; les évêques l'y poussaient, et les Jésuites, le père Ménagotti, son directeur, le père Bischoff qui confessait son fils, le père Wolf qui apportait au camp de Caraffa les mandats d'exécution contre les rebelles hongrois. L'affaire était en bonne voie, admirablement lancée par le cardinal Pazmany, une des grandes figures de la restauration de l'Église au XVIIᵉ siècle, un des plus remarquables instruments qu'aient façonnés les jésuites dans leur période héroïque. Au moment où il était revenu en Hongrie en 1607, le protestantisme était complètement maître du pays; il fallait pour essayer la lutte un courage plus qu'humain. Avec quelques amis, Pazmany se jeta au milieu du torrent et lui barra la route. L'étendue de ses connaissances, la souplesse de son argumentation, la simplicité et la vigueur de son style qui lui ont valu d'être regardé comme le véritable créateur de la prose magyare, ne suffiraient pas encore à expliquer ses succès; il doit surtout ses triomphes à l'ardeur de ses convictions, à l'étendue de ses desseins et à la fermeté de son âme impérieuse et brûlante. Il avait si bien préparé le terrain qu'à sa mort (1637), ses successeurs n'eurent plus qu'à engranger la récolte.

Le mouvement du siècle était favorable aux catholiques et le protestantisme perdait partout du terrain. Des jours cruels s'annonçaient pour les luthériens slovaques, bien qu'à diverses reprises, Léopold eût été obligé de consacrer la liberté religieuse en Hongrie. Suivant la formule classique, les Habsbourgs ont toujours prouvé leur respect de la loi en la tournant.

Pendant un siècle et demi, les persécutions ne cessèrent jamais complètement; elles changeaient seulement de forme, tour à tour violentes ou insidieuses, sanglantes ou perfides.

Fait curieux, les prêtres et les moines qui continuent l'action de Pazmany, ne s'inspirent pas de ses œuvres et, pour leur travail de propagande, ils cherchent exclusivement leurs modèles en Bohême. Pazmany avait laissé un livre célèbre, *Hodegus* (la route qui conduit à la vérité divine, en magyar, 1613); sur le modèle de Bellarmin, qui a été le grand fournisseur de la polémique jésuite, il avait offert aux défenseurs du catholicisme une vaste synthèse de l'apologétique romaine; il est singulièrement intéressant de constater, comme le remarque M. Vlček, que l'*Hodegus* n'a été traduit en slovaque que beaucoup plus tard et n'a laissé aucune trace dans la littérature religieuse slave.

En revanche, on réimprime tout le fatras de l'homilétique tchèque, sermons, apologies, vies des saints; même les ouvrages originaux qui paraissent en Slovaquie ne sont en réalité que l'imitation ou plus exactement la réplique des traités publiés en Bohême. Les jésuites de Hongrie avaient établi leur centre à Trnava (Tyrnau), où ils avaient élevé une imposante basilique que décoraient les œuvres des plus célèbres artistes chrétiens; à ses pieds, leur vaste collège était une petite cité avec une bibliothèque, une imprimerie, des théâtres d'étudiants, des internats pour les enfants nobles ou roturiers. A l'ombre de la basilique, dix églises et autant de chapelles privées sollicitaient la piété des fidèles. De Trnava, les Jésuites étendaient au loin leur action, à Zilina qui, après avoir été un demi-siècle plus tôt le foyer du Luthéranisme, ramené à l'obéissance, donnait maintenant naissance à quelques-uns des apôtres les plus fou-

gueux de l'autorité romaine, à Trenčin, à Prechov, etc.

Les monuments de cette époque visent à frapper
l'esprit par leur masse, l'étalage de leur luxe, le
clinquant de leurs marbres et de leurs dorures; les
statues d'une grâce affectée et mignarde ou tourmentée et véhémente saisissent l'imagination et
inquiètent le goût. Avec un remarquable sens psychologique, les Jésuites savent les moyens d'atteindre
l'âme d'un public encore fruste, ne reculent pas
devant le tapage et les procédés brutaux; il s'agit
d'arriver au cœur par les yeux, de donner aux
néophytes encore frémissants sous le joug la sensation matérielle de l'écrasante puissance de la véritable Église.

La littérature présente les mêmes caractères que
l'art, sauf que les défauts y sont infiniment plus cho-
quants. Les livres religieux du xvii<sup>e</sup> et du xviii<sup>e</sup> siècles
sont des entassements prodigieux où, sans ordre et
sans mesure, l'auteur accumule les exemples, les
images, les métaphores; le lecteur est roulé, emporté,
noyé, submergé sous le déluge des mots, le torrent
des citations, l'avalanche des descriptions et des
invectives. Au point de vue du style, de la compo-
sition et de la pensée, combien nous sommes loin de
nos habitudes classiques! La discussion fait place à
l'extase; on supplée à la valeur des raisons par le
luxe des épithètes; la langue se complique, se charge
d'ornements en chrysocale, se délaye en énuméra-
tions infinies ou se perd en subtiles allégories. Elle
reste bien toujours du moins la langue que l'on parle
en Bohême; les écrivains mêmes chez lesquels on sur-
prend le secret désir de s'affranchir du tchèque, n'y
parviennent pas.

Peu à peu, à côté de la fièvre de propagande religieuse, le sentiment national commence à poindre.

Dès 1718, Mačaj publie un sermonnaire, parce qu'il rougit de l'infériorité des Slovaques vis-à-vis des Magyars, des Allemands et de leurs autres voisins; le protestant Krman, qui naquit et mourut en exil (1740), parle avec enthousiasme du slovaque que, comme tous ses contemporains, il identifie avec le paléoslave. Ce patriotisme naissant se traduit par l'attention qui se porte vers les études historiques et philologiques : Krman écrit une étude sur l'origine des Slaves; Bela (1684-1749) est un véritable érudit qui travaille à réformer les méthodes pédagogiques et rassemble les textes et les documents de l'histoire de la Hongrie. On sent comme le premier frisson d'une éclosion intellectuelle et du réveil de l'idée nationale.

Cette aube encore tremblotante et ces lueurs incertaines coïncident avec un certain progrès matériel. Les traités de Karlovci (1699) et de Požarevac (1718) ont rejeté les Turcs au delà de la Save et du Danube, et les Slovaques cultivent en paix leurs terres, que ne désolent plus les courses ennemies; Marie-Thérèse améliore le sort des serfs, fixe le chiffre des corvées, limite les prérogatives des seigneurs qui ne sont plus libres d'étendre leurs domaines en confisquant les fermes des paysans. La race est laborieuse, intelligente, souple; au premier rayon de soleil, elle se relève et se reprend à la vie. Le laboureur redouble de travail pour mettre en valeur le champ qu'un caprice du maître ne peut plus lui enlever. Dans bien des comtés, malgré tout, la récolte ne suffit pas à nourrir les familles, qui sont nombreuses. De tout temps, les hivers rudes et les longues soirées ont habitué les paysans à divers travaux domestiques : ils fabriquent des outils et des instruments de bois, des poteries, des draps; les broderies de Slovaquie sont célèbres; dans les régions minières quelques usines métallurgiques naissent.

Comme la plupart des montagnards, les Slovaques se répandent volontiers dans le monde, avec la volonté de rentrer un jour au pays. Sobres, économes, durs à la peine, ils vont chercher fortune à travers l'Autriche et jusqu'en Russie. En Bohême en particulier, ils sont fort nombreux, colporteurs, ferblantiers, raccommodeurs de vaisselle, marchands de pièges à rats, conducteurs de chariots. De leur voyage, ils rapportent quelques pièces d'argent qui leur servent à payer l'impôt, une grossière expérience du monde et le sentiment qu'ils appartiennent à une illustre et puissante race.

Ils demeuraient malgré tout fort pauvres, assez ignorants, et les Magyars, quand ils leur offrirent l'honneur de les élever jusqu'à eux, ne s'attendaient certes pas à rencontrer une sérieuse résistance chez cette plèbe qui n'était encore que la matière d'un peuple. Peut-être auraient-ils réussi avec quelque habileté. Ils s'y prirent avec une extrême maladresse et une rare inintelligence, recoururent aussitôt à la violence, sans autre résultat que de provoquer la haine et de déchaîner les colères. Nous avons la tête dure, me disait un paysan slovaque, il y a quelque trente ans; les Magyars tapent sur nous avec un marteau. Tant mieux; ils nous ont enfoncé un clou dans le cerveau : c'est que nous ne voulons pas être Magyars.

# CHAPITRE IV

## LA RENAISSANCE SLOVAQUE (1780-1867)

Encyclopédistes et Romantiques : Herder. — Le siècle des lumières.
— Joseph II. — Léopold II et l'éveil du nationalisme magyar.
— La petite noblesse ; Louis Kossuth. — Les diètes de 1835
et de 1843. — Hongrois est-il synonyme de Magyar? — Le réveil
slovaque : rationalistes et catholiques : Bernolak, Jean Holly. —
L'oppression magyare. — Louis Stúr et le schisme de 1844.

L'année 1780, qui marque le début du règne de
Joseph II, est, après l'année 1526, où Ferdinand I<sup>er</sup>
réunit à ses domaines héréditaires les royaumes de
Hongrie et de Bohême, la date la plus importante de
l'histoire d'Autriche. C'est le début des luttes nationales qui vont bientôt aboutir, lors du prochain traité
de paix, à la destruction de l'Autriche.

Jusque-là, les Slovaques, bien qu'ils fussent sujets
de la Couronne de Saint-Étienne, avaient réussi à
garder le contact avec les Tchèques et à conserver
intacte leur nationalité. — Par volonté et calcul? —
Très peu. — Plutôt par une sorte de résistance réflexe
et par une révolte de l'instinct de vie et de durée qui
anime tous les êtres. Les conflits ethniques n'avaient
jamais pris chez eux la même violence qu'en Bohême,
parce qu'ils ne sentaient pas leur individualité
directement menacée. Les querelles religieuses et
sociales épuisaient leur activité intellectuelle, d'ail-

leurs encore somnolente. La situation changea le jour où les Magyars s'avisèrent qu'ils représentaient une catégorie supérieure de citoyens et voulurent reléguer les allogènes au rang d'ilotes s'ils ne consentaient pas à abandonner leur nom et à trahir leur origine.

Le moment où les Hongrois s'avisèrent de ces prétentions imprévues était particulièrement mal choisi, puisqu'il coïncidait avec le début de ce grand mouvement de Renaissance slave, qui demeure un des épisodes les plus saisissants de l'époque contemporaine. Entre les deux peuples voisins, Magyars et Slovaques, que poussaient l'un contre l'autre deux courants analogues dans leur cause et orientés dans des directions opposées, un choc était probablement inévitable. Le tort des Magyars fut, après avoir tâté l'adversaire, de ne pas rompre le combat quand une paix honorable était encore possible. Le règne de Joseph II déchaîna le conflit.

.˙.

C'est la faute à Voltaire, — c'est la faute à Rousseau, — chante le Gavroche des *Misérables*. — Infiniment rares étaient les hommes qui, au pied des Tatras, avaient lu le *Dictionnaire philosophique* ou le *Contrat social*. Mais les grands livres sont ceux qui, à une heure dite, résument les désirs de l'humanité. Les conflits d'idées qui mettaient aux prises en France les rationalistes et les sentimentaux se retrouvent au fond des rivalités politiques et morales qui, sous Joseph II, agitent l'Autriche des Karpates à la Save.

Les Encyclopédistes ont rendu au monde d'inestimables services, et de leur enseignement est sorti le monde contemporain. Comme tous les prophètes, ils eurent quelques disciples compromettants : les uns, tels que Frédéric II ou Catherine de Russie, exploitèrent leurs doctrines dans un intérêt égoïste; d'autres, d'esprit un peu court, embrassèrent les idées nouvelles avec plus d'enthousiasme que d'intelligence et leur candeur ingénue manqua de critique et de tact.

Un peu par la faute de nos Encyclopédistes euxmêmes. Leur conception du monde était juste, mais étroite; ils ne comprirent pas que la raison, qui est nécessaire à tout, ne suffit à rien. En même temps qu'un être d'intelligence et de pensée, l'homme est un animal passionné. Rousseau dénonça les lacunes de leur credo, et derrière lui, Herder, dont on ne saurait exagérer l'influence, ouvrit la voie au romantisme. A l'être abstrait, partout semblable à lui-même, qui n'existait que dans le cerveau de nos philosophes et qu'ils prétendaient conduire au bonheur par des routes uniformes et monotones, il opposa l'homme réel, tel que l'ont créé de longs siècles d'histoire, avec ses besoins distincts et ses aspirations irréductibles. — Il serait évidemment plus commode que tous les habitants de l'univers parlassent le même dialecte, se régissent d'après des coutumes uniformes, et procédassent selon des méthodes semblables à la mise en valeur du monde. La vie en serait plus facile; — plus agréable? — C'est une autre affaire. Peu importe d'ailleurs, puisque le sort en a décidé autrement.

Herder, après Rousseau, prêchait le retour à la nature, donnait à l'imagination et au sentiment le pas sur la réflexion et la volonté, exaltait la puissance des forces inconnues qui agissent en nous en dehors de notre intention et qui ont créé les conditions mêmes de la civilisation en produisant les œuvres les plus admirables du génie humain. Il conseillait à chaque homme de revenir vers son berceau et à chaque peuple de se rapprocher de ses plus lointains ancêtres. Il préférait aux poèmes savants les chants et les légendes populaires, et il comptait pour rajeunir l'humanité sur les groupes dont les facultés créatrices n'avaient pas été desséchées par une fortune trop longue et une existence trop artificielle. Sa pensée, souvent nébuleuse, fascinait par les promesses d'avenir dont elle était surchargée et il est incontestable qu'elle a exercé sur tout le siècle une action prestigieuse. Il manquait de critique, de mesure et souvent de goût. Défauts véniels près des lecteurs auxquels il s'adressait. Ils étaient entraînés par le flot tumultueux et trouble de son enthousiasme, soulevés par la flamme de sa poésie et le ton prophétique de ses aphorismes. Il a fourni leur bréviaire aux nationalistes de tous les pays et c'est chez lui en particulier que Kollar, Šafařik et Louis Stúr, les grands Slovaques, ont fait leurs humanités.

Joseph II n'avait lu ni les *Voix des Peuples dans leurs chants* ni la *Philosophie de l'Histoire de l'humanité* et il n'y eût vu que des divagations fastidieuses et des billevesées. Personne n'eut aussi peu la superstition du passé et la hantise de l'histoire, qui sont les *catégories* de l'esprit romantique. Il n'admettait d'autre critère que l'utilité matérielle, d'autre fin que le développement de la richesse publique, d'autre idéal que l'uniformité. Son fanatisme hâtif souleva de furieuses colères qui n'étaient pas toutes justifiées. La postérité, moins sévère pour lui que ses contemporains, a reconnu depuis que son zèle impatient et imprudent s'inspirait souvent d'une bonne volonté sincère et que ses erreurs n'étaient que l'égarement d'un esprit exclusif et passionné, non d'une âme égoïste et mesquine.

Beaucoup de ses lois étaient excellentes : le célèbre

édit de tolérance (1781) par exemple, par lequel il clôt l'ère des persécutions qui, depuis deux siècles, déchiraient et avilissaient la monarchie, ou les lois qui fixent et améliorent la condition des serfs. En Hongrie, il voulut introduire une administration régulière, supprima l'autonomie des comitats dont les assemblées n'étaient qu'un foyer d'anarchie et de prévarications, réorganisa la justice, supprima cent quarante couvents. L'antique constitution du pays était bouleversée. Des réformes si radicales et si précipitées auraient provoqué à la Diète un déchaînement de fureurs; il ne la convoqua pas. Les classes privilégiées étaient atteintes à la fois dans leurs intérêts et dans leur orgueil. Leur colère arriva au paroxisme quand, en 1786, il fit transporter à Vienne la Sainte Couronne, qui symbolisait l'indépendance du pays, et quand il ordonna que désormais l'allemand serait la langue de l'administration et de l'école.

L'œuvre de centralisation de Joseph II avait été préparée par sa mère, Marie-Thérèse : elle y avait travaillé lentement, d'une main courtoise, avec son tact de femme; elle attirait à la cour les grands seigneurs qu'elle séparait peu à peu de la petite noblesse nationale, leur conférait des titres, les mariait à des Allemandes. Joseph II crut l'œuvre plus avancée qu'elle ne l'était en réalité et sa brusquerie compromit le succès. Il eût peut-être réussi malgré tout s'il ne se fût engagé témérairement dans une guerre contre la Turquie qui tourna mal. Les mécontents relevèrent la tête, préparèrent une insurrection. Il ne resta à l'Empereur qu'à faire amende honorable, et son successeur, le subtil et souple toscan, Léopold II (1790-1792), pour ramener le calme, se hâta de rétablir l'ancienne constitution, promit de convoquer la Diète tous les trois ans et reconnut que la Hongrie « devait être gouvernée par ses propres lois et coutumes, et non suivant la règle des autres provinces » (1791). Les promesses de Léopold ne furent pas toujours très scrupuleusement tenues par ses successeurs; du moins la fâcheuse expérience de Joseph II ne fut pas perdue pour la cour de Vienne et elle prit l'habitude de ménager la Hongrie.

La crise joséphine avait laissé dans les esprits une assez vive agitation; sous l'influence des philosophes français et des premiers romantiques allemands, le débat entre l'Empereur et la noblesse s'était élargi. Les mécontents n'avaient pas invoqué seulement leurs anciennes constitutions et leurs vieux diplômes, mais le droit naturel : « l'État n'existe que pour le Peuple », disait la noblesse de Pest, et celle de Bihar : « la Nation n'a constitué l'État que dans son propre intérêt; à elle par conséquent appartient le droit suprême sur elle-même ».

La Nation! le Peuple! — La question allait se poser : que faut-il entendre dans le royaume de Saint-Étienne par le peuple, la nation? — A la diète de 1831 un député se plaignait amèrement de la situation qui était faite aux Magyars : — « Nous sommes le seul peuple en Europe qui soit forcé de solliciter l'autorisation du gouvernement pour parler et écrire sa langue maternelle. » — A quoi le représentant de l'administration répondait « c'est qu'il n'y a pas de peuple en Europe qui comme le nôtre ait quatre ou cinq langues maternelles » (magyar, serbo-croate, roumain, slovaque, allemand).

Jusque-là les diverses nationalités avaient vécu en paix, parce qu'aucune d'entre elles ne revendiquait la domination. Le latin, qui demeurait la langue officielle, ne blessait personne. Il était évidemment assez difficile de le maintenir indéfiniment. Comment le remplacer, sinon par le magyar qui représentait la langue de la majorité relative des habitants?—Substitution naturelle, délicate pourtant, qui risquait de froisser de respectables susceptibilités et qui demandait infiniment de prudence et de tact. Les amis des Magyars avouent que ce ne sont pas là leurs qualités distinctives. Par une contradiction que l'on remarque fréquemment chez les Asiatiques, en même temps qu'ils montrent dans les incidents de la politique quotidienne une finesse qui va jusqu'à la subtilité et un art merveilleux pour prolonger les débats par des formules captieuses et des concessions ambiguës, ils sont souvent victimes de leur imagination flamboyante et des mirages de leur vanité. Les Magyars sont des juristes qui n'ont à aucun degré le sens du droit, et des diplomates qui ne croient en réalité qu'à la force. « Mon peuple, a écrit un de leurs plus illustres représentants, périra par l'orgueil. — « Je ne connais peut-être pas un seul Magyar, — disait à l'Académie hongroise le comte Széchényi (27 novembre 1842) — quelque blancs que soient ses cheveux, quelques rides qui creusent son front, quelle que soit son expérience du monde, qui, semblable à un maniaque dont on a heurté l'idée fixe, n'oublie plus ou moins les règles de la justice, dès que la question de notre langue et de notre nationalité arrive sur le tapis. Dans ces circonstances, le Magyar le plus froid se laisse entraîner par les préjugés nationaux et il dédaigne le précepte souverain de la justice : Ne fais pas à autrui ce que tu ne voudrais pas qu'on te fît. »

Avec Széchényi, d'autres patriotes éminents, Eötvös en première ligne, signalèrent à leurs amis les dangers de leurs provocations. — « Notre parlement, écrivait encore Eötvös en 1839, aurait dû se rappeler qu'il est le représentant de tous les habitants du pays, non une société pour l'extension de la nationalité magyare... Il faut que la conviction se répande que la nationalité ne peut se développer avec succès que du dedans et que l'on ne doit y employer que des moyens intellectuels et moraux. »

La masse des Magyars était hors d'état d'entendre ces conseils, d'abord parce qu'elle était convaincue que les autres peuples du royaume étaient incapables de soutenir une longue résistance, ensuite — et surtout — parce qu'elle avait pour eux le mépris le plus absolu. — La manière dont on parle des Slovaques en Hongrie est célèbre : Tot nem ember (le Slovaque n'est pas un homme); mais les autres races, Roumains, Serbes, Allemands ne sont pas mieux traitées. — Le Magyar a du courage; l'Allemand est tout racaille et canaille. — Une chanson populaire très répandue nous donne le ton des sentiments de la foule pour ses voisins de Vienne et il est amusant de la rappeler aujourd'hui : — Attends un peu, Allemand; tu te repentiras d'avoir osé me menacer. Ta peau me fournira une cornemuse et sur cette cornemuse, je soufflerai une claire romance : Hé! vaurien d'Allemand : que le chancre te ronge les poumons et le foie dans le ventre et qu'il te dévore ensuite les côtes. » — Les Serbes et les Roumains ne sont qu'un méprisable bétail, une répugnante ordure.

Au-dessus de cette fange humaine se dresse le Magyar dans son incomparable majesté. — Extra Hungariam non est vita, aut, si est vita, non ita. (Il n'y a pas de vie hors de la Hongrie, ou s'il y en a une, ce n'est pas la même.) — Leur orgueil pontifie, se carre, s'étale, se glorifie même des tares et des vices de leur peuple. — Chez nous, les ministres se battent en duel. — Chez nous, on dépense cent mille florins pour une élection. — Ces jeunes danseurs vous paraissent un peu mous, disait un Magyar à un voyageur; que voulez-vous? ils sont déprimés par la situation économique. Ah! si vous les aviez vus il y a trois ou quatre ans : au premier geste, le couteau à la main. — Un pédagogue, dans une longue et pédantesque dissertation, démontre que le Magyar seul sait aimer : la langue même le prouve : Je vous aime, I love you, comme ces termes sont fades, insignifiants! parlez-moi de Szeretlek : voilà qui est enflammé, énergique! — Parfaitement, lui répliqua un étranger. Des témoins sérieux m'ont affirmé que la police a été obligée d'interdire l'emploi de ce verbe, parce que, rien qu'à l'entendre, des vierges innocentes ont donné naissance à de vigoureux garçons. Reconnaissons qu'il est juste d'accorder à la sotte vanité des Magyars le bénéfice des circonstances atténuantes. Leur griserie, dont les manifestations sont quelquefois grotesques et souvent pénibles, s'explique en partie par les succès trop brusques de leur politique et le subit essor de leur littérature. Après la lourde et longue torpeur du xvii$^e$ siècle, une ère de splendeur inattendue s'ouvre pour elle avec les travaux historiques et philologiques de Revaj et de Kazinczy qui préparent la voie aux grands écrivains de la période contemporaine, Kisfaludy, Vörösmarty, Petöfi Sandor surtout, le Tyrtée de la Révolution, et Arany, le plus vraiment original et le plus exquis des poètes magyars. En même temps la tribune s'illustrait des noms de Szalaj, d'Eötvös, de Louis Kossuth, de Deak.

La plupart de ces noms sont bien connus en France et Saint-René Taillandier a consacré à la renaissance magyare des pages vibrantes et sonores qui ont eu un assez long retentissement. Habilement, les Magyars ont profité de notre engouement et exploité notre snobisme. Ils aiment et entendent la réclame, ils posent volontiers devant l'Europe amusée et attendrie dans leurs pittoresques dolmans de hussards; la poitrine cambrée, ils font sonner leurs éperons ; ils ont le sens de l'attitude, le goût de la phrase et l'art de plaire. Dans l'Europe occidentale, les libéraux, ceux de 1848 surtout, mal renseignés et qui ne tenaient peut-être pas beaucoup à aller jusqu'au fond des choses, se laissèrent volontiers entôler par ces galants troubadours ; ils acceptèrent sans discussion les affirmations de ces héroïques défenseurs d'une constitution *démocratique*, constitution que Metternich et Schwarzenberg essayaient de mettre à mal. Ils ne voulaient voir en eux que les fiers et vaillants adversaires de l'absolutisme habsbourgeois ; ils ne s'apercevaient pas que ces révoltés étaient des Impérialistes qui, sous leurs bottes vernies, écrasaient des millions de sujets.

En 1791, la Diète avait ordonné que des professeurs de magyar seraient nommés dans toutes les écoles secondaires et supérieures et que le magyar serait une matière obligatoire de l'enseignement. Bientôt après, quelques voix demandèrent que le magyar devînt la langue officielle du Royaume. Le projet, un peu oublié pendant les guerres napoléoniennes, reparut dès que la vie régulière reprit. A la Diète de 1825, on proposa de substituer au latin le magyar dans les procès-verbaux des séances et les messages qu'échangeaient les deux Chambres.

La proposition, vivement combattue par les députés slaves, donna lieu à des débats véhéments. Les Magyars accusèrent leurs adversaires de manquer de patriotisme et laissèrent clairement entendre qu'ils ne reculeraient pas devant les moyens les plus énergiques pour imposer leur volonté à tous les sujets de la Couronne.

Chacun des incidents qui marquaient en Europe le progrès des idées libérales, se traduisait à Presbourg par une recrudescence de chauvinisme. Les patriotes se plaignaient de la tiédeur de la haute noblesse, constataient que les meilleurs ouvrages magyars trouvaient à peine deux cents acheteurs tandis que les livres slovaques se vendaient par milliers; pour en finir avec cette situation lamentable, ils ne voyaient de salut que dans une pression énergique: — Qui veut manger doit apprendre le magyar : personne n'obtiendra de fonction publique ou de charge d'avocat s'il ignore le magyar; devant la cour suprême, les débats seront conduits en magyar, toutes les fois que le demandeur le réclamera.

Les magnats, traditionalistes, attachés à la lettre de la constitution, ne suivaient d'abord le mouvement qu'avec quelque répugnance, sans hâte, peu à peu emportés cependant par le flot, envahis par la fièvre qui agitait les assemblées de comitats. Avant 1848, les nobles jouissaient seuls en Hongrie des droits politiques et l'usage s'était introduit d'anoblir tous ceux qui avaient rendu quelque service à l'État; pendant les guerres contre les Turcs, des villages entiers avaient reçu des lettres de noblesse, qui étaient une manière de les exempter d'impôts. Il s'était formé ainsi une petite aristocratie, très nombreuse (6 à 700 000 personnes), qui comptait dans ses rangs beaucoup de simples paysans et même des ouvriers agricoles. Ces pauvres diables, besogneux, faméliques, ignorants, très vains d'un rang qui les tirait de la foule, bruyants et querelleurs, fréquentaient assidûment les assemblées qui leur offraient, avec des occasions de gains faciles, de larges lippées et une distraction précieuse dans la monotonie coutumière de leur existence. Ils disposaient des élections, proie facile de quelques meneurs qui achetaient leurs votes ou les grisaient de leurs déclamations.

Pour les entraîner, il suffisait de les caresser à deux points très sensibles : la haine de Vienne, dont les perfides encouragements entretenaient la rébellion des allogènes, et l'orgueil de caste; ils s'attachaient comme à un blason à leur langue magyare qui, en creusant un infranchissable fossé entre l'aristocratie et la tourbe des sujets, les sacrait d'une dignité supérieure. Séduits par leur exemple, par snobisme, par ambition, par cupidité ou simplement, parce qu'il faut vivre, presque tous les hommes qui s'élevaient à un degré supérieur de culture et de richesse dépouillaient le jargon maternel et devenaient les ennemis de leur race : le plus illustre orateur de la Hongrie et son poète le plus connu, Kossuth et Pétœfi, sont l'un et l'autre des renégats slovaques, comme Buryan, le récent ministre des Affaires étrangères. Ces déracinés apportaient dans la lutte contre leurs anciens amis l'âpreté ordinaire des néophytes et l'amère rancune des traîtres. Sous leur impulsion, le conflit devint de plus en plus impitoyable. Il s'engagea véritablement vers 1835.

Les débats de la Diète prouvèrent les très rapides progrès de l'idée nationaliste. 21 comitats réclamèrent l'usage exclusif du magyar dans l'administration de la justice, dans l'Église et dans l'école; la messe même ne serait plus célébrée en latin, mais en magyar, et les noms de famille à consonance étrangère seraient remplacés par des noms hongrois. L'assemblée décida qu'à l'avenir le magyar pourrait être employé devant tous les tribunaux, que les lois seraient promulguées en magyar et en latin et que le texte magyar serait seul considéré comme authentique, que l'enseignement du magyar serait renforcé dans les écoles normales et les séminaires, et enfin que, dans toutes les paroisses où le magyar était employé pour le service divin, il serait aussi la langue des registres de l'état civil.

Début plein de promesses! Le gouvernement encourageait l'agitation et présentait la loi nouvelle

comme une simple mesure d'attente et un moyen
« de développer graduellement l'idiome national ».
Sa bonne volonté ne désarmait pas les impatients et
les radicaux; leurs exigences trouvèrent un inter-
prète dans Louis Kossuth. Publiciste remarquable,
agitateur merveilleux, orateur incomparable, irrésistible dans l'attaque, inébranlable dans l'adversité, il
fut l'idole et il a été le mauvais génie de son peuple.
Patriote forcené, toutes les passions indomptables
de ses concitoyens bouillonnaient dans son âme de
feu. C'était un jacobin dans le sens classique du mot,
prêt à tout sacrifier à la raison d'État, et un fanatique
qui, le front dans les nuées, n'apercevait pas les
ruines que sa marche semait autour de lui. Quand,
en 1848, les Serbes le menacent de se rapprocher
de Vienne, s'il leur refuse les libertés indispensables à leur existence nationale, il les écarte d'un
geste de colère : je ne connais en Hongrie d'autre
nation que la nation magyare; entre nous, l'épée
décidera. — Malheur à qui tire l'épée, a dit l'Écriture; il périra par l'épée. Kossuth lança définitivement ses compatriotes sur une voie sans issue où
s'est brisée leur puissance.

Il obtint d'abord de magnifiques succès. En 1839
pour la première fois l'adresse au roi fut rédigée en
magyar. Le parlement demandait que le magyar
devînt la langue exclusive de l'administration et de
l'enseignement; il obtint du moins qu'il fût reconnu
langue officielle du Royaume; dans un délai de trois
ans les registres de l'état civil seraient exclusivement
rédigés en magyar et les prêtres de toutes confes-
sions seraient tenus de savoir le magyar.

La diète de 1843 couronna un demi-siècle d'efforts
et arracha aux allogènes les faibles garanties qu'ils
avaient sauvées de la tourmente. — Les débats, où
se déchaînèrent les passions, sont curieux à relire

encore aujourd'hui parce que nous y saisissons sur le vif la pensée des chauvins magyars et la confusion sophistique sur laquelle ils appuyaient leurs prétentions.

« Notre Hongrie, dit le Palatin, a prospéré jusqu'à présent parce que les peuples qui l'habitent se sentaient hongrois. Si maintenant chaque fraction du peuple réclame son individualité, le bien public du pays est menacé. » — Nous touchons ici du doigt le paralogisme de Kossuth et de ses continuateurs. Les Slovaques, les Roumains et les Serbes étaient hongrois, mais non pas magyars; fidèles et libres sujets de la Sainte Couronne aussi longtemps que les diverses races jouissaient d'une complète égalité, ils ne reconnaissaient plus le Royaume de Saint-Étienne dans le nouvel État où la prépondérance était usurpée par un groupe particulier, les Magyars, qui, en vertu d'une amphibologie, réduisaient les autres peuples à une situation humiliée et secondaire. La langue magyare n'a qu'un seul terme pour désigner l'ensemble des habitants du pays et les descendants directs des compagnons d'Arpad; Kossuth et ses successeurs en abusaient pour briser le pacte social en mettant hors la loi la majorité de la population. C'est sans doute le seul exemple historique d'un système de gouvernement fondé sur une sorte de calembour. — « Aucune des autres langues, disaient les orateurs magyars n'est atteinte dans ses droits; le latin seul serait autorisé à se plaindre, qui aurait depuis longtemps mérité d'être enterré et oublié. » — Mensonge puéril, qui ne trompait personne. Le latin n'était qu'une langue d'apparat et sous son manteau les divers idiomes se développaient sans inquiétudes; le magyar était une langue vivante et conquérante, envahissante et ambitieuse, qui regardait comme un empiétement chaque progrès des autres langues.

La cour de Vienne céda aux impérieuses sollicitations de la Diète (1844) : « Les rescrits royaux, les propositions, les résolutions et les lois sans exception seraient rédigés et promulgués uniquement en magyar; à la Diète, le magyar serait seul toléré. Le magyar serait la langue exclusive de l'enseignement. » — Cette dernière décision était purement absurde et les Magyars ne songeaient pas à l'appliquer aussitôt. Elle marquait l'objet de leur futur effort et, dans les Comitats de la Hongrie supérieure, ils avaient déjà commencé l'assaut.

*
* *

Assez longtemps les Slovaques ne s'avisèrent pas du péril dont les menaçait la Renaissance magyare. A la fin du xviiie siècle, les protestants, qui représentaient encore la partie la plus éclairée et la plus active de la population, avaient accueilli avec sympathie les réformes de Joseph II. Beaucoup d'entre eux avaient fréquenté les universités allemandes, y avaient suivi les cours des disciples de Wolf, en avaient rapporté des idées de progrès et de tolérance; dans leurs œuvres se glissaient des réminiscences de Bayle, de Marmontel ou de Buffon et ils recommandaient aux fanatiques la lecture de *La Henriade*. A l'exemple des Tchèques, dont ils continuaient à suivre l'impulsion, ils travaillaient à éclairer le peuple. Les quelques revues qu'ils fondent, le *Journal de Presbourg* (1783-1787) qui paraissait deux fois par semaine, ou le *Vieux journal de littérature* qui se publiait à Bañska-Bystrica (1785-86) s'inspiraient du *Spectator de Steel* et d'*Addison* et des *Semaines Morales* qui fourmillaient en Allemagne.

On peut se faire quelque idée de ces publications

par l'*Almanach du Bon Conseil*, qui, à l'époque de ma jeunesse, était encore fort répandu dans la petite bourgeoisie. Les articles étaient courts, avec une pointe morale; partout la volonté visible de piquer l'attention du lecteur et de lui insinuer, sans le fatiguer ou l'ennuyer, quelques connaissances ou quelques conseils pratiques. Certains de ces journaux ne manquaient pas d'esprit. L'économie rurale y coudoyait l'hygiène, et l'histoire y faisait bon ménage avec l'astronomie; le style, facile, simple, était approprié au public; les anecdotes, empruntées à l'inépuisable fonds populaire, n'offensaient ni la pudeur ni le goût. Du protestantisme, les auteurs ne conservaient guère qu'un assez vague théisme rationaliste, et leur religion, un peu flottante, se résumait dans un spiritualisme sans dogme et dans une charité facile qui n'allait pas jusqu'au sacrifice.

Léopold II, par l'édit du 7 novembre 1790, avait accordé à l'Église protestante qui, même sous Joseph II, n'était encore que tolérée, une liberté complète; elle eut dès lors une existence officielle, sa constitution, sa hiérarchie régulière, le droit d'ouvrir, à côté de ses vieilles écoles populaires, des établissements d'enseignement secondaire et supérieur. Pendant la réaction qui suivit l'avènement de François I<sup>er</sup> (1792-1835), les privilèges des protestants furent souvent menacés dans la pratique; du moins, on ne les contesta pas en théorie et leurs institutions scolaires ne furent pas sérieusement inquiétées. Quelques-unes étaient prospères; — au premier rang, le lycée de Presbourg qui faisait figure d'Université. Les élèves en rapportaient le goût de la science, quelque sens critique, l'amour des idées générales. Le public littéraire, toujours des plus restreints, manifestait une curiosité un peu plus relevée. Dolejal écrivait sa *Tragédie mémorable pour le monde entier* (1791), où il racontait la chute d'Adam et d'Ève et discutait l'éternel problème de la vie humaine et de la lutte du bien et du mal. Dolejal n'est pas Milton, ni même Klopstock. Sa tragédie, fort ennuyeuse, est curieuse cependant, parce que, depuis le *Labyrinthe du monde* de Coménius auquel elle se rattache visiblement, elle est dans la littérature tchèque le premier essai de poésie philosophique et qu'elle montre un réel élargissement de la pensée.

Quelque réservés et timides que fussent les partisans des *lumières*, leurs naïves audaces effarouchaient les catholiques. Ils se groupèrent autour de la *Société slovaque des sciences* (1792) qui eut son centre à Trnava et fonda quelques filiales dans les villes voisines. Elle doit sa renommée, assez surfaite, à son chef, Bernolak.

L'unité linguistique ne se maintient que dans les pays où l'activité littéraire est assez forte pour imposer à tous les écrivains une commune discipline. Au xviiie siècle, la vie intellectuelle en Bohême était somnolente; la langue était en décadence, altérée par les étranges fantaisies de grammairiens moins savants qu'aventureux. Au milieu de cette anarchie philologique, chaque auteur suivait son caprice et les différences dialectales se marquaient de plus en plus ouvertement.

Dès la fin du xviie siècle, les livres qui paraissent en Slovaquie, bien qu'ils soient le plus souvent imités ou directement inspirés du tchèque, trahissent visiblement la pénétration des influences locales. Ces tendances séparatistes, d'abord involontaires, furent ensuite encouragées par le clergé catholique que ne cessaient de tourmenter le souvenir de l'hérésie hussite et la crainte de l'Unité des Frères. Elles furent favorisées ensuite par le romantisme naissant et par les théories de Herder qui, pour régénérer la littérature, comptait sur l'inspiration purement populaire. Bajza (1754-1836) qui, s'inspirant du *Télémaque*, de *Candide* et de l'*Agathon* de Wieland, se haussa jusqu'à écrire un roman didactique et moralisateur, — *Aventures et expériences d'un jeune homme*, — s'écarta délibérément du tchèque et invita les Slovaques, après tant d'années de torpeur intellectuelle, à cultiver enfin dans leur langue maternelle les lettres et les sciences. Il trouva un précieux auxiliaire dans un autre prêtre, Georges Fandli, — le seul écrivain de cette école prétendue populaire qui ait eu réellement l'instinct démocratique, — qui consacra sa vie, non sans succès, à répandre parmi ses compatriotes catholiques les idées de progrès matériel et moral.

Antonin Bernolak (1762-1813) n'eut d'autre mérite que de donner une forme systématique à une tendance qui existait longtemps avant lui et de fournir aux partisans du dialecte slovaque propre les outils qui leur manquaient en composant une grammaire slave et un dictionnaire. Bernolak n'était ni un écrivain ni un savant; Šafařik, qui garda toujours quelque indulgence pour lui et qui était un critique des plus bénévoles, reconnaît que son dictionnaire ne valait pas le papier et l'impression, et sa grammaire est du même acabit.

Comme presque toute la phalange qui se rassemblait sous sa bannière, il n'avait aucun contact avec le peuple qu'il prétendait évoquer à une existence indépendante et dont l'éloignaient ses tendances rétrogrades et son âme pusillanime. Il lui manquait la clarté de vues et la résolution d'un véritable chef et, même dans la révolte, il songeait à ne pas se séparer complètement de ses adversaires. Bon patriote slave ou croyant l'être, il composait son dictionnaire afin que « le magyar se répandît le plus possible à travers la Slovaquie », et pour briser la domination du tchèque, il lui substituait le dialecte des comtés occidentaux, de Presbourg à Zvolen, qui, très voisin de la langue littéraire, n'est pas facilement compris de la majorité des paysans. « Évidemment, dit Jagić, il ne voulait pas rompre complètement avec la tradition. » De semblables révolutionnaires n'entraînent guère les foules ; l'école de Bernolak ne poussa jamais de racines profondes et elle fut vite oubliée.

Elle eut la chance d'être honorée avant de mourir par un poète de quelque talent, que les Slovaques ne lisent plus guère, mais dont ils vénèrent le nom et qui représente très exactement l'état d'esprit des meilleurs de ses compatriotes pendant la première moitié du xixᵉ siècle, Jean Holly (1785-1849).

Jean Holly nous a laissé de vastes épopées, versées dans le moule classique, *Svatopluk*, le héros de la grande Moravie, *Cyrille et Méthode*, *Slav*, l'ancêtre de la race. On y sent à chaque ligne le bon élève, qui a composé beaucoup de vers latins, qui possède bien son Homère et son Virgile, et qui diligemment s'évertue à reproduire leurs épisodes les plus célèbres, Diomède et Ulysse, Nisus et Euryale, le bouclier d'Énée ou les combats d'Hector et d'Ajax, de Turnus et d'Énée. — Ni mouvement ni action, ni psychologie ni pittoresque. Mais de l'adresse et de la facilité. A le feuilleter, on se retrouve en pays familier et l'on songe à des œuvres que d'ailleurs l'on ne connaît pas : l'*Achille à Scyros* de Luce de Lancival, le *Philippe Auguste* de Parseval Grandmaison ou le *Charlemagne à Pavie* de Millevoye.

Je dirais volontiers que Jean Holly est un Florian égaré dans l'épopée, si Florian avait plus de sincérité, moins d'esprit et surtout moins de monde. Holly durant sa vie entière ne s'est jamais éloigné de son village; à l'ombre d'un chêne séculaire, il écrivait paisiblement ses machines épiques en laissant vaguer ses regards sur les grasses prairies du Váh à l'horizon desquelles se dessine la ligne bleue des montagnes; souvent il en oubliait ses personnages et leurs gestes héroïques. Il avait pour cette nature dont la caresse avait charmé ses yeux d'enfant et qui souriait au vieillard un amour reconnaissant, attendri et profond; il sentait « le calme et la joie des collines, des vastes plaines et des prairies embaumées de fleurs, des forêts et des champs qui s'étendent au loin et des bosquets gracieux ». Ses *Pastorales* sont charmantes par leur fraîcheur, leur simplicité, leur réalisme que voile à peine le pastiche de Théocrite et de Virgile, leur grâce printanière et leur lumière apaisée.

Par la nature il arrive au patriotisme : le paysan qui aiguillonne son attelage, le berger qui pousse son troupeau, la jeune fille dont le costume bariolé attire l'œil comme une fleur éclatante, sont pour lui inséparables du sol. Nous assistons en quelque sorte chez Holly à l'éclosion même de l'instinct national qui n'est qu'un épanouissement de la joie de vivre et la prolongation de notre personnalité sur le milieu où elle se développe. Même quand, sous l'influence de Kollar, sa pensée s'élargit et que son cœur s'élève jusqu'à l'idée de la race slave tout entière, il demeure l'humble curé de campagne qu'il a toujours été, timide, modeste, inaccessible à la haine, ignorant de l'ambition; le souvenir des injustices et des cruautés qu'ont souffertes ses ancêtres ne lui laisse ni rancune ni soif de vengeance; d'un large signe de croix, il chasse les fantômes et il rêve d'un paradis de pardon et d'amour.

L'idée que nous nous forgeons du passé n'est le plus souvent que le reflet de notre propre image. Sur

la foi de Herder, les historiens slaves du début du
XIXᵉ siècle se plaisaient à voir dans leurs ancêtres des
laboureurs paisibles que n'avaient jamais tentés les
chimères guerrières et le butin et qui ne demandaient
leur subsistance qu'au travail fécond ; ils engraissaient
la terre de leurs sueurs, ne la déchiraient pas. Une
réaction s'est produite depuis lors contre cette idyl-
lisme conventionnel et les Slaves ne sont certainement pas le troupeau bêlant que nous dépeignent les
romantiques de 1820. La conception élyséenne,
mise à la mode par Herder et Kollar, n'était pas
cependant absolument fausse et M. Masaryk a eu le
mérite de réagir à son tour contre les exagérations
que l'école historique contemporaine a commises en
sens opposé. Certaines races ont le goût de la bataille,
le besoin de la domination, l'instinct du carnage et
du pillage ; les Slaves, moins esclaves de leurs sensa-
tions immédiates, mobiles, rêveurs, indifférents à la
vanité et aux satisfactions matérielles, épris de liberté
individuelle, sont moins accessibles aux ivresses
belliqueuses et leurs crises de violence sont plus
rares et moins prolongées. « Aimez toujours la paix,
ordonne à son peuple le Dieu de Holly ; évitez la
guerre funeste. La guerre détruit les peuples et
transforme en désert des régions entières... Labourez
la terre, vivez de la charrue et non pas de rapine...
De vous avec le temps naîtra un peuple immense qui
s'étendra d'une mer à l'autre jusqu'au pôle, et de
cette gloire vous tirerez votre nom. » (Slava signifie
gloire.)

Les poètes tiennent de Dieu le don d'exprimer
l'idéal de leurs contemporains, et la Renaissance
slovaque, fidèle à l'esprit de Holly, se développe dans
une atmosphère de calme et de sérénité. Dans le livre
de Mˡˡᵉ Tourtzer, — le meilleur travail que nous possédions sur la question, — elle nous apparaît comme

une églogue villageoise et presque une berquinade.
Rien qui ressemble moins à la houle d'une poussée
révolutionnaire. Très peu de personnages : quelques
ecclésiastiques, des instituteurs, de très petits propriétaires, une poignée de jeunes gens, absorbés par
le mirage du passé, fort éloignés du monde dont ils
subissent sans presque s'en douter les remous lointains et amortis, l'âme très pure, le cœur très haut ;
les yeux perdus dans les nuages, ils songent à leur
race, sur qui le malheur s'acharne, versent sur sa
misère des larmes sans fiel et bercent leur mélancolie
par l'image souriante que leur montre à l'horizon l'aurore aux doigts de rose. Leurs desseins sont vagues
et leurs espoirs incertains. Leur tristesse à demi rési-
gnée n'évoque pas de sanglantes revanches et leur
marche conquérante s'embarrasse dans de longs voiles
de deuil. Leurs recrues sont timides et rares. La *Société
tchéco-slave*, le groupe le plus nombreux qu'ils soient
jamais parvenus à rallier en Slovaquie, ne dépassa
jamais 140 membres, ce que l'on considéra comme
un succès imprévu. Les ressources sont plus que
modestes : pour entretenir la chaire tchéco-slovaque
de Presbourg, on réunit péniblement, au bout de
plusieurs années, 978 florins ; Palkovič, le professeur, entre les mains de qui ce trésor est déposé, est
accablé de sa responsabilité, supplie qu'on l'en délivre ;
les autorités ecclésiastiques hésitent à s'en charger ;
elles n'en auront le courage qu'en 1825. Pour fonder
un almanach, *Zora* (l'aurore), qui paraîtra quatre ans,
on crée une société par actions au capital de
300 florins.

Les propos qu'échangent les apôtres de la nouvelle religion n'ont rien de subversif, et leurs projets
n'ont aucun caractère révolutionnaire ; à Presbourg,
Levoča, Stiavnica, Kejmark, des sociétés se constituent, « non pas pour développer avec bruit et éclat

le sentiment national, disent les statuts de la société de Prechov, mais pour marcher avec calme et pacifiquement vers le but proposé ». A Stiavnica, les patriotes s'engagent à professer « les uns pour les autres des sentiments de fraternité et à ce que leurs actes soient toujours marqués du sceau de la justice, de la générosité et de la bonté ». On se rassemble chez un bourgeois notable pour y lire les revues, le *Journal du Váh*, le *Journal des Tatras*; les jeunes gens y insèrent leurs vers qui ne valent pas grand'chose, qui tirent cependant des larmes de tous les yeux. Au printemps, on part en excursion pour les ruines de quelque château et un orateur improvisé y rappelle les exploits des aïeux. On récite quelque poème et on entonne un chant populaire que termine le Hej! Slované! qui est une sorte d'hymne national. Les grands jours, on fête l'arrivée de quelques hôtes, des Tchèques, un peu maladroits avec leurs airs protecteurs, leurs mines de Mentors, qui semblent venir dans une intention de surveillance et donnent des conseils du haut de la tête, ou des Russes, plus naïfs, plus cordiaux, plus enthousiastes. Les Magyars et les Polonais mènent grand tapage autour de ces excursions d'étudiants russes, dénoncent à l'Europe effarée le complot panslaviste et les noirs projets de Nicolas. Vérification faite, toute cette propagande moscovite se borne à l'envoi de quelques caisses de volumes.

Enthousiasme et candeur. — Vertus touchantes des écoles qui se constituent et des religions qui naissent. Combien meurent après une éphémère existence! Assez longtemps, en Slovaquie, rien ne prouvait qu'il ne s'agissait pas d'une agitation passagère et superficielle, d'une rubéole enfantine.

Il est probable que l'idée de résistance nationale aurait fini par s'éteindre doucement si elle n'eût trouvé un aliment dans les progrès de la Renaissance bohème. Nous avons vu déjà que la Slovaquie peut dans une très large mesure être considérée comme la mère de la nouvelle littérature tchèque, puisque Kollar et Šafařik lui appartiennent et que Palacky est à demi slovaque. Naturellement leurs œuvres furent accueillies avec une ardente reconnaissance par leurs compatriotes des Karpates. La *Fille de Slava*, la célèbre épopée de Kollar, est une longue élégie coupée çà et là par des élans d'espérance et des fanfares de triomphe. C'est une œuvre romantique, je veux dire incomplète, inégale, assez mal composée, souvent obscure ou emphatique, dont l'ensemble laisse dans l'esprit une certaine déception; en revanche, elle s'illumine par fragments d'une chaude et rayonnante beauté et, à l'oreille des Slaves, quelques-uns de ses sonnets vibrent comme dans notre cœur *La Marseillaise.* — « Quel peuple peut citer un souverain plus glorieux que Pierre, un chef plus grand que Samo? Aux Hongrois, nous avons donné Zrini, aux Allemands Hus, et Copernic aux Latins », mais la pure civilisation slave dort encore dans le giron mystérieux de l'avenir. « Ce que les autres ont fait, nous le savons, mais les autres ignorent ce que nous devons être dans le livre de l'humanité. » — Après les livres sublimes et éternels qui sont la consolation et la parure de l'humanité, bien loin derrière eux, les poèmes méritent encore une place d'honneur qui résument l'âme d'un peuple à un siècle donné et qui demeurent longtemps comme son bréviaire. Supprimez Kollar, et toute une face de l'âme slave contemporaine se noie dans une pénombre vaporeuse et enfumée.

Il apportait aux Slovaques la parole qu'ils attendaient; il sonnait la fanfare qui relève les courages et entraîne à l'assaut. Du doigt, il leur désignait les immenses réserves prêtes à les soutenir et il leur montrait le destin impitoyable qui guettait leurs défaillances. D'autres coups de clairon suivirent : de Kollar lui-même, *La solidarité littéraire entre les tribus et les langues slaves* (1836); de Šafařik, les *Antiquités slaves* et l'*Ethnographie*. Les troupes défaillent vite, si un vaste espoir ne flotte pas dans les plis de leur drapeau et elles combattent sans ardeur si elles ne défendent qu'une cause mesquine. Les Slovaques auraient difficilement soutenu la ruée magyare s'ils ne s'étaient regardés comme les porte-étendards de la Slavie entière et de tout le futur qu'elle couvait dans ses flancs.

Quelque vastes que fussent leurs espérances, elles étaient à ce point nébuleuses et lointaines qu'elles n'ébranlèrent que lentement leur quiétisme optimiste; leur somnolence rêveuse fut à peine un moment secouée par les lois générales qui, de 1820 à 1840, préparaient à leur détriment l'hégémonie du magyar en Hongrie. Pour les réveiller, il fallut que leurs adversaires les atteignissent dans leurs libertés locales et dans leur existence familiale.

*<br>* *

L'excès de prévoyance est plus funeste en politique que l'insouciance ou la légèreté, et beaucoup d'hommes d'État gagneraient à se pénétrer de la parole de Talleyrand : pas de zèle. Une caricature de 1848 nous montre Kossuth regardant sous son lit pour s'assurer que Nicolas n'y est pas caché. De fait et littéralement, les nuits des Magyars étaient troublées par le spectre russe. La charge qu'ils avaient assumée, quand ils avaient entrepris d'assimiler leurs allogènes, était trop lourde pour leurs épaules; ils le sentaient sans vouloir se l'avouer et leur orgueil s'exaspérait à la pensée d'une défaite probable. Ces épouvantes, comme il arrive pour les tempéraments sanguins et brutaux, se traduisaient par des fureurs gratuites et des violences intempestives. Sans raison sérieuse, par mesure de précaution préventive, ils poursuivirent les patriotes slovaques, interdirent leurs associations, — très inoffensives; — elles renaissaient sous une autre forme, provoquaient de nouvelles rigueurs, dont le seul résultat était d'aigrir les esprits. Les journaux à la solde du gouvernement accusaient des plus sombres desseins les pauvres instituteurs et les pacifiques pasteurs qui demeuraient fidèles à leur langue et à leurs traditions locales, flétrissaient leur panslavisme. C'était le forfait suprême, l'abomination des abominations. A peindre sans cesse le diable sur le mur, on finit par l'appeler de l'enfer.

La résistance s'était groupée autour d'un jeune homme, Louis Štúr, qui occupait une très modeste fonction dans le lycée de Presbourg. Sous le prétexte le plus futile, à la suite de l'une de ces enquêtes scandaleuses qui sont depuis demeurées l'une des plus fâcheuses traditions de la politique de Budapest, on le destitua. On lui reprochait, — c'était un des griefs les plus sérieux, — d'avoir reçu une caisse de livres qui, disait-on, lui avait été expédiée par l'Académie de Pétersbourg. Il prouva que le colis était destiné au comte Apponyi et avait été adressé à la société slave, — par erreur? — par un perfide calcul? — Les enquêteurs n'en continuèrent pas moins de croire aux plus machiavéliques intrigues, — ou s'en donnèrent l'apparence.

Les Slovaques trouvaient une dernière garantie dans leur organisation religieuse. Les communautés protestantes étaient régies par une série d'assemblées où les délégués des fidèles siégeaient à côté des pas-

teurs et dont la plus importante était le synode
national (convent général). Le pouvoir exécutif était
exercé par des superintendants de districts et un
inspecteur général, désignés par les Églises. En 1840,
les protestants élurent inspecteur général le comte
Zay dont on vantait le zèle religieux, mais qui était
devenu un des séides les plus fougueux du magya-
risme. Il commença par exiger que l'on ne consacrât
pasteurs que les candidats qui prouveraient leur par-
faite connaissance du magyar. Menace terrible pour
les Slovaques, puisque, dans les communes où la
prédication en magyar s'introduisait, les registres de
l'état civil devaient être tenus aussi en magyar. Zay
demandait en même temps que le magyar devînt la
langue exclusive dans toutes les écoles sans exception.

Les assemblées ecclésiastiques résistèrent. Pour
briser leur opposition, Zay imagina d'unir les Églises
calvinistes et luthériennes. Comme les calvinistes
étaient en général magyars, les Slovaques, luthériens, auraient été dès lors en minorité dans les
convents et auraient été livrés sans défense à toutes
les fantaisies du gouvernement. La lutte fut conduite avec la brutalité et la mauvaise foi ordinaires
aux Magyars; les réunions étaient envahies par des
nobles et des juristes qui n'avaient aucun droit d'y
paraître et qui étouffaient sous leurs injures et leurs
menaces la voix de leurs adversaires. Kossuth donnait le ton.

Atteints dans leurs privilèges les mieux établis,
lésés dans leurs intérêts les plus chers, les Slovaques
en appelèrent au gouvernement de Vienne (1842). La
Cour avait peu de sympathie pour Kossuth et les
démocrates turbulents qu'il traînait à sa suite. Metternich reçut les délégués des Slovaques avec une
exquise urbanité, leur avança ses fauteuils les plus
moelleux, les accabla de compliments : « Votre droit

repose sur un rocher. Frappez, il vous sera ouvert; nous ne pouvons pas ne pas exaucer vos prières. La Hongrie se trouve dans un état maladif, le cours des choses est rompu. Ce sujet est très grave. » — Le comte Kolovrat « promit de donner toute son `en-tion au recours qu'on lui présentait ». — Verba et voces. Metternich, dans l'attente d'une crise prochaine à Presbourg, se ménageait des alliés possibles, sans songer le moins du monde à se compromettre pour eux. Le seul résultat de ce voyage à Vienne fut d'exaspérer les chauvins magyars, et les persécutions recommencèrent, plus âpres et plus impitoyables.

.·.

Les Magyars avaient sur leurs adversaires l'avantage des lignes intérieures. Les Croates, les Roumains et les Slovaques qui souffraient également de leurs usurpations, combattaient en ordre dispersé, isolés les uns des autres, incapables de coordonner leur défense. Le péril croissant exigeait qu'on fît appel à la masse du peuple, partout lente à s'émouvoir et qui n'avait guère été atteinte jusque-là par la propagande des patriotes. Ils crurent que le meilleur moyen de se faire entendre de la foule serait de lui parler la langue dont elle usait familièrement; ils reprirent en le modifiant le projet de Bernolak et résolurent de substituer le dialecte local à la langue littéraire dont ils se servaient jusque-là et qui était le tchèque (1844). L'idée de ce schisme, qui marque une date importante dans l'histoire de la Slovaquie, sortit du cénacle qui s'était groupé autour de Louis Štúr.

Štúr (1815-1856) qui reste encore aujourd'hui le nom le plus illustre de l'histoire slovaque contemporaine, était depuis dix ans l'âme de la résistance nationale. Nous avons quelque peine à comprendre son action, parce que nous le jugeons par ses écrits, qui sont incontestablement médiocres. Tout au plus faudrait-il faire une exception pour ses études sur les chansons populaires où il décrit avec un réel sentiment poétique les paysages de sa patrie et les mœurs familiales des habitants, et d'où monte vers nous par instants le délicat parfum des fleurs de la montagne. Il manquait d'imagination créatrice. Ses poésies sont insignifiantes, ses travaux scientifiques ne reposent sur aucun fondement solide, son livre le plus connu, *Le Monde slave et l'avenir*, est un pauvre développement des théories de Hegel. Dans l'ensemble, il nous apparaît comme une mauvaise réplique de Kollar, dont il ne possède pas le sens poétique et dont il accentue les imperfections. Le romantisme s'exaspère en lui jusqu'à la caricature.

Il n'est pas sûr que ses défauts, qui étaient ceux de toute sa génération, n'aient pas contribué à son succès. Les hommes de 1848 étaient avant tout des sentimentaux et des impulsifs; ils rêvaient volontiers leur vie; ils n'éprouvaient pas le besoin des définitions précises et des idées claires; ils jouissaient de leurs conceptions nébuleuses sans s'occuper de les traduire en formules de lois. Naturellement, ces traits que nous constatons à ce moment chez tous les peuples, s'accentuaient chez les Slaves, parce que leur éducation scientifique était à peine commencée, que leur expérience politique était nulle et que la tendance naturelle de leur esprit les pousse au mysticisme sentimental et lyrique. Race fuyante, mobile et diverse, infiniment séduisante au demeurant, qui nous déconcerte et nous ravit.

Štúr exerçait sur ceux qui l'approchaient une attraction irrésistible, parce qu'il n'avait aucune affectation, qu'il ne vivait que pour sa cause et que son âme débordait d'amour et de foi. On a prononcé à propos de lui et de son école le mot de janséniste, parce qu'il condamnait les joies les plus légitimes de la vie pour se consacrer exclusivement à la patrie. C'est bien d'ailleurs la seule ressemblance qu'il soit possible d'apercevoir entre les raisonneurs de Port-Royal et les imaginatifs des Tatras.

Démocrate d'origine et d'instinct, Štúr qui n'avait d'autre âme en quelque sorte que l'âme collective de sa race, voulait entrer en communion immédiate avec elle. En 1845, après de longues sollicitations, il avait été autorisé à fonder le *Journal National slovaque*, auquel il joignit un supplément littéraire, l'*Aigle des Tatras*. Il s'entendit avec ses collaborateurs Hodža et Hurban qui, pendant toute cette période, furent à côté de lui les plus courageux et les plus actifs des éveilleurs de leur peuple, pour remplacer délibérément le tchèque par les dialectes « sonores et virils » des cantons montagneux. Les écrivains qui continuèrent son œuvre, n'adoptèrent pas complètement son programme et orientèrent le slovaque dans une voie assez différente. Il n'en demeure pas moins que l'unité linguistique qui, malgré Bernolak, s'était en somme maintenue entre les Tchèques et les Slovaques, se brise en 1845 et qu'à ce moment une neuvième langue littéraire naît parmi les Slaves.

L'émotion fut vive à Prague et se manifesta par une pluie de dissertations et une véhémente polémique. Les questions philologiques passionnaient les esprits à cette époque presque au même degré que les discussions dogmatiques trois cents ans plus tôt et elles étaient agitées avec une passion frénétique, parce que, dans l'absence de toute indépendance politique, la langue était le dernier bastion de

la vie nationale. Les Tchèques faisaient remarquer
le danger d'une rupture qui laissait les Slovaques
isolés en face des Magyars et affaiblissait ainsi leurs
moyens de résistance : une littérature ne peut vivre
et grandir que si elle est soutenue par un nombre
suffisant de lecteurs et si elle possède les écoles et
les ressources matérielles indispensables à son développement; les Tchèques et les Slovaques n'avaient
pas trop de leurs forces réunies pour arrêter l'invasion étrangère; que deviendraient-ils s'ils morce-
laient leurs rares bataillons?

Leurs arguments étaient topiques et les Slovaques
ont reconnu eux-mêmes les inconvénients de leur
nouvelle stratégie. En réalité, même après 1845, ils
n'ont pas cessé de chercher à Prague leur point
d'appui et ils ont presque toujours réfléchi l'inspiration des écrivains bohèmes. « Que cela fasse plaisir
aux Magyars ou non, disait Hlinka au tribunal de
Presbourg, le 4 mai 1908, un fait demeure vrai, c'est
que nous ne formons avec les Tchèques qu'une seule
race, une seule civilisation, une seule nation. » Pour
le moment, l'union nécessaire et naturelle était
compromise. Les dissentiments furent aggravés par
l'imprudence et la maladresse des Tchèques.

Ils le prirent d'un peu haut, ne surent pas ménager
l'amour-propre très susceptible de leurs contradic-
teurs, ne s'efforcèrent pas assez de comprendre leurs
mobiles. Les raisons qui avaient déterminé Štúr et
ses amis étaient nombreuses, de valeur assez inégale, curieuses par le jour qu'elles jettent sur la
psychologie de beaucoup des patriotes slaves à cette
époque.

Il se flattait du chimérique espoir que l'on désar-
merait les Magyars en rompant les liens qui ratta-
chaient les Slovaques aux peuples qui ne dépendaient
pas de la Sainte Couronne. On ne convainc pas un

ennemi dont le siège est fait et les Magyars redoutaient moins le péril tchèque que la menace russe.
Or l'attitude des novateurs était plutôt de nature à
justifier leurs inquiétudes.

L'idée de la solidarité panslave, qui a eu son véritable berceau à Prague et qui s'y conserve particulièrement vivante, s'était tout naturellement développée avec une remarquable intensité chez les
Slovaques : au point de vue géographique et ethnographique, ils formaient le trait d'union des principaux
groupes slaves, d'autant plus que, trop peu nombreux
pour espérer fonder un État indépendant et sans histoire nettement distincte, ils n'avaient pas une personnalité très marquée. Sous l'influence des théories
historiques de Hegel, qu'il suit de très près, et des
traditions de Herder, qui attache une importance
prépondérante aux créations directes de l'imagination populaire, Štúr, autant que ses œuvres assez
embroussaillées nous permettent d'entrevoir sa
pensée, apercevait dans l'avenir une immense confédération intellectuelle des peuples slaves, où chacun
conserverait son individualité propre. Cette confédération n'était possible que si elle ne se heurtait pas à
des résistances particularistes trop fortes et la constitution de grandes individualités distinctes et fortement accusées en retarderait la formation. Il serait
extrêmement exagéré de dire qu'il ne désirait pas le
développement et le progrès des Tchèques; il n'y
croyait pas beaucoup, et il se serait contenté pour
eux comme pour ses compatriotes immédiats d'une
civilisation locale qu'eût enveloppée, sinon absorbée,
le soleil de Moscou. « On a constaté souvent, écrit
M^lle Tourtzer, que l'imagination s'exalte d'autant
plus que la réalité est plus difficile et plus mesquine.
Sans ressources, foulés aux pieds par le chauvinisme
magyar, chassés de jour en jour de toutes leurs posi-

tions, mal soutenus par un peuple en majorité indifférent et inerte, les chefs slovaques s'abandonnaient à toutes les fantaisies de leur esprit. Ils vivaient dans une sorte de contemplation maladive du monde slave, de sa grandeur, de sa destinée, et ils se regardaient eux-mêmes comme le pilier central de ce magnifique édifice. »

De là une contradiction profonde entre l'idéalisme flottant de Štúr et la prudence avisée et calculatrice des politiques de Bohême. « Chez les Tchèques, le romantisme panslaviste n'a été que l'illusion d'une heure et il a été presque toujours représenté par des éléments étrangers, slovaques souvent. Il n'a pas atteint la masse de la nation. Les représentants essentiels de la race, Havliček, Rieger, ont toujours été avant tout des réalistes qui se préoccupent moins du ciel que de la terre, et les vertus qu'ils prônent sont avant tout des vertus humaines. » Štúr les jugeait timides et mesquins. Comme beaucoup de ses contemporains, il regardait le monde en presbyte qui distingue mal les plans rapprochés de la politique; il n'aimait que les vastes programmes, sous les amples périodes desquels l'électeur met ce qui lui plaît. Il connaissait mal l'histoire dont il n'avait étudié que la philosophie, et il oubliait dans ses calculs l'invincible force du passé qui avait créé des personnalités ethniques indestructibles. Son excuse, c'est qu'il n'avait qu'une idée fort incomplète du mouvement tchèque et d'ailleurs, jusqu'en 1848, personne n'en soupçonnait vraiment la puissance intrinsèque et ne prévoyait l'influence qu'il devait conquérir.

A ces conceptions contestables ou fausses se joignait d'ailleurs une idée juste et généreuse. Les chefs du mouvement désiraient améliorer la condition de leurs compatriotes, réclamaient l'abolition du régime féodal, l'égalité de tous les citoyens devant la loi, une meilleure répartition des terres; ils voulaient aussi élever leur esprit, ouvrir leur âme aux plus nobles idées. Pour cela, il fallait entrer en contact familier avec eux, leur parler leur langue quotidienne.

Les écrivains qui, directement ou non, ont éprouvé l'influence de Štúr ou suivi son inspiration, Chaloupka, Král surtout (1822-1874), et Jean Botto (1829-1881), s'attachent aux traditions locales et mettent uniquement leur gloire à noter les motifs populaires et à en reproduire l'accent.

Les Slaves sont passionnés de musique. « Rare est la femme slave qui se tait », note un voyageur allemand; « elle bavarde ou elle chante ». Tous les travaux domestiques, tous les actes de la vie, la moisson, la vendange, les semailles, s'accompagnent de chansons, quelquefois satiriques et joyeuses, souvent baignées de la délicate fraîcheur d'un matin printanier ou de la pure mélancolie d'un soir d'automne, plus souvent encore dramatiques comme un sanglot qui résonne brusquement dans le silence de la nuit. Sous leur forme actuelle, la plupart ont subi des altérations profondes, et le travail de critique minutieuse qui nous permettra de reconnaître le fonds primitif sous les apports modernes, est à peine commencé. Les mélodies se sont probablement mieux conservées que le texte et leur développement, leur rythme, leur cadence se sont plus fidèlement transmis de génération en génération.

Il est assez vain de prétendre expliquer par des mots la séduction indéfinissable de la musique, et le charme subtil et naïf des rondes et des pastorales populaires échappe à l'analyse littéraire. Heureusement, les chansons tchéco-slovaques sont déjà assez connues en France, soit par la *Fiancée vendue* de Smétana qui s'inspire de leur esprit et les danses ou les symphonies de Dvořak, soit par les *Poèmes sym-*

*phoniques* de Novák et ses *Guirlandes*. Comme les broderies des costumes et les arabesques des maisons villageoises, mais avec une intensité singulièrement plus profonde, leur originalité nous révèle, dans la délicatesse de leur sourire, l'éclat harmonieux de leur gaieté ou la tristesse alanguie de leurs plaintes, l'âme d'une race qui plonge encore par ses fibres intimes dans la nature et qui, au milieu de ses longues épreuves, n'a pas perdu la grâce de son baptême.

Le mérite des meilleurs disciples de Štúr, Král et Botto, fut de se plaire à une communion étroite avec les paysans, de partager leurs émotions et de traduire leurs pensées. Ils empruntent au peuple, non seulement les sujets de leurs ballades ou de leurs romances, mais leurs procédés, leur large peinture à fresque, le raccourci de leurs descriptions, leur psychologie sommaire et ramassée, leur morale de résignation et de pitié. Ils lui doivent aussi le don, — qui est peut-être l'essence même de la poésie, — de jouir pleinement de la beauté des choses, de se confondre avec la vie éternelle de la terre et les forces mystérieuses qui l'animent. Quelques-unes de leurs œuvres ont mérité par là d'être acceptées dans le trésor des chansons populaires et on les redira à la veillée longtemps encore après que les noms de leurs auteurs seront tombés dans l'oubli.

Tout ce travail n'était pas inutile et les années qui précédèrent la révolution furent marquées par une très rapide extension du mouvement national. Des sociétés diverses naissaient, sociétés de tempérance, caisses d'épargne, clubs de lecture, associations agricoles. Elles se rapprochaient les unes des autres sous la direction de l'*Union de la jeunesse slovaque* qui voulait rassembler en un faisceau commun les bonnes volontés dispersées. Le nombre des fidèles de la jeune Église augmentait peu à peu, étudiants, instituteurs, professeurs, ecclésiastiques; lentement, le pays s'organisait, sous l'aiguillon des menaces magyares. En 1847, Štúr fut envoyé à la Diète par la ville de Zvolen et il y exposa avec éloquence les plaintes et les désirs de ses électeurs. Il s'efforça de ne pas froisser la majorité et ses demandes étaient modestes. — « Il n'est pas de maître, disait-il le 15 janvier 1848, qui ne sache d'après son expérience quotidienne que la langue maternelle d'un enfant est la plus favorable à ses progrès, celle qui convient le plus à l'enseignement. C'est dans cette langue que nous avons appris non seulement à penser, mais à sentir, — et le sentiment ne joue pas moins de rôle dans la formation de l'enfant que l'intelligence. Je vous demande donc, dans l'intérêt de mon peuple, de maintenir dans l'école sa langue maternelle. »

La motion, malgré l'appui qu'elle avait trouvé chez quelques grands seigneurs qu'inquiétait la fougue de Kossuth, fut flétrie comme un acte de trahison par les orateurs radicaux et écartée dédaigneusement. Découragé, Štúr quitta la Diète, convaincu qu'il n'avait rien à attendre de la loyauté de ses adversaires.

C'est l'ordre du monde, avait déclaré Kossuth au milieu des vociférations furibondes de la majorité, que le plus faible soit écrasé et accablé d'impôts, que celui qui s'élève soit ménagé et chargé de privilèges. — Son orgueil impitoyable formulait avec une franchise cynique le programme des Magyars. Il n'a pas varié depuis. La révolution de 1848, en les débarrassant de la tutelle du gouvernement de Vienne qui avait au moins de temps en temps timidement essayé de contenir leurs instincts de violence, allait montrer jusqu'où se haussaient leurs prétentions.

# CHAPITRE V

## RÉVOLUTION ET RÉACTION

Les guerres de races. — Le congrès slave de Prague. — L'insurrection slovaque. — Windischgrætz et le parti vieil-autrichien.
— Schwarzenberg et Bach. — Le centralisme germanisateur. —
Le réveil et les progrès du mouvement national.


La diète hongroise avait répondu aux protestat'
de Štúr par la loi du 22 décembre 1847 qui proclamait définitivement le magyar langue officielle
exclusive du Royaume; elle ne faisait d'exception
que pour trois comitats croates, à qui elle laissait un
délai de six ans pour la mise en vigueur du nouveau
régime.

La résolution du Parlement acheva d'exaspérer
les patriotes slovaques. Ils se groupaient autour du
*cercle des Karpates* (le Tatrin). Il encourageait les
écrivains, soutenait les étudiants, rapprochait dans
une union fraternelle les partis opposés; catholiques
et protestants, oublieux de leurs querelles surannées,
se tendaient une main fraternelle et s'alliaient dans
une haine semblable contre l'oppresseur étranger.
Le journal de Štúr, éloquent et vigoureux, gagnait
à la cause de nouvelles recrues. La *Revue slovaque*
de Hurban, remarquablement rédigée, se répandait
et méritait à son directeur le nom d'éducateur du
peuple.

Ces succès, en réalité plus que modestes et qui n'avaient aucun caractère menaçant, exaspéraient les administrateurs hongrois qui guettaient la moindre imprudence pour supprimer les feuilles d'opposition; sans cesse exposées aux tracasseries les plus mesquines, elles n'échappaient à une condamnation radicale que par des miracles de prudence et d'adresse.

La révolution de mars 1848 qui emporta le gouvernement de Metternich, en exaltant les passions des partis en présence, plaça les Slovaques devant un redoutable problème. — Quelle attitude leur commandait l'intérêt de leur race? — Se rallieraient-ils au gouvernement qui se constituait à Pest sous la direction de ces démocrates qui avaient toujours été leurs ennemis les plus implacables? Se rapprocheraient-ils de la Cour qui ne leur avait jamais accordé que de vaines paroles et qui représentait les plus détestables traditions de l'absolutisme habsbourgeois? — De tous les côtés, ils n'apercevaient que des pièges et des dangers. Sans relations, sans manières, sans ancêtres, ces paysans ne voyaient autour d'eux que des ennemis.

Le 17 mars, la cour de Vienne avait consenti à la formation d'un ministère hongrois que présida Louis Batthyany et dont Kossuth fut l'âme; quelques semaines plus tard, les lois d'avril reconnaissaient l'indépendance de la couronne de Saint-Étienne, qui n'était plus rattachée à l'Autriche que par la personne du souverain.

Comment des hommes qui, depuis un quart de siècle, soutenaient contre les Magyars une lutte de tous les instants, n'auraient-ils pas éprouvé une insurmontable angoisse à la pensée qu'ils allaient être livrés sans défense à leur insatiable autorité? Ils n'avaient d'autre part aucune illusion sur la camarilla qui, même après la chute de Metternich, conservait au Palais une influence prépondérante. Entre ces deux périls, ils n'avaient à compter sur aucun appui extérieur, puisque le tsar Nicolas Ier, conservateur intransigeant, condamnait sans examen la pensée de porter à l'ancien ordre de choses la plus légère modification.

Après tout, puisque les radicaux de Pest affichaient des idées démocratiques, peut-être obtiendrait-on d'eux quelques concessions. Les patriotes slovaques convoquèrent à Saint-Nicolas de Liptov un congrès général (10 mai 1848) et y formulèrent leur programme. — La Hongrie serait répartie en groupes nationaux qui administreraient leurs propres affaires et auraient leurs diètes particulières. Les questions communes seraient discutées dans un parlement fédéral où les divers blocs ethniques seraient représentés et où chaque député s'exprimerait dans sa langue maternelle. Les diètes provinciales régleraient en dernier ressort les questions scolaires, mais l'enseignement serait organisé de telle sorte que, dans les districts mixtes, les Slovaques apprendraient le magyar et les Magyars le slovaque, de manière à faciliter l'entente entre les divers sujets du royaume et à supprimer les haines de races.

Dans sa remarquable histoire de la constitution hongroise, Timon remarque qu'un des traits distinctifs de l'évolution politique du royaume de Saint-Étienne consiste dans le développement très rapide et la puissance du principe juridique qui s'est personnifié dans la Sainte Couronne; au xve siècle, elle apparaît déjà comme le symbole de l'unité du Royaume et, dès ce moment, c'est-à-dire bien avant la plupart des nations occidentales, le peuple hongrois, ou du moins ceux qui le représentent, arrive à une conception précise et concrète de l'État, per-

sonne morale et organisme vivant. — Cet État, qui,
sous l'action du romantisme ethnographique, s'était
peu à peu identifié avec la race magyare, les Slovaques en proposaient le morcellement. La pensée
de déchirer la robe sans couture blessait les nerfs
les plus irritables de la majorité et heurtait ses traditions les mieux assises et ses convictions les plus
chères. Il est nécessaire de se représenter exactement le choc douloureux et presque intolérable que
ressentirent les Magyars pour juger sans trop d'injustice Kossuth et ses partisans et pour comprendre
leur conduite. Ils éprouvaient pour les allogènes la
même horreur que les Montagnards de la Conven-
tion pour ceux des députés qu'ils soupçonnaient de
fédéralisme. Les dispositions morales créées par la
guerre actuelle nous permettent de nous rendre un
compte plus exact des passions qui les animaient.
Avec certains adversaires, on ne discute pas : on les
supprime. Il est des heures où toute pensée d'humanité et tout scrupule juridique s'effacent devant la
volonté de la victoire. *Salus Patriæ, suprema lex.*

La majorité de la diète n'envisagea pas une minute
la possibilité de discuter avec les Slovaques, pas plus
qu'avec les Serbes ou les Roumains. Dès le premier
jour, elle avait manifesté ses intentions en décidant
que la connaissance du magyar serait la condition
nécessaire du droit électoral. Par là, elle mettait
hors la loi la majorité des habitants du royaume.
Comme il était certain qu'ils ne se soumettraient pas
sans lutte à cet ostracisme, il ne restait qu'à les terro-
riser et à les anéantir.

La poigne magyare s'abattit, féroce, sur tous ceux
qu'ils soupçonnaient de pensées hostiles. Par un
procédé qu'ils ont repris avec plus de rigueur encore
ces dernières années, ils enrôlèrent de force dans
les honveds tout ce qu'ils purent saisir de la popu-

lation valide, et Csanyi, qui fut ensuite ministre de l'Intérieur, ne recula pas devant les mesures les plus odieuses. Quand, au mois d'octobre 1848, le général impérial Simonic marcha sur Presbourg par la vallée du Váh, les comtés qu'il traversa (Orava, Trenčín, Tourčan), révélaient à chaque pas les traces de cette atroce fureur qui marque d'habitude les guerres civiles. Les villages étaient abandonnés; pour fuir les bandes magyares, les paysans s'étaient réfugiés avec leur bétail dans les forêts et sur les montagnes. — « Je n'oublierai jamais, écrit Helfert, l'émotion sauvage avec laquelle éclataient encore en 1854 les rancunes qu'avaient laissées ces événements. Un Magyar me parlait de l'attitude de bravade avec laquelle Csanyi avait marché à la potence. Un Slovaque se mêla à la conversation : C'était bien fait pour ce chien de Magyar! Quand un Magyar gigote à la lanterne, c'est un martyr. Mais les Slovaques, on peut les pendre par douzaines, contre tout droit et toute justice, jusqu'à ce que les arbres craquent sous le poids, comme les filets pleins de grives; personne ne lève le doigt. » — Dans chaque village se dressait un gibet : les Magyars les nommaient les arbres de la liberté slovaque; le peuple les baptisa les potences de Kossuth. A Senice, on trouva dans la prison, enchaînés, des prêtres, le juge du village, beaucoup de paysans; quand on leur enleva leurs fers, ils étaient si affaiblis par les privations et les mauvais traitements que plusieurs tombèrent; il fallut les emporter. Le pasteur de Bánská-Bystrica s'était enfui à l'approche des troupes; les Magyars, furieux, pillèrent sa maison, jetèrent dans la rue sa femme et ses enfants et les fusillèrent.

Dans le Banat, le colonel Kolovrat rencontre le commissaire du Gouvernement qui conduit un convoi de 20 charrettes remplies de prisonniers que l'on mène au supplice. — Qu'ont-ils fait? — Ce sont des Rajtses (C'est le sobriquet par lequel les Magyars désignent les Serbes). — Mais qu'ont-ils fait? — Je vous dis que ce sont des Rajtses. Est-ce que cela ne vous suffit pas? — Mais pensez à ce que vous allez faire; ils n'ont commis aucun crime. — Aucun crime! Puisqu'on vous répète que ce sont des Rajtses. C'est assez pour le gibet, il faut exterminer la race entière. — C'est la condamnation de tout système de terreur qu'il a ses Carrier et ses Fouquier-Tinville. Dans les cerveaux frustes, les théories de Kossuth aboutissaient à ces exécutions sommaires et à ces stupides massacres. « Ce qui se passa en Serbie, se passa dans les autres parties de la Hongrie, écrit Friedjung; il n'en fut pas autrement pour les Slovaques. » — On n'accusera pas Friedjung, je suppose, de partialité pour les Slaves.

*<br>* *

Les chefs des Slovaques avaient réussi à s'enfuir; Štúr accourut à Prague. Le danger imminent avait effacé le souvenir des querelles antérieures et, par un geste instinctif, à l'heure du danger, les fils de la race tchèque, un moment divisés, se rassemblaient près de la mère commune. Tous les regards imploraient la *capitale dorée* qui, comme au xv<sup>e</sup> siècle, arborait le drapeau de l'union slave.

Il ne me paraît pas très vraisemblable, malgré le témoignage de Frič, que la pensée première de la convocation du célèbre Congrès slave de Prague (juin 1848), soit venue de Štúr; il est certain du moins que la présence des Slovaques, chez lesquels l'idée de la solidarité de la race est très ancienne et très générale, contribua à rendre le projet populaire et que leurs chefs travaillèrent activement à vaincre les objections qu'il soulevait.

Les Allemands et les Magyars s'effrayèrent du rapprochement de ces peuples dont, depuis des siècles, ils exploitaient les divisions. Servis secrètement par les intrigues des réactionnaires, ils provoquèrent la malheureuse échauffourée de la Pentecôte, dont Windischgraetz profita pour bombarder Prague et pour proclamer l'état de siège. Le Congrès se dispersa (11 juin 1848).

Štúr en revint, non pas attristé par la défaite, mais ébloui des tableaux grandioses qui s'étaient dessinés à ses yeux hallucinés. Chez les vrais croyants, les épreuves réchauffent la foi; que signifiait un incident sans portée en face des magnifiques perspectives qui s'ouvraient à l'espoir des patriotes? — De tous côtés, les Slaves couraient aux armes contre leurs éternels ennemis; les Croates se rassemblaient sous la bannière de Jellatchitch; le prince Michel de Serbie offrait des subsides. Les Slovaques manqueraient-ils au rendez-vous? — Štúr, Hurban et Hodža organisèrent une insurrection.

Les historiens magyars et allemands ont beau jeu à railler leurs illusions; ils insistent sur le petit nombre des combattants qui répondirent à leur appel, sur les paniques dont les volontaires furent les victimes un peu ridicules, sur leur indiscipline et sur les quelques actes de pillage qui se produisirent çà et là. Accusations stéréotypées qui reparaissent toutes les fois qu'il s'agit de mouvements populaires. Les Slovaques avaient été surpris par les événements au moment où ils commençaient à peine à sortir de leur inertie; ils n'avaient ni armes, ni chefs, ni traditions guerrières; la fleur de leur jeunesse avait été enlevée par les Magyars, qui avaient en même temps adroitement évoqué le souvenir des anciennes querelles religieuses et jeté ainsi le trouble dans nombre d'esprits. Ce qui doit nous étonner, dans ces conditions, ce ne sont pas les défaillances sporadiques, mais l'énergie des principaux agitateurs, la constance avec laquelle ils retournent au combat après leurs premiers échecs, et aussi le dévouement et l'intrépidité de quelques-unes des bandes insurgées. Dans les trois soulèvements de 1848-49, les bataillons slovaques improvisés firent souvent bonne contenance. Ils y avaient d'autant plus de mérite qu'ils avaient contre eux la mauvaise volonté de la dynastie, au moment même où ils se compromettaient pour elle.

*<sub></sub>*

Les événements de 1848 sont particulièrement intéressants pour l'histoire des origines du dualisme actuel. A côté de quelques centralistes, maniaques de l'absolutisme complet, tels que Bach et, avec certaines nuances, Stadion, la haute noblesse que personnifie Windischgraetz et qui conserve la faveur de la famille impériale, ne cesse de poursuivre une réconciliation avec les Magyars. Fort riche, très orgueilleuse, ignorante, docile aux influences cléricales, elle vit dans l'ombre du palais et n'a d'autre langue que celle du maître, qui est le jargon viennois. Cela suffit à la séparer du peuple et à l'éloigner des Slaves que mènent des gens de rien et dont elle déteste les tendances nettement démocratiques. Pour les museler et pour maintenir la puissance de la dynastie, à laquelle la lient ses intérêts et ses traditions, bien qu'elle se défie de l'Allemagne protestante et travaillée par les partisans des Hohenzollern, elle fait souvent, à Vienne, le jeu de la bureaucratie germanisante; elle en redoute pourtant les envahissements et, pour se couvrir contre elle, elle garde le contact avec l'oligarchie hongroise que rattachent à elle ses ambitions et ses alliances. Elle s'oppose ainsi sourdement à la destruction des privilèges de la Sainte Couronne et elle borne son idéal à restaurer le fragile édifice qui a chancelé sur ses bases au moment de la Révolution.

En 1849, la révolte imprudente des Magyars et leur écrasement ouvraient aux Habsbourgs de splendides perspectives. L'idée dynastique était profondément ancrée dans l'âme des peuples et les paysans étaient satisfaits de la suppression des servitudes féodales. Une ère de transformation économique se préparait dans l'Europe entière et la monarchie renfermait en elle tous les éléments d'un magnifique développement industriel. Les récentes expériences avaient dissipé bien des illusions et, au lendemain de *la folle année*, les désirs des sujets étaient modestes. Au prix de concessions minimes, on eût facilement obtenu d'eux, plus qu'une soumission terrorisée, un loyalisme sincère et un dévouement durable. Les nationalistes slaves les plus fervents étaient prêts à renoncer à leurs revendications historiques et à se contenter de privilèges anodins qui leur garantiraient la liberté de leur langue et de leur culture. Réduits à leurs seules forces, surveillés par les autres races, les Magyars auraient été obligés d'abdiquer leurs altières prétentions et de rentrer dans le rang. La secousse de 1848 pouvait ainsi devenir pour l'Autriche la condition d'une régénération radicale et, avec les différences qu'impliquait l'histoire, marquer pour elle une date aussi importante que la révolution de 1789 pour la France. Ni la noblesse ni le souverain ne comprirent le sens des événements et la gravité de l'heure. En s'aliénant l'ensemble des peuples de la monarchie, ils offrirent aux Magyars écrasés une occasion imprévue de revanche et furent finalement obligés de subir leurs conditions. Le dualisme, qui a été et qui ne pouvait être que le prélude de la ruine de l'Autriche, nous apparaît ainsi comme la moisissure de ces cœurs pauvres et de ces esprits médiocres qu'étaient les Bach, les Schwarzenberg et les Windischgraetz.

Au moment même où il livrait bataille aux honveds, le prince de Windischgraetz leur témoignait d'étranges sympathies. — « Le sentiment national magyar, écrivait-il à son beau-frère, le prince de Schwarzenberg, qui était alors premier ministre, contenu dans ses justes limites, ne saurait être inquiétant et serait une digue puissante contre les excès slaves. » — J'ai toujours considéré l'élément slave comme dangereux », écrit-il ailleurs. Il accueillait sans critique et sans réserve les plus absurdes racontars : — Panslavistes, les Slovaques qui demandaient que leur pays formât une région administrative distincte et qui désiraient pour gouverneur Brauner, « criminel de droit commun et démocrate par excellence ». Étrange fantasmagorie, si l'on songe que Brauner était un homme des plus modérés, de tendances nettement conservatrices, qui avait horreur de la violence et se défiait de la démocratie. — Panslavistes, les habitants de Neusohl qui ont manifesté « des sympathies non douteuses pour les rebelles ». Les rebelles dont il s'agit ici sont les volontaires qui combattent contre les armées de Kossuth. — Panslavistes, les signataires d'une pétition à François-Joseph !

Les troupes de Hurban et de Hodža, qui avaient pris les armes pour défendre la dynastie, étaient reléguées à l'arrière-garde et mises en surveillance ; on ne leur distribuait ni munitions ni vivres. Au premier prétexte, on les dispersa.

Les Slovaques essayaient de se consoler en pensant

que le généralissime trahissait la volonté du souverain. Ils se cramponnaient fiévreusement à la fameuse
proclamation du 20 octobre 1848 :

« Chaque nation aura en nous un protecteur et un
défenseur : nous ne nous écarterons pas de cette
ligne et nous ne permettrons pas qu'une nation en
opprime une autre; un droit égal pour tous, voilà ce
que nous poursuivons et ce que nous réaliserons par
tous les moyens. »

En 1849, ils envoyèrent à l'Empereur une députation qui lui présenta leurs requêtes; ils les renou-
velèrent dans une pétition qui fut soumise à Bach
(17 septembre). Leurs délégués rapportèrent quelques
bonnes paroles : elles ne coûtent jamais rien aux
gouvernements. Ils n'avaient d'ailleurs plus d'illusions, mais leurs craintes furent dépassées par l'événement.

M. Friedjung a commencé sur *L'Autriche de 1848
à 1860* un ouvrage qui doit un certain intérêt
aux documents que le baron d'Æhrenthal, de triste
mémoire, lui a permis de consulter aux Archives
de l'Empire, et aux papiers du ministre Bach, —
en admettant qu'ils soient plus authentiques que les
fameuses pièces du procès de Vienne. C'est une belle
âme qui a du goût pour les sauvetages, et, après
avoir réhabilité Benedek, il s'est constitué l'avocat
des ministres de l'époque absolutiste qui, jusqu'à lui,
n'avaient guère de défenseurs. Ces entreprises de
radoub ne réussissent guère, et M. Friedjung est
obligé lui-même à des aveux assez fâcheux pour ses
clients.

Un ministre qui laisse les mains libres à une brute
féroce telle que Haynau et qui assume la responsabilité d'un procès semblable à celui dont fut victime
le comte Louis Batthyany, ne saurait avoir droit
qu'au mépris de l'histoire. On a prêté à Schwarzen-

berg beaucoup de mots historiques, qui sont suspects. On raconte entre autres qu'un jour un de ses conseillers lui parlait des bons effets de la modération et de l'avantage d'apaiser les esprits par la clémence. — Comme vous avez raison, aurait répondu le prince, mais nous allons commencer par quelques pendaisons. — L'anecdote est certainement controuvée; elle indique du moins l'idée que l'on avait de son caractère et qui n'était pas inexacte. En 1849, un régime d'absolutisme stupide et de réaction implacable s'abattit sur le pays. Exécutions haineuses, procès scandaleux, l'état de siège dans tout l'Empire, la magistrature asservie et avilie, la pensée suspecte, la presse muselée, les réunions interdites, les associations proscrites, le patriotisme mis sous la surveillance de la haute police et la science en fourrière, l'appel aux plus basses passions, les dénonciations encouragées et les plus hautes charges réservées au servilisme et à l'apostasie, la croix rédemptrice transformée en carcan, le soudard trempant dans le bénitier son sabre dégouttant du sang innocent, partout la cruauté hypocrite et la sottise noire; le régime du très pieux François-Joseph commençait, comme il devait finir, dans le massacre et l'ignominie. — « Après ces faits, conclut Friedjung, le nom de l'Autriche, des deux côtés de l'Océan, était synonyme d'arbitraire et d'oppression. Schwarzenberg passait pour le principal coupable, non sans raison, parce qu'il possédait l'oreille du jeune Empereur et que de ses paroles dépendaient la vie et la mort. » (I, p. 234.)

Les hommes d'État viennois, en dépit de la haine et du mépris qu'ils ressentaient pour Napoléon, s'inspiraient volontiers de ses ordonnances. Quelque dur pourtant qu'ait été l'Empire absolutiste en France, il ne saurait être comparé, même de loin, au régime de Schwarzenberg. Napoléon III aimait les femmes, comme son plagiaire autrichien, et elles lui causèrent maints ennuis; du moins, il ne les faisait pas fouetter par ses bourreaux. Il donna au pays quelques années d'incontestable prospérité; en Autriche, il n'y avait de prospère que la corporation des garde-chiourmes.

Quand, après le coup d'État du 2 décembre à Paris, les conseillers de François-Joseph trouvèrent le courage de supprimer par la patente du 31 décembre 1851 la constitution qui, d'ailleurs, ne les gênait guère, puisqu'elle n'était jamais entrée en vigueur, ils furent libres de lâcher la bride à leurs fantaisies arbitraires. Enfin l'ordre régnait dans la monarchie!

Le nom de Bach est resté attaché à cette période (1851-1859), et en somme justement, puisque, si Kübeck, Grünne et surtout l'archevêque de Vienne, Rauscher, lui disputèrent vite l'oreille du souverain et s'il fut souvent obligé d'appliquer des mesures qu'il n'approuvait pas entièrement, il en a accepté la responsabilité. Piètre personnage et pauvre ministre! « La conception de Bach, écrit M. Eisenmann dans son livre classique sur le *Compromis austro-hongrois*, si antipathique qu'elle soit dans sa pensée fondamentale, avait quelque chose d'imposant et même de grandiose. » En réalité, son génie se borna à ramasser dans la chambre à bric-à-brac les débris du Joséphinisme et à les rafistoler vaille que vaille, en rejetant ce que le despotisme éclairé avait de fécond et de généreux, l'esprit d'émancipation et d'humanité. Non pas qu'il manquât de certaines qualités d'esprit : juriste expérimenté, adroit, souple, il avait le don, — essentiel pour un homme politique, — de bien choisir ses conseillers; il mena à bonne fin la liquidation du régime féodal et il jeta les bases de la nouvelle administration. Ses mérites étaient

annulés par son absence absolue de caractère, son
ambition mesquine et basse, sa complète inintelligence des besoins nouveaux et son ignorance de la
situation réelle de la monarchie. De l'Autriche, il ne
connaissait que Vienne, et il abordait les plus graves
problèmes sans se douter des difficultés qu'ils ren-
fermaient. A la veille de la révolution, il avait dit :
« Notre but doit être une Autriche transformée en
un État unitaire, centralisé, fortifié par une constitution démocratique. » L'ancien radical, qui avait
conquis sa popularité en affectant des poses danto-
niennes, avait vite mis au rancart ses opinions sub-
versives et, pour désarmer les suspicions persistantes
des réactionnaires, il abandonnait sans remords ses
anciens amis à la police de Kempen. Il se flattait de
dissimuler sa palinodie en accentuant son programme
de germanisation à outrance.

La Hongrie avait été divisée en cinq gouvernements, dont deux, Košice (Kaschau) et Presbourg,
étaient slovaques. Svieczeny, commissaire général à
Košice, était Polonais d'origine et manifesta d'abord
quelque sympathie pour les Slaves. Encouragés par
son attitude, les habitants de Revuca demandèrent
l'autorisation de fonder un gymnase. — Sans doute,
leur répondit-on de Vienne, à condition, bien entendu,
que l'allemand sera la langue de l'enseignement.

L'administration jugeait le moment venu de révéler
ses arrière-pensées. L'allemand avait été déclaré la
seule langue officielle; il remplaçait le magyar dans
l'administration et la justice; on germanisait les
écoles; les patriotes slovaques étaient destitués de
leurs fonctions, poursuivis en justice, éloignés du
pays. Quand Štúr, à la suite d'un accident de chasse,
fut rapporté mourant chez lui, ses dernières paroles
traduisirent l'amertume de tous ses compatriotes
qui, comme récompense de leur loyalisme habs-

bourgeois, ne recueillaient que la défiance et le dédain : — « Voilà qui fera plaisir au ministère. » « La pierre de touche du dessein gouvernemental était de savoir si, au moment où il s'attirait l'hostilité des Magyars, il saurait gagner au moins les autres nationalités. Les peuples opprimés avant 1848 auraient été pour lui de précieux alliés. Il commit une faute capitale en prétendant les soumettre à un même régime de centralisation et de germanisation. On voulut tous les briser sans distinction, Croates et Serbes, Roumains et Slovaques, aussi bien que les Magyars. » (Friedjung.) Le résultat fut une désaffection universelle. Bach voulait un État uni ; il y réussit à merveille, seulement, l'union se fit contre lui. Il arriva à ce résultat, invraisemblable pour qui connaît la violence des rivalités ethniques, de rallier pour une heure, dans une même révolte contre Vienne, les Slaves et les partisans de Kossuth.

Quelque détestable que soit un gouvernement, il n'arrête jamais complètement la vie. La réaction viennoise n'avait pas osé restaurer le régime féodal dont le Parlement avait prononcé la suppression. Les paysans avaient échappé à la justice et à la police patrimoniales ; ils n'étaient plus soumis aux corvées ; un esprit nouveau pénétrait parmi eux ; ils sortaient de leur torpeur, s'instruisaient, prenaient un intérêt plus vif aux questions générales. Jusqu'à 1848, le mouvement national était demeuré en l'air, un peu artificiel, presque exclusivement littéraire, enfermé dans un cercle assez étroit de professeurs et d'ecclésiastiques. Les événements de 1848 avaient secoué l'indifférence des masses, ameubli le sol. Parmi les fonctionnaires de Bach, il avait bien fallu faire une assez large place aux Slaves, puisque les Magyars étaient suspects par définition et que, d'ailleurs, ils s'enfermaient en général dans une hostilité intransigeante. Les nouveaux fonctionnaires étaient d'habitude de pauvres diables, besogneux, tremblants devant leurs chefs, sans grande valeur morale. Tout de même, la servitude n'avait pas complètement étouffé en eux les traditions nationales. Ils mettaient quelque nonchalance à exécuter les arrêtés de la bureaucratie viennoise; sous leur surveillance indifférente et discrète, une nouvelle génération grandissait qui, peu à peu, se dégageait du romantisme de ses maîtres, plus réaliste, plus pratique.

Les dix années qui suivent la Révolution avaient marqué une éclipse complète de la vie littéraire. « La terre slovaque n'est qu'une jachère », pleurait Janko Král. Son patriotisme exagérait : sous le sol endormi par l'hiver, la moisson nouvelle germait. Elle leva brusquement après 1859, quand, au bruit des canons français de Magenta et de Solférino, s'écroula la lourde et grossière construction de Bach et que la brise d'un printemps de liberté caressa les peuples d'Autriche. Entre la chute de Bach et le triomphe d'Andrassy (1859-1867), les Slovaques jouirent d'un intérim de l'absolutisme. Ce fut pour eux une période de travail joyeux et fécond. Les journaux et les revues se multiplient, les écrivains sont plus nombreux; surtout, leurs œuvres, plus originales, moins asservies aux influences exotiques, s'animent d'une vie plus réelle et se colorent du reflet direct du sol local.

Sladkovič (1822-1872), l'écrivain le plus remarquable de cette période, appartient encore à l'école de Štúr, assez différent de son maître cependant pour que ses premiers vers aient causé un véritable scandale et aient été condamnés comme immoraux : il avait commis l'imprudence de s'éprendre d'une jeune fille, qui n'était pas seulement la personnification de la Slavie, bien en chair, et dont les lèvres brûlantes ne se dérobaient pas à ses baisers. Pas plus dans son premier poème, *Marina*, que dans ses œuvres postérieures, plus personnelles et plus mûres, Sladkovič ne s'est jamais complètement détaché des influences romantiques et son sentimentalisme débordant nous irrite et nous lasse : trop de fleurs, trop de candeur, trop de phrases convenues aussi et d'images banales. On s'aperçoit vite cependant qu'à côté de Byron, il imite Pouchkine ; comme le grand écrivain russe, il connaît et il aime son pays et son peuple, non pas seulement parce que le sang de la pure race slave coule dans ses veines, mais parce qu'il l'a vu peiner et pleurer, qu'il a entendu ses rires, ses chants et ses cris de colère. Nous en avons fini avec le type classique et vague du fils de Sláva. Ce qui se dresse en pied devant nous, c'est le montagnard, âpre au gain, dur à la fatigue, violent et pitoyable, assez ignorant, indifférent aux prédications des écrivains, mais qui défend sa langue avec la même robuste ténacité que la terre de ses ancêtres ; sur son front de granit s'usera la domination étrangère.

La même tendance réaliste domine dans le roman, qui naît alors avec Kalinčak (1822-1871). Sa *Restauration* — on sait que l'on désignait par ce mot le renouvellement périodique des fonctionnaires des Comitats — est un tableau plein de suc et de mouvement des habitudes et des mœurs de la petite noblesse à la veille de 1848.

On a remarqué que les progrès de l'idée démocratique coïncident toujours avec le triomphe des tendances réalistes dans la littérature et les arts. Non pas que le peuple soit indifférent à l'idéal, puisque les prophètes et les martyrs se sont toujours recrutés dans ses rangs; seulement, ramené à la terre par les nécessités de l'existence, il ne lâche pas la bride aux caprices de son imagination et le souci du pain quotidien le tient en garde contre les utopies et les romans.

* *
*

Le panslavisme transcendant de Štúr, à la fois philosophique et mystique, n'avait jamais trouvé beaucoup d'adeptes parmi ses compatriotes. Pour obtenir leur appui sincère et actif, il était nécessaire de porter la lutte sur un terrain plus concret. Les pratiques de Bach avaient démontré que les Habsbourgs étaient des alliés inconstants et perfides, qui trahissaient sans vergogne leurs serviteurs les plus dévoués. D'autre part, les Magyars, tant qu'ils n'avaient pas réduit Vienne à merci, ménageaient les allogènes et quelques-uns parmi eux, tels que Deák et Eötvös, sans rien abandonner des droits de la Couronne, étaient animés d'un réel esprit de tolérance. Un terrain d'entente ne parut pas impossible à trouver; les Slovaques proposèrent les bases d'une réconciliation durable dans le Memorandum que vota l'assemblée populaire de Saint-Martin (6 juin 1861) et dans la Pétition qui fut présentée à l'Empereur le 12 décembre.

Depuis 1848, ils avaient beaucoup rabattu de leurs prétentions et ils ne pensaient plus à transformer la Hongrie en un État fédéral. Ils reconnaissaient sans discussion l'unité du Royaume, insistaient sur la communauté des intérêts matériels et moraux des peuples de la Couronne qui devaient se rapprocher dans un semblable amour de la patrie commune et qui avaient reçu la mission « de défendre la civilisation occidentale contre les peuples barbares de l'est ». Cette allusion, assez obscure et vague, qui visait la Turquie, mais qu'il n'était pas impossible de tourner contre la Russie, avait été peut-être exigée par le clergé catholique qui, à la suite de l'archevêque Moyses, montrait à ce moment un zèle ardent pour la cause nationale ; les Slovaques tenaient d'ailleurs à répondre aux accusations de panslavisme dont ils étaient harassés et ils voulaient prouver nettement leur loyalisme.

Après avoir accepté sans réserves l'existence d'un Parlement qui réglerait les affaires générales de la monarchie, et la prééminence du magyar comme langue de l'administration centrale et de la diplomatie, ils demandaient simplement des garanties pour leur existence nationale. Les comtés slovaques, dont on remanierait les frontières de manière à grouper les populations de même origine, formeraient un Gouvernement (okoli) où le slovaque serait la langue administrative et juridique exclusive ; un certain nombre de Slovaques feraient partie du Tribunal suprême et des administrations supérieures. Les chartes et privilèges des *congrégations* laïques et ecclésiastiques seraient respectés ; les Slovaques recevraient les moyens de développer leurs écoles, ils auraient une faculté de droit et une chaire de littérature à l'université de Pest. — « Notre conscience nous dit, concluait le Memorandum du 6 juin, que nous autres, Slaves, nous sommes aussi bien une nation que les Magyars et, si l'égalité des droits et des libertés ne doit pas être une simple chimère, il s'ensuit que nos prérogatives ne doivent pas être inférieures à celles que possède n'importe quelle nation de la monarchie. Notre mot d'ordre est un État uni, constitutionnel et libre, et, pour toutes les nations qui l'habitent, liberté, égalité, fraternité. »

La condescendance intéressée de la diète de Pest n'avait jamais envisagé d'aussi vastes concessions et elle accueillit la pétition sans aménité. Le moment lui parut mal choisi pourtant pour donner carrière à ses colères, et la majorité eut assez d'esprit politique pour écouter les conseils des modérés. Eötvös, au nom du Comité à qui le Memorandum avait été renvoyé, en repoussant sans discussion la formation d'un territoire fermé slave qui eût été contraire, disait-il, à toute l'évolution historique du Royaume, se montra disposé à reconnaître les nationalités comme des personnes morales qui recevraient des droits égaux « et qui seraient en situation de poursuivre leurs intérêts nationaux dans les limites de l'unité politique du pays, sur la base de la liberté des personnes et des associations, sans aucune restriction ».

Bien qu'on fût évidemment encore fort loin d'un accord, l'idée d'une entente ne paraissait pas absurde, et, si la politique modérée de Eötvös eût triomphé, elle eût probablement apaisé la majorité de la population slovaque, qui redoutait une rupture. Malgré les progrès du parti national, elle ne suivait les meneurs que d'assez loin et elle ne demandait qu'à ne pas être brutalement troublée dans le courant de sa vie journalière. Pour le moment, elle n'était pas trop mécontente de son sort et considérait l'avenir avec une sérénité relative.

Au lendemain de la suppression de la Constitution de 1849, le comte Hartig célébrait avec enthousiasme le nouveau régime : « L'Empereur écoute, examine et ordonne; les sujets désirent, parlent et obéissent; voilà pour l'Autriche les seules règles de gouvernement applicables. » — Il résumait fidèlement la situation et, en dépit des apparences, elle n'a pas changé depuis : l'Empereur ordonne, les sujets obéissent. On se tromperait fort, du reste, à s'imaginer que ce régime de bon plaisir et d'arbitraire se traduit dans la pratique par la suite des desseins et l'unité des vues. L'histoire universelle nous prouve que l'incohérence et la versatilité que l'on regarde comme les tares ordinaires des démocraties, sont bien plus encore les péchés mignons de l'absolutisme, surtout quand la colère du ciel afflige les peuples de souverains tels que François-Joseph.

Les panégyristes, et ils sont légion, qui, avant la guerre, nous assourdissaient les oreilles des louanges de l'auguste Nestor, vigilant gardien de la paix de l'Europe, ne se sont pourtant pas risqués à prétendre qu'il ait jamais réfléchi sur la nature propre de sa monarchie et sur les conditions particulières qu'elle imposait à sa politique. Durant sa vie entière, il a erré à tâtons dans les ténèbres, et son talent s'est borné à changer de bâton quand il s'était trop lourdement heurté à quelque obstacle. Il dissimulait l'incertitude de ses desseins sous la raideur de ses attitudes, et ses volontés ont toujours été inflexibles, mais intermittentes. Les gens, qui, comme moi, se rappellent l'époque de Napoléon III, peuvent sans trop de peine se faire une idée de ce système, aboulique à la fois et tyrannique, qui courbait les peuples sous le joug d'une omnipotente et capricieuse fantaisie. Tous les matins, le monde se réveillait dans l'angoisse de l'idée saugrenue que la nuit aurait suggérée au César du 2 décembre. De même à Vienne, on vivait dans l'attente continue d'un coup de théâtre, je veux dire d'un coup d'État. — C'est ce que les journalistes de la *Neue Freie Presse*, bien parisiens, très attachés au régime, mais peu respectueux de nature, appelaient les coups du père François. Un professeur exprimait la même pensée, sous une forme plus philosophique, en disant que nulle part le raisonnement par induction n'était aussi décevant qu'en Autriche. — Les personnes qui approchaient l'Empereur savaient d'ailleurs que ses résolutions n'étaient pas exemptes de retour; battues, elles s'accrochaient à l'espoir d'une revanche et, dans le cas le moins favorable, paralysaient la marche des maîtres de l'heure. L'autorité était à la fois excessive et faible, et, au milieu de cette anarchie sultanesque, l'Empire périclitait et les haines locales s'envenimaient.

Avant 1859, Bach, omnipotent dans ses caprices et ses rancunes, avait été souvent singulièrement gêné dans l'exercice naturel de ses fonctions. Son départ marque le début d'une période plus confuse encore, qui fait le désespoir des historiens comme elle fit l'ahurissement des peuples. Dans la lutte des partis qui se disputent l'oreille du monarque, le pouvoir s'émiette et se déconsidère par ses volte-face et ses palinodies. Après Solférino, on avait d'abord paru retourner au dualisme en rendant en fait à la Hongrie son autonomie traditionnelle. Le diplôme du 20 octobre 1860 marque au contraire un pas vers le fédéralisme. Les Slaves radieux n'avaient pas encore éteint leurs lampions que la Patente du 26 février 1861 les rejeta dans le désespoir. On revenait au centralisme germanisateur et Schmerling chaussait les bottes de Bach. Par une de ces roueries enfantines qui ne trompent personne, il avait affublé le revenant d'un faux-nez parlementaire. Les Magyars étaient moins malléables alors que de nos jours : que le ministre leur imposât directement sa volonté ou qu'il la leur dictât par l'intermédiaire d'une Chambre où il s'était assuré une majorité docile, le résultat était toujours la ruine de leur indépendance. Ils refusèrent d'envoyer leurs députés au Reichsrat. — Qu'avaient-ils à craindre? Ils commençaient à connaître l'instabilité des vues de la cour et, depuis 1860, ils étaient redevenus les maîtres chez eux. Pour obliger le roi à capituler, il leur suffisait de se renfermer dans l'abstention.

En attendant un incident qui leur fournirait l'occasion de prendre l'offensive, ils ne désiraient pas pousser à bout leurs adversaires de l'intérieur. Les Slovaques jouirent de quelque répit. Les haines religieuses s'étaient apaisées; catholiques et protestants marchaient la main dans la main. De leur union sortit la *Matice* slovaque, une des institutions dont ils sont le plus fiers.

Le mot *Matice* est synonyme de matka, mère. Dans le langage courant, il a pris le sens de fondation, d'association qui rassemble de l'argent pour répandre l'instruction et élever le niveau moral et intellectuel du peuple. L'idée de ces fondations semble être née en Bohême où elle apparaît dans les cercles des patriotes tchèques sous Joseph II. Leurs projets, longtemps arrêtés par la réaction que provoqua la Révolution française, prirent une forme plus concrète après 1814; ils exigèrent encore une longue préparation et n'aboutirent qu'en 1831. Entre temps, quelques écrivains de Nový Sad avaient créé une Matice serbe qui eut son centre à Pest (1824); elle compta Miloš Obrénović parmi ses premiers adhérents et, malgré les difficultés que lui suscita sans cesse le gouvernement magyar, contribua heureusement à développer la littérature yougoslave.

Depuis lors, — et cet exemple prouve combien, en dépit de leurs dissensions locales, les Slaves sont dominés par un esprit général de solidarité commune, — les matice se sont répandues partout, chez les Polonais, les Croates, les Slovènes de Carniole, les Serbes de Lusace, etc. La plus prospère et la plus active de ces associations est la matice tchèque qui a publié quelques-unes des œuvres les plus célèbres de l'époque contemporaine, l'*Histoire de la littérature tchèque* de Jungmann, les 12 volumes de l'*Histoire de Prague* de Tomek et des revues telles que le *Journal du Musée bohême* et les *Monuments archéologiques*, mine inappréciable de documents et de textes.

Les Slovaques sollicitaient depuis dix ans l'autorisation de fonder une compagnie analogue. En 1861, ils saisirent le moment favorable pour en jeter les bases, lors de la grande réunion populaire de Saint-Martin (1861); les statuts furent approuvés par l'Empereur et, malgré les tracasseries des Magyars, la société fut inaugurée en 1863, au milieu d'un enthousiasme universel. La matice avait pour but de développer l'idée nationale dans le peuple, de favoriser la littérature et l'art slovaques en publiant des livres et en distribuant des prix, de fonder des bibliothèques, de recueillir les antiquités régionales. Elle eut son centre à Saint-Martin où elle ouvrit un musée qu'enrichit rapidement la générosité des patriotes.

Son activité fut intelligente et féconde; ses *Annales* mirent au jour de très importants documents; elle publia des recueils de chansons populaires, de proverbes et de contes, des livres scolaires, des manuels d'agriculture. Parmi ses premiers fondateurs se trouvaient l'évêque catholique, Moyses, et le surintendant luthérien, Charles Kuzmany; à leur exemple, elle travailla à écarter les préjugés confessionnels et à répandre l'esprit d'union et de sacrifice. Autour d'elle se groupèrent plus de cinq mille adhérents et son capital s'éleva à près de 200 000 francs. Ces chiffres semblent modestes, depuis surtout que la guerre actuelle nous a habitués à ne plus compter que par milliards. Que de sacrifices cependant ils supposent et quel esprit de dévouement chez des cultivateurs dont beaucoup ne savaient peut-être pas lire et qui se privaient de pain et de tabac pour préparer aux générations futures un avenir meilleur!

La Renaissance slave est surtout admirable par son caractère démocratique; elle est sortie des rangs du peuple et elle ne s'est développée que par l'effort persévérant des humbles et des pauvres. La noblesse était indifférente ou hostile; la bourgeoisie, docile aux influences étrangères; l'idée nationale n'a trouvé d'appui que dans les classes inférieures, les paysans, les petits artisans des villes, les instituteurs, les curés de campagne; il leur a fallu tout créer de leur propre substance, enfanter dans les souffrances une *Intelligence*, conquérir la richesse à la force du poignet, et tout ce travail prodigieux a été accompli sous les yeux d'un gouvernement hostile, au milieu des persécutions les plus mesquines. *Národ Sobĕ*, le peuple à lui-même, lit-on au frontispice du magnifique théâtre tchèque de Prague. — J'aime à rappeler cette inscription, parce qu'elle résume vraiment les luttes et le triomphe d'une glorieuse époque. — « Je salue les chercheurs qui s'illustreront dans les universités de la Grande Serbie délivrée, écrivait Metchnikoff il y a quelques mois, la veille de sa mort. Puissent-ils se souvenir à leur tour de cette armée de paysans qui s'est fait décimer pour leur conquérir le droit à la vie, pour émanciper leur génie. Les plus belles découvertes de la science sont des fleurs qui s'épanouissent sur la tombe des héros inconnus. » — Au même titre que les soldats qui succombent sur le champ de bataille, ils ont droit à notre souvenir, ces souscripteurs ignorés qui, en économisant sur leurs maigres salaires, ont préparé l'affranchissement de la race et l'inauguration d'une ère de liberté universelle. Ils maintenaient la tradition des grands libérateurs qui s'étaient appelés Hus et Komensky et qui avaient illuminé le monde de la flamme émancipatrice du Christianisme reconquis.

Jamais la situation n'avait paru plus favorable. Le clergé catholique encourageait le mouvement national : les évêques nommaient des professeurs slovaques dans les séminaires; trois lycées s'ouvraient; le ministère introduisait le slovaque dans le gymnase de Presbourg. Tous ces espoirs furent brutalement fauchés par le Compromis de 1867 qui livra pieds et poings liés les allogènes de Hongrie à la tyrannie magyare. Avec lui commence le plus douloureux chapitre de leur martyrologe.

# CHAPITRE VI

## LE DUALISME

Le Compromis de 1867. — La loi sur les nationalités (1868). — Koloman Tisza. La fusion. — Allogènes et Magyars. — Le régime électoral. — Les libertés publiques. — L'Église. — La vie privée. — Les écoles.


Après la défaite de Kœniggraetz et le traité de Prague (1866) qui fondèrent l'hégémonie prussienne en excluant l'Autriche de l'Allemagne, François-Joseph reçut du Saint-Esprit l'ordre d'appeler au pouvoir, pour remettre à flot son navire désemparé, un ministre saxon, Beust. L'inspiration céleste est ici manifeste, parce que le choix de l'Empereur ne saurait évidemment s'expliquer par aucune raison humaine. — Beust n'était connu jusque-là que par ses imprudences et ses malheurs. Il se jeta tête basse dans l'imbroglio autrichien, comme un étourneau qu'il était, et les vieux routiers Deák et Andrassy n'en firent qu'une bouchée. Il leur accorda tout ce qu'ils demandaient, sans discussion ; il n'avait qu'une idée en tête, préparer sa revanche sur Bismarck et il ne se doutait pas que les Magyars ne lui permettraient jamais de partir en guerre contre l'Allemagne.

Le résultat concret du dualisme se résume dans la phrase célèbre de Beust : gardez vos hordes, nous

garderons les nôtres. — Les Allemands de Cisleithanie se chargeraient de mater les Tchèques, tandis
que les Magyars colleraient au mur les Slovaques et
les Serbes.

Les vainqueurs eurent la prudence de ne pas
précipiter les événements, laissèrent se calmer les
inquiétudes qu'avait provoquées le Compromis, votè-
rent une loi sur les nationalités (1868), — inquiétante
dans ses tendances générales, puisqu'en proclamant
le magyar comme langue d'État unique, elle lui donnait une situation prépondérante et n'accordait aux
autres dialectes qu'une tolérance précaire ; — assez
libérale malgré tout en apparence, puisqu'elle garan-
tissait aux diverses nationalités des droits relativement étendus dans le domaine de la justice, de
l'administration locale, de l'école et de l'église.

Au Parlement, l'écho des évangéliques professions
de foi n'était pas encore éteint, où les radicaux
avaient rivalisé de douceur et de générosité avec les
modérés de l'école de Deák. — « Nous voulons, avait
alors déclaré Koloman Tisza, le futur entraîneur de
la meute chauvine, que, de même qu'il n'y a chez
nous aucune classe privilégiée, il n'y ait aussi aucune
nation privilégiée ; ce qui, dans nos lois, est contraire
à l'égalité, nous voulons le supprimer. » — Tréfort,
qui, plus tard, ministre de l'Instruction publique,
s'est acquis une fâcheuse renommée par son zèle
persécuteur, renchérissait : « L'idée de la toute-puis-
sance de l'État est en grande partie la source des
difficultés politiques de l'Europe actuelle. Les
apôtres de cette doctrine ont pratiqué dans notre
pays leur expérience impitoyable et il est difficile de
dire si leur action est caractérisée davantage par
l'absence de sens moral et juridique ou par la maladresse politique... L'oppression des nationalités et la
liberté sont incompatibles. Dans les régions où la

population est mixte, il est vain de songer à constituer des États sur une base nationale. Je veux que
l'on respecte le développement intime des nationalités, au même titre que la religion, dans laquelle
l'État n'a pas le droit d'intervenir. » (22 mai 1861.)
— Il est toujours amusant de prendre les Magyars
en flagrant délit de réticence mentale.

L'adresse présentée à l'Empereur semblait plus
précise : « Nous n'oublierons pas que les habitants
de langue non magyare sont, au même titre que les
Magyars, citoyens de l'État. Nous voulons leur
assurer par la loi, dans un esprit de sincère bienveil-
lance, ce qu'exigent leurs intérêts et l'intérêt de la
Patrie. » Cette formule avait été récemment reprise
par le Parlement (26 février 1866). Deák était un
légiste de profession, et tous ses concitoyens se
piquent d'être juristes; ils sont experts dans l'art de
rédiger des contrats et d'y introduire des clauses dont
l'apparente rigidité laisse la porte ouverte à toutes
les reprises. La réserve anodine qui couronnait leurs
promesses, — l'intérêt de la Patrie, — annulait leurs
engagements et ils comptaient bien en dégager le
sens, quand l'heure aurait sonné. Donner et retenir
ne vaut, dit le vieil adage romain, mais personne
n'ignore que les Latins ont fini leur temps, et les
Magyars, comme leurs alliés, les Allemands, ont doté
le monde d'une morale perfectionnée.

Pour le moment, ils avaient beaucoup d'affaires
sur les bras : régler la question croate, rétablir leur
autorité dans la Transilvanie qui depuis vingt ans
était séparée de la Couronne, réorganiser l'administration, remettre quelque ordre dans les finances,
surtout convertir les radicaux qui n'abjuraient pas
leur haine contre Vienne et n'étaient pas satisfaits
des concessions énormes que leur apportait le Compromis. L'œuvre de préparation fut terminée en

1875, quand Koloman Tisza, au moment de la *fusion*, amena au pouvoir « la petite noblesse, qui est en Hongrie le noyau de la nationalité magyare, le véritable ferment de la vie politique et la classe sociale la plus influente... En se ralliant au régime du Compromis, elle lui donna la vraie consécration magyare; elle le *nationalisa* dans tous les sens du terme » (Eisenmann, *Histoire générale*). Tous les obstacles qui jusqu'alors avaient affaibli l'action des Magyars avaient disparu; Andrassy était chancelier de l'Empire, la Cisleithanie était absorbée par ses querelles intérieures; François-Joseph s'était réconcilié avec le nouveau système, séduit par l'appui que Pest prêtait à sa politique balkanique. Koloman Tisza garda le pouvoir quinze ans et, après lui, son parti demeura le maître incontesté du Parlement jusqu'en 1905. Le temps ne lui manqua pas pour accomplir ses desseins.

Koloman Tisza avait l'esprit court et la volonté rigide; il savait nettement ce qu'il voulait et ne s'embarrassait pas de scrupules quand il s'agissait d'arriver au but. Il menait son parti à la cravache; ils ne ruaient pas sous le fouet, parce qu'il les conduisait où les poussaient leurs appétits.

« La Hongrie, a dit un industriel autrichien, c'est un millier de personnes. » — Un correspondant de la *Gazette de Francfort*, d'ailleurs bien disposé pour les Magyars, écrit de son côté : « L'État hongrois se résume dans un groupe de tout au plus deux mille familles, avec leur clientèle d'hommes d'affaires, de journalistes et d'avocats. »

Les statistiques nous enseignent que, dans le Royaume, la petite propriété représente 13 millions d'hectares et la moyenne 6 millions; les grands domaines n'occupent que 12 millions. Seulement, on entend par petite propriété les exploitations de 100 hectares (dix ou quinze fois plus qu'en France) et on n'est classé parmi les grands propriétaires qu'au-dessus de 1 000 hectares. En réalité, le trait caractéristique de la constitution sociale en Hongrie, c'est la prédominance absolue de la grande et de la très grande propriété. Certains seigneurs possèdent 100 000 hectares; les propriétaires de plus de 50 000 hectares ne sont pas très rares. Les domaines du prince Esterhazy, du margrave Pallavicini, des familles Karolyi, Andrassy, Batthyany, etc. sont de petites principautés. Non pas que ces seigneurs soient immensément riches : beaucoup de ces domaines ont été négligés pendant longtemps; leurs maîtres sont chargés de dettes, rongés par l'usure, mangés par les juifs. Ils n'en conservent pas moins une large influence qu'ils ont héritée du passé, mais qui risquerait vite de s'effondrer s'ils n'avaient l'appui de la Cour et du Pouvoir. Ils aiment la politique par atavisme, par éducation, par habitude et par intérêt. Beaucoup sont mêlés à des entreprises industrielles, à des sociétés financières, qui récompensent royalement les services qu'ils leur rendent près des ministres. Nulle part, les affaires et la vie publique ne sont aussi étroitement confondues, et, par besoin non moins que par orgueil, la haute aristocratie magyare ne saurait abandonner à d'autres la direction du gouvernement.

Comme jadis la sljachta polonaise autour des magnats, la petite noblesse se groupe sous l'ombre grasse de ces primats. Très nombreuse, sa condition économique était déjà mauvaise à la veille de la révolution de 1848, qui acheva sa ruine. Les indemnités que payèrent les paysans pour le rachat des servitudes féodales furent considérables, mais elles allèrent surtout aux riches familles; de plus, ils ne s'acquittèrent que par acomptes, fort lentement. En attendant, les nobles furent forcés de vivre d'expédients et d'emprunts. Leurs anciens serfs refusaient de travailler sur leurs domaines; la main-d'œuvre était rare et relativement chère; la concurrence américaine avilissait les prix. Depuis des siècles, le gentilhomme terrien avait perdu le goût et l'habitude du travail; il avait la passion de la dépense et du luxe. « Le Hongrois est pauvre, mais il vit bien », dit le proverbe. L'existence de la pouszta est monotone : les routes mauvaises et rares rendent les communications difficiles; isolés au milieu des paysans qu'ils méprisent et dont bien souvent ils ne comprennent pas la langue, talonnés par le souci des échéances, dédaigneux de l'agriculture, ignorants et incapables de vie intérieure, la seule distraction de ces hussards en détresse était l'agitation électorale avec ses réunions bruyantes, les coups de main et les tumultueux banquets qu'elles supposaient.

C'est dans les rangs nombreux de cette aristocratie déliquescente que les grands seigneurs trouvaient leurs courtiers et leurs matadors, la tribu famélique et bruyante des célèbres *Kortesz*. « Il est dans le sang de la nation hongroise, remarque Maylath, qu'en dehors du service public, de l'état ecclésiastique et des professions libérales, elle n'admette que la culture de son domaine paternel. » Dans la plupart des pays, la noblesse a toujours considéré le travail manuel et même le commerce et l'industrie comme une dérogation. Les nobles Magyars poussent cette aversion jusqu'à l'extravagance. Le royaume était submergé par une nuée de sauterelles qui demandaient à l'État des moyens de subsistance et, pour se maintenir, les grands seigneurs étaient tenus de rassasier leur turbulente clientèle. Naturellement, le butin aurait été terriblement réduit si la loi qui proclamait l'égalité de tous les citoyens, à quelque race

qu'ils appartinssent, avait été loyalement appliquée.
La question politique se compliquait ainsi d'une
question sociale. Les Magyars, en s'efforçant de supprimer les Slaves, obéissaient à la fois aux sugges-
tions de leur superbe qui n'admettait pas le partage
de l'autorité avec les tribus inférieures et aux insti-
gations de la misère qui les harcelait.

La lutte d'ailleurs flattait en eux les goûts
qu'avaient développés des siècles de domination et
d'intrigue. Les moins malveillants leur reprochent
leur esprit de fourberie, l'extrême plaisir qu'ils prennent aux *combinaisons*, l'habitude des coteries et la
violence qu'ils apportent dans les querelles des partis,
qui sont le plus souvent moins séparés par des différences de principes que par des haines personnelles.
De son ancienne vie d'aventures et de razzias, le
Magyar a gardé aussi l'amour du risque et la passion
du jeu. On joue sans doute dans tous les grandes
villes du monde; je crois bien cependant que nulle
part les parties ne sont aussi folles et les parieurs
aussi enragés que dans certains cercles de Budapest;
nulle part la spéculation n'est aussi générale et aussi
formidable. — Tous les sens du Magyar s'exaltent et
jouissent quand il manœuvre une élection et qu'il
parvient, contre toutes les vraisemblances, à faire
triompher le candidat du gouvernement dans un
district où les neuf dixièmes des habitants sont
hors d'état même d'en prononcer correctement le
nom.

Au moment du Compromis, la Hongrie comptait
environ 11 millions d'habitants — 2 millions de Slovaques, 600 000 Yougoslaves (en dehors de la Croatie),
1 500 000 Allemands, à peu près autant de Roumains
et moins de 5 millions de Magyars. — Les Magyars
représentaient donc à peu près 45 p. 100 de la population totale. Depuis lors, la proportion s'est relevée

en leur faveur et, d'après les plus récentes évaluations, ils formeraient un peu plus de la moitié des habitants. Progrès assez difficile à expliquer, puisque la natalité chez eux est inférieure à celle des autres races ; il est vrai que des défections se produisent çà et là parmi les allogènes, dont l'émigration en Amérique éclaircit encore les rangs. Malgré cela, les statistiques officielles de Budapest sont extraordinairement suspectes et elles ne semblent guère confirmées par les observations des voyageurs. Winkler, qui a longtemps parcouru le pays, note que, même en plein Alfœld, les îlots slaves ne se magyarisent pas. « Dès qu'on voit les choses de près, écrit-il, on aperçoit le néant des paperasses ministérielles et, mieux que personne, les administrateurs savent ce que cachent les fanfares de leurs chefs. »

C'est, en effet, que la civilisation magyare n'a absolument rien qui puisse exercer le moindre attrait sur ceux qu'elle veut assimiler. Les progrès dont font étalage les journaux ministériels, sont ainsi de pure façade, « sauvages qui se parent d'un frac et d'un cylindre, mais n'ont ni chemise ni culotte ». Même à Budapest, si l'on s'éloigne des quartiers de parade où s'entassent de gigantesques monuments du meilleur goût germanique, on patauge le soir dans la boue au milieu d'une impénétrable obscurité et on court à chaque pas le risque de tomber dans les fossés. A la campagne, on a l'impression de revenir à l'époque d'Arpad. Les Magyars ont plein la bouche du développement de leur industrie ; entrez dans une de ces fabriques fin de siècle : les ouvriers sont slovaques, le contremaître est allemand et le propriétaire est juif, ce qui ne l'empêche pas d'ailleurs de déployer un zèle fanatique pour l'extension de la langue magyare. « On est étonné, conclut Winkler (*Skizzen aus dem Vœlkerleben*), de constater à quel point l'élément proprement magyar a été peu touché par le mouvement économique actuel. »

Il faudrait pourtant que la supériorité des Magyars fût énorme pour qu'ils réussissent à triompher de l'antipathie invincible que leur langue inspire à leurs voisins. Non pas que je veuille en nier les beautés, mais elle est trop éloignée et différente. Nulle part au monde, je ne me souviens d'avoir éprouvé une sensation d'isolement aussi complet et aussi pénible qu'à Budapest, au moment de mon premier voyage : pas une racine familière, pas un mot déjà vu; rien à quoi la mémoire puisse se raccrocher et qui facilite le premier contact. Le dialecte ougro-finnois, qui se rattache au groupe altaïque et qui, par sa construction et son vocabulaire, est absolument distinct des langues indo-européennes, déconcerte toutes les habitudes et décourage les meilleures volontés. De là, en partie, son impuissance presque absolue de pénétration. On est frappé, dès qu'on sort du Royaume, de la brusquerie avec laquelle il disparaît : nulle part de zone de transition, de ces *dégradations* qui s'expliquent par le voisinage, la parenté.

« Quand ils parlent d'assimiler leurs allogènes, écrit un Russe, les Magyars rappellent la fameuse grenouille de La Fontaine ; on dirait un rocher qui voudrait absorber la mer. » — Chacun des groupes auxquels s'attaque leur imprudente mégalomanie s'appuie au dehors sur une nation populeuse, animée d'une vie intellectuelle et morale intense, soutenue par les souvenirs d'un passé illustre. Ils sont encerclés par une coalition d'adversaires qui, en contact continu les uns avec les autres et libres ainsi de combiner leurs efforts, sont encouragés dans le combat et réconfortés dans leurs défaites momentanées par le secours latent d'inépuisables réserves. — Dans ces conditions, quelque génie d'organisation

que l'on prête aux Magyars et quelque favorables que
parussent les circonstances, leur entreprise était une
évidente folie et, s'ils ne s'arrêtaient pas à temps, elle
devait les acculer à une catastrophe. Le seul mérite
— si c'en est un — des hommes qui tinrent cette
gageure contre le sens commun, est d'avoir aperçu
tout de suite qu'il s'agissait d'un combat à vie et à
mort et d'avoir sans hésitation dépouillé les scrupules de moralité et de droit qui auraient gêné leur
stratégie.

** **

La loi relativement libérale de 1868 sur les nationalités n'avait été votée par le Parlement de Budapest
que sous le bénéfice d'un préambule qui en atténuait
singulièrement la valeur.

« Suivant les principes fondamentaux de la Constitution, disait ce singulier exorde d'un bill de tolérance et de réconciliation, tous les habitants du
Royaume forment, au point de vue politique, un
seul peuple, le peuple hongrois, un et indivisible;
chaque habitant, à quelque nationalité qu'il appar-
tienne, est au même titre un citoyen de ce peuple et
jouit des mêmes droits. Cette égalité de droits qui
s'applique à l'usage officiel des diverses langues
usitées dans le pays ne peut être soumise à des
prescriptions spéciales qu'autant que l'exigent l'unité
du pays, les nécessités pratiques du gouvernement
et de l'administration et les convenances de la
justice. »

Le Parlement mettait ainsi au premier plan l'unité
de l'État et lui subordonnait les autres articles de la
Constitution; cette recherche de l'unité, à tout prix
et par tous les moyens, n'a jamais cessé d'être la
pensée dominante des Diètes, des partis et des

ministres sans exception. La différence des caractères s'est manifestée par les formes extérieures ; les paroles ont été quelquefois plus âpres et plus hargneuses, quelquefois plus enveloppées et moins provocantes ; l'idée fondamentale n'a jamais varié. On constate seulement qu'à mesure que les Magyars établissent plus solidement leur influence dans la monarchie dualiste et que la résistance indomptable des opprimés leur prouve l'absurdité de la tâche qu'ils se sont assignée, leur impatience s'exaspère, leurs déclarations deviennent plus acerbes et leurs résolutions plus implacables.

Il serait facile — et il ne serait pas inutile — de colliger une anthologie de la presse et de l'éloquence magyares qui prendrait naturellement sa place à côté de la collection des textes pangermaniques que nous devons à M. Andler. Comme en Allemagne, l'infection s'étend rapidement et finit par contaminer tout le corps social. En 1887, un député, Louis Mocsary, eut le courage de s'élever contre les pratiques de l'administration : « Le gouvernement, dit-il, connaît la redoutable puissance du mouvement chauvin et il n'ose pas lui résister... Comment s'étonner dès lors que personne n'hésite à violer la loi et à en abuser?... La loi de 1868 n'existe que sur le papier et aucune de ses clauses n'est observée. » — Ce fut un tolle universel. Le ministre haussa les épaules : « Vos paroles ne sauraient inspirer qu'une dédaigneuse commisération »; le groupe que présidait jusqu'alors le dangereux trouble-fête vota à l'unanimité un blâme contre lui; devant le soulèvement général, Mocsary fut obligé de donner sa démission et ne reparut plus sur la scène publique. Son naufrage a servi d'exemple et, depuis lors, il ne s'est plus trouvé parmi les Magyars un seul juste pour avertir ses compatriotes et leur signaler l'abîme où ils couraient.

Pour se tailler un succès à la Chambre, il suffit de la plus basse parade et les applaudissements crépitent et se prolongent dès que l'orateur fait appel aux sentiments d'intolérance et de haine. Le 10 janvier 1890, l'assemblée salue avec enthousiasme un pitoyable discours du député Bekšič, un renégat, comme tant de séides de Tisza, parce qu'il allume quelques feux de bengale devant le ministre qui a donné une impulsion nouvelle à la lutte contre les allogènes : « La volonté de transformer en un *État national* l'État historique hongrois est une vieille tradition de notre politique. Cet effort s'est de nouveau manifesté par l'activité remarquable et par les succès non moins remarquables du gouvernement actuel. »

La presse et la chaire font chorus. Dans les assemblées provinciales et jusque dans les synodes, les braillards donnent de la voix. C'est un tutti étourdissant, qui achève de détraquer les cervelles. « Si nous voulons vivre, dit à ses électeurs le sous-gouverneur du comté de Banska-Bystrica (1879), il faut nous accroître et nous fortifier par l'assimilation d'éléments étrangers... Peut-il y avoir de plus belle mission que d'organiser l'école de telle sorte que, par l'instruction, les éléments étrangers se magyarisent et qu'ainsi l'élément slovaque, même si la grande masse du peuple demeure slovaque, s'incorpore à nous par son intelligence devenue magyare. L'école magyare est une machine puissante : à une extrémité, on y jette par centaines des enfants slovaques ; à l'autre extrémité, elle nous rend des Magyars. » Que de pareilles paroles aient été prononcées au cœur de la Slovaquie, dans une région où il n'y a pas de Magyars, rien ne révèle mieux le vertige qui troublait la vue des étatistes hongrois.

L'inspecteur général de l'Église protestante, le baron Pronay, n'est pas moins étonnant (9 mars 1883) :

« C'est une suite fatale de notre condition que nous devons *favoriser le magyar à tout prix*, répandre l'esprit magyar et l'amour de la patrie commune. Rappelons-nous l'adage romain : Là où la médecine ne réussit pas, il convient de recourir au fer et, si le fer ne suffit pas, employer le feu. » (Applaudissements enthousiastes, note le procès-verbal de l'assemblée.) — Au milieu de ces enragés, un certain Grünvald se distingue par ses calomnies et ses diatribes; c'était un métis d'Allemand et de Slovaque, et il finit par venir se suicider à Paris. — Il faut au plus vite et par tous les moyens magyariser ces races qui « ne s'appuient sur aucune littérature de quelque importance, ne sauraient tirer d'elles-mêmes la substance de leur développement intellectuel et ne peuvent être élevées que par nous à une condition supérieure... ». « Si le Magyar n'est pas en état d'étendre sa nationalité au moins jusqu'à la frontière géographique du royaume, on peut presque calculer l'heure où il va disparaître. » — « Ou la Hongrie deviendra un grand État national, avait déjà dit Bekšic, ou elle cessera d'exister comme État. » C'était le programme du président du Conseil Koloman Tisza, qui répondait aux protestations du Serbe Miletič et du Slovaque Pauliny par sa célèbre menace : « L'État magyar est assez fort pour broyer les hommes qui traîtreusement s'attachent à son corps. » Les Roumains et les Slaves répondirent en quittant la salle et Miletič, en sortant, jeta à ses adversaires ce cri de menace : « Messieurs les Magyars, hodie mihi; cras tibi. »

*Koho Pán Bôh chce potrestat*, dit le proverbe slovaque, *potresce ho na rozumě*. Qui Dieu veut punir, il le punit dans sa raison. — Les aboyeurs s'entraînent et s'excitent mutuellement, enflent la voix pour mériter les applaudissements et étouffer leurs rivaux.

A partir de 1905 surtout, après la débâcle du parti libéral, pris de vertige, ils perdent toute mesure; parmi les factions qui se disputent les profits du pouvoir et qui cachent mal sous les oripeaux troués de leurs fastueux programmes la misère de leurs appétits, c'est à qui se distinguera dans cet hallali enragé. « L'État de droit est le but, déclare le ministre Banffy, qui détient le record dans l'art de fausser les élections, nous nous en occuperons quand nous aurons établi sur des bases solides l'État national... *Les intérêts de la Hongrie exigent que l'État national soit fondé sur les bases du chauvinisme le plus intransigeant* » (11 juillet 1906); et l'année suivante : « La question des nationalités ne peut pas être réglée de façon pacifique. Vous désirez un État polyglotte, où toutes les nationalités jouiraient des mêmes droits; nous désirons l'unité de l'État magyar. Toute entente entre nous est impossible » (31 octobre 1907). Szell, qui a la réputation d'être un modéré, vient à la rescousse : « Ce pays doit être protégé et maintenu comme. État magyar. » (21 juin 1908.)

Le programme de centralisation à outrance a été définitivement formulé dans un discours célèbre du président actuel du conseil, Étienne Tisza, le fils et le digne héritier de l'homme qui a fondé la Hongrie contemporaine. Il conserve, en les exagérant, les convictions et les procédés de son père; sûr de lui, inflexible et retors, dominant son parti par son intégrité personnelle et son indomptable courage, il incarne dans toute leur intransigeance les haines farouches et l'orgueil exaspéré de sa tribu.

Assez intelligent pour comprendre la gravité des dangers que crée la politique d'oppression, trop orgueilleux et trop violent pour y renoncer ou pour l'atténuer, gâté par les complaisances de la fortune et la constance d'un bonheur qui se maintient dans

sa maison depuis près d'un demi-siècle, corrompu
jusqu'à la moelle par la longue pratique d'un régime
de fraude et de vénalité, épris de la force, aveuglé
par la superstition de la grandeur de sa race et ne
connaissant pas d'autre foi, sans peur et sans scrupules, il n'apportait pas au gouvernement les qualités
d'un homme d'État, mais le tempérament d'un joueur
qui, en face d'une situation désespérée, risque son
va-tout. En lui se réunissaient le fatalisme du calvi-
niste de vieille souche, l'audace incalculée du cava-
lier nomade que rien n'attache au sol et pour qui la
vie a moins de prix que l'aventure, et l'entêtement
du juriste qui, familier avec les détours du code, sait
qu'aucune cause n'est perdue entre les mains d'un
avocat retors. Il nous donne par moments l'impression qu'il se soucie moins d'un succès qu'il sait
paradoxal que d'un suicide dramatique au milieu des
éclairs.

Amis et ennemis sentaient qu'avec lui aucune conciliation n'était possible et que son arrivée aux affaires
était le prologue d'un conflit décisif. « Nos compatriotes d'une autre langue, disait-il le 12 juillet 1910,
doivent d'abord accepter l'idée qu'ils appartiennent
à un État national, à un État qui n'est pas l'assemblage de races diverses, mais qui a été conquis, qui
a été fondé par une seule nation, et à qui cette nation
a imprimé la marque indélébile de son originalité.
*L'unité nationale de l'État national magyar*, voilà la
limite que nous n'abandonnerons pas d'un pouce, le
rocher contre lequel se briseront les têtes de ceux
qui tenteront de le renverser... Aucune politique
nationale n'est possible, si, dans le domaine de la
police et du code, nous ne fortifions et n'étendons
les pouvoirs de l'État magyar en face des agitateurs.

« Je suis tout prêt à conclure un accord avec mes
concitoyens non magyars, *je n'accepterai jamais de*

*compromis avec des nationalités.* (Applaudissements enthousiastes.)

« En face de vous, nationaux, qui avez entretenu une agitation antipatriotique,... *si nous nous étions montrés scrupuleux dans les moyens, nous aurions été des sots et nous n'aurions pas rempli nos devoirs envers la patrie.* » (Acclamations.)

Le programme d'Étienne Tisza était celui qu'avaient toujours suivi les Magyars depuis 1790 ; il lui donnait seulement une expression plus ardente et il comptait imprimer aux événements un cours plus impétueux. C'est une loi physique que le mouvement s'accélère à mesure que la chute se prolonge.

*<br>* *

L'idée directrice posée, il est incontestable que les Magyars montrèrent à la réaliser autant de constance que d'ingéniosité. Leur arme principale fut la loi électorale. Pour que la politique de centralisation fût sérieusement poursuivie, la condition préalable était, en effet, d'exclure du Parlement les nationalités qui, sous un régime raisonnable, auraient dû y avoir la majorité. OEuvre scabreuse, qui fut menée à bien avec une incomparable maestria.

La loi de 1874, sous le régime de laquelle a été élu le Parlement qui siège encore à Budapest, est probablement la plus extraordinaire que le monde ait connue ; même la loi des trois classes en Prusse est moins étrange et moins fallacieuse. C'est la plus savante synthèse de bizarreries et d'iniquités qu'ait jamais pu inventer l'imagination de juristes, inépuisables en expédients.

*Inégalité des circonscriptions.* — Dans les régions non magyares, la moyenne des circonscriptions compte 15 000 électeurs; certaines circonscriptions magyares en ont moins de 200. D'une manière générale, la voix d'un électeur magyar pèse cent fois plus que celle de son concitoyen serbe ou slovaque. En 1901, un tiers des députés ont été élus par moins de 100 voix; 11 seulement sur 414 ont recueilli plus de 2 000 suffrages. — Si, une demi-heure après l'ouverture du bureau, le président n'a reçu l'avis que d'une seule candidature, le scrutin est clos. En 1906, où la lutte des partis fut extrêmement vive, il y eut plus de cent élections non contestées. Bien entendu, le gouvernement dispose à son gré de ces bourgs pourris, qu'il répartit entre ses serviteurs les plus sûrs.

*Géographie électorale.* — Le ministère fixe à son gré les limites des circonscriptions, et les fantaisies que se permettaient en pareille matière les préfets de Napoléon III sont tout à fait anodines en présence des mirifiques inventions hongroises. Quelquefois, les circonscriptions s'allongent sur une centaine de kilomètres; ailleurs elles prennent une forme serpentine; une circonscription est coupée en deux par une autre. Les précautions les plus minutieuses sont prises pour empêcher les électeurs de se rapprocher et de s'entendre.

Cette géométrie électorale rend des services d'autant plus appréciables qu'il n'y a qu'un seul bureau de vote par circonscription. Ce bureau est toujours placé dans un centre magyar, souvent dans un coin perdu du district, quelquefois à 20 kilomètres de la station la plus rapprochée. On fixe l'élection en hiver, quand les chaussées sont impraticables, ou à l'époque des travaux agricoles les plus urgents, pour écarter les paysans. Les Slovaques sont têtus et ils ne se découragent pas vite, mais les Magyars sont ingénieux : ici, le préfet s'avise qu'un pont menace de s'écrouler et en interdit le passage; ailleurs, le vétérinaire s'apitoie sur le mauvais état des chevaux et prescrit aux propriétaires de les laisser à l'écurie. Ils n'en retrouvent la libre disposition que le lendemain de la victoire du candidat officiel.

*Franchise électorale.* — Le droit de suffrage est attaché à des conditions d'une savante complication. La loi commence par conserver leur prérogative aux anciens électeurs — qui, en très grande majorité, étaient des nobles magyars. Pour les autres, la capacité électorale est liée au cens, aux contributions, à l'instruction et à la famille. Les règles varient de région à région, presque de commune à commune, si bien que toutes les interprétations sont possibles et que la voie est ouverte aux illégalités les plus abusives. Un avocat de moyenne expérience n'a aucune difficulté sérieuse à faire inscrire n'importe qui sur la liste électorale ou à l'en faire rayer. L'administration établit seule les listes : on a le droit d'en appeler de ses décisions, mais les formalités sont longues et coûteuses et l'appel n'est pas suspensif, de sorte qu'en fait, la volonté du préfet et de ses agents est souveraine.

Le président du bureau de vote, qui est un agent officiel, dispose d'un pouvoir discrétionnaire. Le vote est public et oral. Ne peuvent être élus que les citoyens qui possèdent complètement la langue magyare. — « Au point de vue moral, écrivait en 1894 un journaliste magyar, notre système électoral ne saurait être défendu. Qu'y faire? C'est un mal nécessaire; avec un système correct, au moins un tiers des députés appartiendrait aux allogènes. »

*
**

Il eût été évidemment plus simple — et moins scandaleux — de faire désigner les députés par le ministère ; seulement les Magyars avaient besoin des sympathies de l'Europe et ils spéculaient sur son ignorance. On montrait aux voyageurs le somptueux palais du Parlement ; les journaux racontaient que dans ces salles luxueuses, on échangeait des injures, des coups de poing et parfois même des coups de revolver. Preuve indéniable de l'épanouissement d'une ardente vie constitutionnelle ! Les feuilles croates et tchèques qui essayaient de faire la lumière, n'avaient guère de lecteurs ; les protestations des Roumains n'étaient pas beaucoup plus écoutées, parce qu'elles étaient trop intermittentes et trop peu systématiques. Quand cependant un scandale trop retentissant émouvait la presse occidentale, les Magyars mettaient la main sur leur cœur, rappelaient la *Bulle d'Or*, qui prouvait qu'ils avaient les mêmes droits que l'Angleterre à se regarder comme les inventeurs du régime parlementaire, invoquaient leurs prétendues sympathies pour la France : N'étaient-ils pas les Chevaliers de l'Europe orientale ? La Providence leur avait réservé la mission d'introduire les principes modernes parmi les sauvages des Karpates. Par habitude, par paresse — quelquefois pour des raisons plus *valables*, — on les croyait sur parole et on leur ouvrait un nouveau crédit de confiance. — Heureux qui s'est acquis une bonne renommée et qui sait en tirer un honnête profit ! Depuis 1848, les Magyars ont vécu sur la réputation que leur avaient faite quelques vieux républicains qui ne connaissaient pas le premier mot de la situation et qui avaient créé de toutes pièces une légende dorée. Est-il sûr que même aujourd'hui le nimbe soit tout à fait dissipé ?

Le mérite d'avoir arraché son masque à l'hypocrisie magyare et d'avoir souffleté leur tartuferie, appartient à un jeune journaliste anglais, M. Seton-Watson, qui, en 1908, publia sous le pseudonyme de Scotus

Viator, un volume retentissant : *Racial Problems in Hungary*, qu'il est regrettable qui n'ait pas été aussitôt traduit en français. Plusieurs autres ouvrages suivirent rapidement, dont le plus connu est : *The Southern Slav question* (1911). Les ouvrages de M. Seton-Watson reposent sur une étude directe des documents et sur une observation immédiate des faits. Les Magyars, épouvantés par des révélations qui ruinaient leur réputation bien établie de libéralisme, affectèrent d'abord de ne voir dans le livre de M. Seton-Watson qu'un pamphlet dont l'auteur aurait été un Tchèque, affilié au groupe d'écrivains qui s'étaient rassemblés autour d'une jeune revue, *Notre Slovaquie*. Tchèque ou anglais, l'auteur n'apportait que des textes officiels et des faits contrôlés qu'il était facile de vérifier. Il arrivait au bon moment lorsque l'attention de l'Europe commençait à s'éveiller.

Chaque année, les Magyars envoyaient leurs délégués aux conférences de la paix; le fameux comte Apponyi était un de leurs conférenciers les plus vibrants et il avait mis en circulation, pour désigner la Hongrie, une métaphore qui fit fureur : il la nommait l'île de la liberté. Sa surprise fut désagréable quand, un beau jour, Björnstjerne Björnson, le célèbre écrivain norvégien, lui demanda comment ses concitoyens et lui-même conciliaient leurs théories de fraternité et d'humanité avec les absurdes rigueurs dont ils abreuvaient leurs compatriotes des comtés septentrionaux. A la suite de Björnson, un mouvement de protestation contre l'oppression magyare se dessina en France, en Angleterre et en Russie.

Bismarck a dit que l'indignation n'est pas un état d'âme politique. Elle peut le devenir pourtant, à condition de s'étayer sur une sérieuse étude des faits.

Björnson et la poignée d'idéalistes qu'il avait entraînés à sa suite n'exercèrent qu'une influence restreinte, parce qu'ils n'avaient de la situation qu'une connaissance trop sommaire et fortuite. L'attaque de Seton-Watson avait une autre portée.

La partie la plus intéressante de son ouvrage est celle qu'il a consacrée à la description des élections et qu'il a complétée dans un autre travail : *Les Élections hongroises* (1912). Les détails qu'il cite sont si scandaleux qu'on est sans cesse tenté de crier à l'invraisemblance : mais comment douter en face des documents les plus positifs et fournis par les Magyars mêmes !

Ils s'étaient assuré tant d'avantages par la loi électorale qu'ils auraient pu s'en contenter; il semble qu'ils aient mis une certaine coquetterie à l'exploiter jusqu'à la corde. Dans beaucoup de pays, les élections présentent un spectacle assez peu édifiant et la constitution n'y proclame les droits des citoyens que pour laisser à l'administration le soin de les leur confisquer. Les prestidigitateurs les plus subtils feraient cependant, avec grand profit, un stage auprès de la bureaucratie hongroise; elle leur enseignerait plus d'un tour.

Le président du bureau de vote, qui, en principe, doit être assisté des représentants des divers candidats, mais qui, en fait, ne tient aucun compte de leur opinion, admet au scrutin qui il lui plaît. — Un forgeron : Valentin Fibik. — Sur la liste, je trouve Fibig. — Mais j'avais épelé mon nom. — Cela ne me regarde pas. Écarté.

Comment vous appelez-vous? — Grégoire Minich. — (En slovaque le prénom précède le nom, alors qu'il le suit en magyar.) — Naturellement, les listes électorales sont exclusivement en magyar. — Le président cherche sur la liste : Grégoire (Gergely). — Je ne trouve par ce nom sur ma liste. Écarté.

Votre nom? — Michel Slossar. — L'électeur prononce suivant l'habitude de son village : Slossiar. — Slossiar, Slossiar. Il n'y a pas de Slossiar. Écarté. — La scène se répète ainsi des dizaines de fois.

L'élection obtenue par de pareils cambriolages est attaquée par les Slovaques devant les tribunaux. L'enquête dure dix-huit mois. Au moment où l'affaire va être appelée, le député incriminé donne sa démission. D'après la loi, cette démission supprime le procès et les frais de la plainte retombent sur les demandeurs (27 280 couronnes). Quelques mois plus tard, le député démissionnaire est élu dans une circonscription voisine, après des incidents encore plus scandaleux.

Les présidents pressés ne se bornent pas à ces exclusions individuelles et procèdent par masses. Ils chargent les gendarmes d'arrêter les paysans à l'entrée de la ville, les parquent dans un enclos isolé, loin de leur candidat et de ses délégués, les laissent sous la pluie ou dans la neige des heures entières et déclarent le scrutin clos sans les laisser approcher de l'urne.

Seton-Watson cite nombre d'épisodes qui seraient amusants dans un vaudeville; dans la réalité, ils sont beaucoup moins comiques. Je rappelle encore une fois que l'auteur procède toujours avec une rigueur strictement scientifique; quand les Magyars ont contesté certaines de ses affirmations, il les a invités à le traduire en justice en leur promettant de fournir toutes les preuves qu'ils désireraient; ils n'ont pas relevé le défi.

En 1906, circonscription de Nitra. — Pays slovaque, l'élection du candidat national est sûre. Le juge de paix donne aux gendarmes la consigne d'empêcher les paysans de plusieurs communes de pénétrer dans la salle du scrutin. On exclut 57 électeurs qui ont mal prononcé le nom du candidat ; 326 autres Slovaques sont écartés pour des raisons aussi sérieuses. Résultat : le candidat magyar est?élu avec 141 voix de majorité. Les électeurs déposent une plainte ; le juge la déclare non recevable parce que les plaignants appartiennent tous au parti slovaque !

Circonscription voisine, à Vrbo. Le candidat, très populaire, réunit la presque unanimité des suffrages. Vers le soir, des émeutiers envahissent la salle et dispersent les bulletins. L'administration accuse les Slovaques. Pourquoi? puisqu'ils étaient sûrs du succès. Comment? puisque la salle était gardée par des gendarmes et des soldats. On gagne ainsi le temps de mieux combiner les mesures. Quand on recommence le vote, on arrête les électeurs slovaques sous une pluie battante à la porte du village, on éloigne leurs chefs et on leur dépêche quelques courtiers magyars, les fameux *Kortesz*, qui les conduisent à un faux bureau. Le candidat slovaque, avisé à temps, les ramène à la salle de scrutin ; le président refuse de les admettre. Le Magyar a 95 voix de majorité.

« Obtiendriez-vous 90 p. 100 des voix, disait le juge de paix à un candidat slovaque, que vous ne seriez pas élu. »

A Skalica, on laisse passer les paysans d'un village, mais on retient leur curé, le seul d'entre eux qui sache le magyar et soit en état de les diriger. A force de démarches, le curé parvient cependant jusqu'au président du bureau qui, bonhomme, lui permet d'amener ses électeurs. Il court à leur recherche, ne les trouve plus ; pendant son absence, les gendarmes les ont chassés du village. Il veut les ramener, les gendarmes lui barrent la route, et comme il insiste, chargent leurs fusils.

Les gendarmes sont les grands électeurs de la

Hongrie, et le Memorandum roumain de 1892 n'exagérait rien quand il disait que les élections dans le Royaume *avaient le caractère d'une guerre civile.* « Si les agents du candidat de l'administration demandent l'intervention de la force armée, déclare une circulaire de 1910, elle sera aussitôt ordonnée, *parce qu'il est nécessaire d'assurer la sécurité de la personne et des biens des électeurs du candidat officiel.* »

A Senice, le candidat Hodža, Slovaque militant, très aimé, dispose d'une énorme majorité. — Il comptait sans les gendarmes. Dans les réunions, sous prétexte de le protéger, ils tracent autour de lui un cercle si large que pas une de ses paroles n'arrive jusqu'au public. Il n'a plus pour auditeur que le juge de paix qui fume, crache, bâille et murmure. Hodža rappelle que le roi est favorable au suffrage universel. — Le juge de paix : « Je ne saurais vous permettre de faire intervenir la personne du souverain. » — Hodža : « Même si les autorités étaient contre nous, Dieu nous aiderait à conquérir nos droits. » — « Je vous défends de blasphémer le nom de Dieu. »

Les partisans de Hodža sont poursuivis sous les prétextes les plus extravagants. — Amende contre des paysans pour excès de vitesse. — Mais nous n'avons pas de chevaux, nous n'avons que des vaches. — Pas de réflexions !

Le sous-préfet avait raison qui invitait les Slovaques à se soucier moins du prêtre que du gendarme et du juge de paix. « Voulez-vous que le percepteur vous poursuive ; que le commissaire vous condamne à l'amende, si vous avez une querelle avec votre voisin ou bien sous prétexte que vos fosses à fumier ne sont pas conformes au règlement ; qu'il vous empêche de garder dans votre ferme votre foin et votre paille ; qu'il vous appelle aux prestations au moment où le travail presse ; qu'il vous refuse le droit de faire paître des troupeaux sur les terres du domaine? »

Quand les gendarmes risquent d'être débordés, on appelle les soldats, on les régale, on ravive en eux les haines locales; ils sont prêts, dès lors, pour tous les excès. On fait venir des régiments non seulement des provinces les plus éloignées du royaume, mais de Cisleithanie, de Galicie et de Styrie. L'opposition proteste contre cette intrusion de la force armée. La presse officielle s'indigne de ces calomnies. — De quoi se plaint-on? — Le ministère n'a employé que 194 bataillons d'infanterie et 144 escadrons de cavalerie (1910).

Pas de période électorale où l'on ne compte des blessés et des morts par dizaines. Aux élections de 1896, 32 tués et plus de 70 blessés.

Encore ces violences sont-elles moins fâcheuses que la corruption morale et l'avilissement des caractères qu'un pareil système entraîne à la longue. Le ministre Khuen-Hedervary, à la suite d'une longue discussion où l'opposition avait étalé à la tribune l'interminable défilé des fraudes et des illégalités auxquelles le ministre devait sa victoire, affecte dans sa réponse un ton d'ironique indifférence! — La discussion a pris beaucoup de temps et a apporté bien des faits intéressants. Depuis que l'on pratique des élections, on a entendu de semblables plaintes, on en entendra encore de pareilles et la question n'est pas près de passer de mode. Je crois que ce qu'il y a de mieux, c'est de ne plus toucher à la question. — Aimable désinvolture! — « Nous sommes en pleine Asie », avouait franchement le baron Sennyey en parlant de l'administration hongroise. — En Hongrie, le parlementarisme est un mythe, la justice une dérision et la liberté une parade; la loi est une fille des rues avec laquelle le plus petit hobereau prend les licences qu'il lui convient. Pourvu qu'il montre patte blanche, c'est-à-dire qu'il déteste les Slaves et qu'il brandisse le grand sabre d'Arpad, il est sûr d'avoir à ses ordres les gendarmes, les fonctionnaires et les juges. Wekerlé, le chef du cabinet, l'avouait avec un cynisme tranquille, un jour qu'on lui rappelait la loi de 1868 : — Oui, je sais bien, la loi sur les nationalités! Malheureusement, il est impossible de l'appliquer, « surtout les clauses relatives aux tribunaux (2 juin 1906) ».

D'un bout à l'autre du pays, les élections sont entachées des mêmes tares. Les illégalités et les violences sont cependant beaucoup plus nombreuses dans les districts où dominent les Slaves et les Roumains. Dans les régions magyares, les ministres sont moins libres, les électeurs moins désarmés; les vexations trop abusives seraient dénoncées dans les journaux et, portées à la tribune, trouveraient quelque écho dans la Diète. C'est sur les parias étrangers que les administrateurs se vengent de la gêne relative qu'ils s'imposent dans l'Alfœld. En Slovaquie, ils sont en territoire ennemi et ils ont les coudées franches; les pires scandales passeront pour une marque de zèle et assureront leur avancement.

Ces circonscriptions éloignées sont la réserve du parti du comte Tisza, la forteresse de sa majorité. C'est que les contrées purement magyares, si elles profitent du Compromis de 1867, ne s'y sont jamais ralliées franchement; au fond, les hobereaux de la pouszta gardent une tenace faiblesse de cœur pour Kossuth et les révolutionnaires de 48, et leurs voix vont aux radicaux, aux hâbleurs qui affectent une haine irréconciliable pour l'Autriche et caressent les rancunes séculaires. Le parti officiel se maintient au pouvoir grâce aux circonscriptions excentriques où il pipe les dés et où il est sûr de faire triompher ses matadors qui, élus par la protection des ministres, n'ont rien à leur refuser.

Quelle stupeur aussi et quelle épouvante quand la loi électorale parut menacée ! Aux élections de 1905, les libéraux furent écrasés par une coalition qui, sous couleur d'arracher au roi de nouvelles concessions, réunissait une tourbe d'agités et de faméliques, pressés de conquérir le pouvoir. Pour calmer leur humeur belliqueuse, il suffit à François-Joseph de faire allusion à la nécessité d'une revision de la loi de 1874. Immédiatement, la coalition mit les pouces et demanda l'aman. Elle en perdit toute autorité et, au mois de juin 1910, elle fut balayée et remplacée par le *parti national du travail*, avatar du vieux parti fusionniste.

Les luttes parlementaires n'en furent pas moins violentes, et le Parlement de Budapest n'a pas cessé depuis d'être le théâtre d'incidents tumultueux et de scènes scandaleuses. Au milieu des pugilats et des injures, la droite et la gauche se retrouvent d'accord pour repousser toute réforme sérieuse. Quand, en 1907, le seul socialiste qui ait réussi à pénétrer dans la Chambre, parle de suffrage universel, il est accueilli par des huées et sa proposition ne rallie qu'une voix. Jusqu'à la guerre actuelle, les cabinets qui se sont succédé n'ont eu qu'une préoccupation, liquider la question de la réforme électorale si malencontreusement ouverte ; leur ingénieuse imagination a donné naissance à une série d'élucubrations bizarres qui ont toutes pour trait commun de n'affaiblir en rien l'hégémonie de la race dominante. Le projet présenté par la Coalition au mois de novembre 1908 avait pour objet principal « de ne pas compromettre le caractère magyar de l'État hongrois » ; il maintenait le scrutin public et n'admettait comme électeurs du second degré que les électeurs sachant lire et écrire en magyar. — « Tous les droits individuels, dit le comte Jules Andrassy, passent après le droit de la patrie d'avoir un bon gouvernement et un bon pouvoir législatif. » Ce qui signifie un gouvernement magyar et une Diète où les autres nationalités ne seront pas représentées. — « L'égalité politique est une utopie. » — Quelques précautions qu'il eût prises, le projet du cabinet Wekerlé parut encore dangereux à ses amis et ils l'ajournèrent indéfiniment. Leur panique ne fut pas étrangère au brusque revirement qui ramena au pouvoir le vieux parti fusionniste.

La réforme votée en 1913 a eu aussi pour principe essentiel d'écarter tout système dangereux « pour le caractère national de l'État » et elle prétend ne donner le droit de vote « qu'aux éléments sur lesquels cet État peut compter ». Même la connaissance du magyar ne paraissait pas au ministre une garantie suffisante, et il faisait à ce propos des aveux édifiants : « Il est possible, en effet, disait-il, que l'électeur *qui n'a appris le magyar que par contrainte soit encore moins sûr que les autres, du fait de l'antipathie qu'il en a contractée durant ses études,* » La nouvelle loi, très compliquée, conserve en principe le scrutin public et oral et écarte du suffrage 90 p. 100 de la population. C'est ainsi que les Magyars entendent le suffrage universel. Il ne s'agissait pour eux que de se débarrasser, vaille que vaille, d'une question si malheureusement soulevée, en coupant court, une fois pour toutes, aux revendications des opprimés ou, du moins, en les ajournant jusqu'à l'heure où, les dernières résistances écrasées, ils pourraient sans danger étaler une générosité facile sur le corps de leurs ennemis réduits à merci.

En attendant, guidés par des meneurs à poigne, maîtres du Parlement où ils ne rencontraient aucune opposition sérieuse, — les Slaves et les Roumains réunis n'ont jamais, dans les circonstances les plus favorables, conquis plus d'une vingtaine de sièges sur 413, — ils poussaient vigoureusement leur pointe.

En dépit des prescriptions formelles de la loi, l'administration était purement magyare et le magyar était seul admis dans les tribunaux. — Nous sommes plus maltraités qu'une province occupée par une armée d'invasion, disait le Memorandum des Roumains à François-Joseph : une armée ennemie, dans ses rapports avec les pays conquis, emploie des gens qui connaissent la langue des habitants ; nous sommes moins favorisés.

Les feuilles de perception sont en magyar ; en magyar, les citations de police. Dans les prétoires et les bureaux, on envoie des agents qui n'ont aucune habitude des mœurs et des dialectes régionaux ; pour se défendre ou pour savoir ce qu'on exige d'eux, les paysans sont obligés de recourir à des interprètes qu'ils doivent payer cher et qui, le plus souvent, sont à la merci du juge de paix ou du capitaine du district.

La gêne qui résulte de ce système est d'autant plu odieuse que l'ingérence de l'État est plus générale et sa surveillance plus méticuleuse. Dans les chemins de fer, dans les entreprises publiques, le magyar est seul autorisé ; en magyar, l'inscription qui interdit de traverser les voies ou de laisser errer le bétail sur tel ou tel domaine.

Dans le conseil de comté qui gère l'administration locale, la moitié des membres est composée de fonctionnaires ; seuls peuvent être élus aux autres postes les citoyens dont la candidature a été acceptée par un comité de six membres, où siègent trois fonctionnaires et que préside le préfet, avec voix prépondérante. L'arrondissement est entre les mains d'un sous-préfet qui dispose d'un pouvoir de police discrétionnaire et dont la principale fonction consiste à surveiller les *panslavistes* et les *traîtres*. Essaye-t-on de se plaindre de ses abus de pouvoir? — Il supprime les télégrammes et les lettres. — Veut-on recourir à la justice? — On se heurte à la malveillance des magistrats et à la complication d'une législation qui n'a pas été encore codifiée et où se rencontrent les dispositions les plus contradictoires; le juge choisit à son gré parmi elles le texte qui répond le mieux à son caprice ou à sa rancune.

*Les libertés publiques.* — La loi des nationalités reconnaît aux citoyens le droit de réunion et d'association. — Le 20 août 1910, les amis et les admirateurs d'un musicien connu, patriote slovaque, se réunissent au cimetière protestant pour honorer sa mémoire : on chante deux chœurs slovaques et le pasteur prononce une prière. — A ce moment, le juge de paix accourt et disperse brutalement l'assistance. — Vingt personnes sont condamnées à l'amende pour avoir tenu une réunion illégale.

Le 16 novembre 1906, le député Ferdinand Juriga proteste contre le chauvinisme magyar et se défend de l'accusation de panslavisme qu'on jette sans cesse à la face de ses compatriotes. — Excitation à la haine et au mépris du gouvernement : deux ans de prison et 1.200 francs d'amende.

Un peu plus tard, pour le même délit, les deux députés Hodža et Petrović sont condamnés à six mois de prison.

A Skalica, le candidat annonce au juge de paix son intention de tenir une réunion électorale. Le juge refuse l'autorisation, parce que la réunion doit avoir lieu le dimanche, sur la place de l'église, et qu'elle distrairait les paysans de leurs devoirs religieux. —

Le candidat fixe alors la réunion à un jour de semaine. — Impossible, parce que le juge doit s'absenter.

Les conférences, les représentations théâtrales, les lectures publiques, les concerts sont interdits dès qu'ils sont organisés par des personnes dont les sentiments sont suspects ou qui simplement n'ont pas le bonheur de plaire au capitaine du district.

Toute association est prohibée qui n'a pas à sa tête des Magyars. — La Matica slovaque devait naturellement être une des premières victimes de cette fureur persécutrice. A peine arrivé au pouvoir, Koloman Tisza en prononce l'interdiction. confisque le capital qu'elle avait réuni sou par sou (200 000 francs), ainsi que ses collections, ses manuscrits et sa bibliothèque. Une partie des fonds est distribuée à des cercles de magyarisation.

Belle civilisation que travaillent à répandre ces cercles, qui sont surtout des associations de délateurs! remarque un écrivain allemand; qu'a-t-elle produit, cette civilisation magyare que l'on impose à coups de crosses? — Le paprika, le gouliach et les tziganes (le gouliach, le plat favori des Hongrois se compose de viande mêlée à du lard, de l'oignon et du chou et très fortement assaisonnée de paprika. Le paprika est un poivron rouge que les Hongrois ajoutent à tous leurs mets). — Le reste du capital de la Matica slovaque servit par la suite à subventionner le *Journal slovaque* qui se publie à Budapest, sous l'inspiration du ministère; il est rédigé par de misérables pamphlétaires dont la besogne consiste à calomnier les Slaves, — en premier lieu, les Tchèques.

Les journaux doivent déposer un cautionnement de 20 000 couronnes; le colportage et la vente sont soumis à des prescriptions draconiennes; presque tous les journaux tchèques sont interdits dans le

Royaume. Les plus futiles prétextes suffisent pour provoquer la confiscation et des poursuites judiciaires. Le jury devant lequel sont portés les délits de presse n'est composé que de Magyars (loi de 1897); par définition, les jurés, triés sur le volet, voient dans les articles les plus bénins des appels à l'insurrection, et le ministre de la justice Erdely n'a pas rougi de les féliciter publiquement du zèle avec lequel ils avaient soutenu le gouvernement pour réprimer l'agitation des nationalités.

« L'histoire du journalisme slovaque est un véritable calvaire. » En 10 ans, de 1897 à 1907, elle est marquée par 76 procès de presse où ont été impliquées 411 personnes et qui ont valu aux accusés 39 années et demie de prison, 30 000 couronnes d'amende, sans parler des frais de justice (environ 100 000 couronnes).

*
* *

Un douloureux épisode de ce régime d'oppression forcenée fit un certain bruit en Europe, il y a quelque dix ans, et il donne un spécimen assez instructif des méthodes de Budapest.

André Hlinka, curé de Ružomberok, bon patriote, s'était attiré la haine des Magyars par le courage avec lequel il avait dévoilé les malversations de la municipalité et soutenu le candidat slovaque. Il fut privé de sa cure d'abord, puis suspendu par l'évêque Parvy, magyaron passionné. Hlinka, qui avait été mandé par Parvy, télégraphie chez lui pour annoncer son retour; quelques amis l'attendent à la gare; les gendarmes les dispersent et arrêtent tous ceux qui élèvent quelques réclamations. On les garde cinq mois en prison préventive; le président du tribunal est un renégat, ennemi personnel de Hlinka; la défense le récuse, s'adresse à la cour de Presbourg qui repousse l'appel, parce que le *président est mieux qualifié que personne pour connaître de sa propre impartialité*. Plus de 40 témoins ont été cités par les inculpés ; quatre seulement sont autorisés à déposer ; le président interdit aux prévenus et à leur avocat de leur poser des questions et d'interroger les témoins à charge. Un juif raconte qu'il a entendu Hlinka lire, au milieu d'un groupe de femmes, un article de journal où l'on invitait les Slovaques à prendre leurs faux et leurs houes ; les femmes protestent ; l'avocat rappelle que le juif a eu douze procès avec le prévenu ; sa déposition n'en est pas moins retenue. — Conclusion : le curé Hlinka est condamné à deux ans de prison et 1 500 francs d'amende ; le candidat à la députation, à un an ; dix autres personnes, à des peines qui varient de six mois à trois mois d'emprisonnement et de 3 à 500 francs d'amende.

Avant sa condamnation, Hlinka avait fait construire dans son village natal, à Černova, bourg de 1 300 habitants, une église qui avait coûté 80 000 francs. L'argent avait été rassemblé par souscription et avait été uniquement fourni par les fidèles de la paroisse et des cures voisines. En 1907, on apprend que l'évêque a fixé le jour où l'église doit être consacrée ; les paysans lui demandent à plusieurs reprises d'ajourner la cérémonie jusqu'au jour où Hlinka, qui est en prison, pourra y assister. L'évêque refuse. Le maire insiste : les esprits sont très montés, des incidents pénibles sont à craindre. — « Il arrivera ce qui arrivera, la consécration aura lieu. » — Les autorités envoient des gendarmes, ce qui accroît l'émotion. Le capitaine de cercle lui-même conseille la prudence ; on ne l'écoute pas.

Les prêtres chargés de la consécration arrivent, escortés du sous-préfet et de huit gendarmes. Ils sont

accueillis à l'entrée du village par une foule très
excitée : — Que venez-vous faire ici, nous n'avons
pas besoin de vous ! Allez-vous en ! — Le cocher à qui
le sous-préfet ordonne de passer quand même, lance
ses chevaux et distribue des coups de fouet à droite
et à gauche. Quelques jeunes gens se jettent à la tête
de l'équipage. Bagarre. Un gendarme est légèrement
atteint par une pierre ; il suffit pour le guérir, dit
Scotus Viator qui nous a laissé le récit dramatique de
ces incidents, d'un peu de taffetas d'Angleterre. Alors,
sans sommations, les gendarmes fusillent la foule ;
neuf personnes sont tuées, et parmi elles deux femmes ;
douze grièvement blessées, deux moururent de leurs
blessures ; plus de 60 légèrement atteintes. Le sous-
préfet, sans s'occuper des blessés, court à Ružomberok
pour chercher des renforts et préparer un procès criminel. — Un gamin est allé prévenir un docteur ;
le sous-préfet à son retour le fait jeter en prison.

Le chef du parti slovaque qui dénonce ces faits au
Parlement, est hué. — C'est vous qui êtes les assas-
sins, lui crie-t-on. Un député déclare que la Chambre
n'a pas de temps à perdre à de telles balivernes. —
Le ministre Andrassy prétend que le clergé n'était
venu que pour calmer la population, (1) — c'est sans
doute pour y mieux réussir qu'il s'était fait accom-
pagner d'une escorte de gendarmes ; — il couvre de
fleurs ses agents. La Chambre accueille son discours
avec enthousiasme et la presse renchérit. « Qu'on ne
nous parle plus des Hlinkas et des Hodžas, écrit le
*Pester Llyod*, relativement modéré. Les espèces de
cette sorte, s'ils violent la loi, on les prend par le
cou, et *basta*... Nous voulons être les maîtres dans
notre maison. » — Prétention parfaitement légitime
et contre laquelle les Slovaques ne s'inscrivent pas
en faux. La question est de savoir s'ils n'ont pas eux
aussi leur propre maison qu'ils occupaient longtemps

avant l'arrivée d'Arpad et qu'ils n'ont aucune envie de céder à des maîtres étrangers.

Le scandale avait été tel que même le Reichsrat, si domestiqué, toujours tremblant devant Budapest, s'insurgea. Le 16 décembre (1907), il invita le ministère à rappeler au gouvernement hongrois que la loi des nationalités devait être appliquée sincèrement. La discussion fut vive à Vienne et les Magyars entendirent quelques sévères vérités. Ils se cabrèrent sous la cravache. Le lendemain, Wekerlé protesta avec indignation contre l'ingérence du Parlement viennois et promit d'obtenir satisfaction. Le baron Beck, président du cabinet cisleithan, se confondit en excuses, blâma l'insolente audace des députés.

Épilogue habituel : un procès criminel. 18 personnes sont arrêtées pour « la révolte de Černova » et, en mai 1908, 53 personnes comparaissent devant le tribunal de Ružomberok. — La sœur de Hlinka (57 ans) est condamnée à trois ans de prison; 32 hommes et 16 femmes (une d'elles, mère de sept enfants, avait été grièvement blessée dans la mêlée et son mari avait été tué), sont condamnés à des peines qui varient de dix-huit mois à six mois de prison. — Comment le procès fut conduit, il suffit pour le deviner de remarquer que le président du tribunal interdit l'entrée de la salle à tous les représentants de la presse slovaque et tchèque.

— « On dit que je n'aime pas ma patrie! chante le poète;
Là sont les cercueils silencieux de mes pères,
Les tombes du passé doré ;
Là, quand sonnera pour moi l'heure sacrée,
On me déposera dans la terre sainte.                    [maisons,
Au pied des montagnes, près des rivières et des blanches
Dans la profondeur des Tatras errent les fées mélodieuses,
Et le héros fidèle à sa patrie
Et mon peuple cher à Dieu!
Et cette nation, je ne l'aimerais pas!

Certes, le Slovaque aime sa patrie de cet amour tenace et fidèle que le montagnard garde à ses prairies et à ses bois. Mais, par cela même, sa haine grandit contre les étrangers qui prétendent la lui rendre hostile et la transforment en une geôle.

*
* *

*L'Église.* — Si, du moins, proscrits de la scène politique, ils avaient conservé quelque autonomie locale et si la tyrannie eût respecté leur vie privée! — Dans la commune, le capitaine du district désigne le maire. Dans l'église, le curé et l'évêque deviennent trop souvent les instruments de l'autorité centrale. Rude épreuve pour le paysan, humble, très pieux, qui, sans autre refuge que l'autel, rencontre un ennemi dans l'homme qui représente à ses yeux la volonté divine. Rien n'a plus contribué à rendre les luttes implacables que cette invasion de la politique dans les questions religieuses, si ce n'est peut-être les lois scolaires.

Le gouvernement magyar avait toujours gardé la haute main sur l'Église romaine; il nommait les évêques, disposait des bénéfices, exerçait une étroite surveillance sur les fondations, extrêmement riches. Le clergé, très docile, vivait d'habitude en bonne intelligence avec les persécuteurs. Il gardait une vieille antipathie contre les Tchèques, toujours suspects d'hérésie, et une involontaire défiance contre les Slovaques qui dirigeaient volontiers leurs regards vers Prague. Tréfort, ministre de l'Instruction publique, n'avait pas de meilleurs collaborateurs que les évêques. Nulle part plus que dans les séminaires catholiques, disait-il en 1889, on ne comprend aujourd'hui l'importance de l'enseignement du magyar et nulle part on ne sert mieux les intérêts de notre nationalité. — Le primat de Hongrie, Simor, archevêque d'Ostřihom (Gran), s'était élevé avec véhémence contre les concessions de 1868. Ses successeurs l'imitèrent.

L'entente entre les évêques et l'État fut à peine troublée une heure sous les ministères Banffy et Wekerlé (1890-1895). La lutte contre le clergé, que l'on baptisa ambitieusement le Kulturkampf hongrois, fut menée à grand tapage par les Magyars, qui méritèrent ainsi sans rien hasarder un brevet de libéralisme; colères de surface qui ne trompaient que la galerie. Les lois nouvelles, en instituant le mariage civil et en confiant aux délégués de l'administration la tenue des registres de l'état civil, étendaient les pouvoirs de la bureaucratie: à ce titre elles corroboraient la politique générale de la majorité et ne déplaisaient pas aux évêques. La colère qu'ils avaient un moment affichée s'apaisa vite. Ils avaient un intérêt manifeste à se concilier les bonnes grâces du pouvoir, et ils redevinrent ses agents, aussi zélés que les préfets. L'année du millénaire, l'évêque de Košica (Kaschau) ordonnait qu'à l'avenir le magyar serait la seule langue de prédication dans son diocèse (sur les 197 paroisses de son obédience, 58 seulement étaient magyares).

Les Slovaques qui forment la masse de la population dans la Hongrie supérieure, n'ont pas un seul évêque de leur race. Le gouvernement ne laisse arriver aux postes élevés de la hiérarchie que les prêtres dont il est sûr, et, par reconnaissance, par ambition, quelquefois aussi poussés par un zèle sincère bien que peu intelligent, ceux-ci, pour servir la cause magyare, n'hésitent même pas devant la crainte d'éloigner les fidèles de l'Église. L'évêque de Spiš (comté de Zipsa), Parvy, s'est acquis une fâcheuse notoriété par sa rigueur vis-à-vis des prêtres suspects de sentiments slaves. De là, la persécution s'est étendue dans les diocèses de Nitra et de Gran. Il est juste de reconnaître que les curés de campagne, en relations constantes avec le peuple, résistent de leur mieux aux sollicitations de leurs supérieurs et ils ont fourni à la cause nationale quelques-uns de ses plus vaillants champions. Il y faut une sorte d'héroïsme et on ne saurait espérer que tous les prêtres soient des héros. Parmi eux, les âmes timorées et pusillanimes ne manquent pas, les ambitieux aussi, qui, pour mériter les bonnes grâces de leurs chefs, imitent leur intolérance et quelquefois dépassent leurs intentions.

Leur éducation les prépare à ces défaillances. Dans les séminaires, il est interdit aux élèves qui, en majorité, sont destinés à passer leur vie dans des paroisses slaves, de parler slovaque, même pendant les récréations, et de lire des journaux slovaques. On renvoie sans pitié les jeunes gens entre les mains de qui on trouve un livre slovaque; les expulsions prononcées pour de semblables motifs se comptent par centaines, 20 pour une seule année (1912).

*⁕*

En face de 2 millions de catholiques, les protestants (462000) forment environ le cinquième de la population; plus instruits, plus industrieux et plus actifs, plus rapprochés aussi des Tchèques auxquels les rattachent leur langue liturgique et la vieille Bible des Frères, ils sont particulièrement suspects au gouvernement de Budapest et il n'a rien négligé pour briser l'autonomie de leur Église, ou du moins pour asservir leur hiérarchie à ses desseins.

Jusqu'en 1894, les paroisses luthériennes du Royaume étaient réparties en quatre circonscriptions; dans le district cisdanubien qui renferme 85 p. 100 de Slovaques et 15 p. 100 d'Allemands et de Magyars, les nationaux avaient une majorité incontestée et un évêque slave; ils pouvaient ainsi exercer une certaine influence dans le synode général où le convent régional déléguait des représentants dévoués à leur cause. La loi de 1894, qui a redistribué les églises, a séparé du groupe cisdanubien deux séniorats slovaques qu'il a incorporés au district de la Tisza et lui a rattaché trois séniorats magyars. La majorité a été ainsi assurée aux centralistes, et les Slovaques qui forment les 90 p. 100 de la population luthérienne de la Hongrie, n'ont plus aujourd'hui un seul évêque protestant.

Les attributions des surintendants, facilement accessibles aux ordres du pouvoir, ont été accrues. En cas de vacance des cures, ils ont le droit d'écarter les candidats présentés par les paroisses, et, si elles maintiennent leur vote, de nommer d'office les pasteurs. Les prélats luthériens ne se montrent pas plus tolérants que les évêques catholiques vis-à-vis de leurs subordonnés. Dans une commune qui compte 4000 Slovaques, le pasteur est suspendu parce qu'il n'a pas transmis la pétition de 14 habitants qui demandaient que l'on prêchât en magyar. D'autres sont frappés pour avoir fait l'instruction religieuse en slovaque.

Beaucoup courbent la tête, s'humilient; en 1906, les pasteurs slovaques élisent évêque, malgré les fidèles, Scholz, qui ne sait pas un mot de slovaque. Quelques-uns font du zèle. Un prédicateur invite les fidèles à jurer qu'ils « ne reconnaîtront d'autre Dieu que le Dieu magyar, notre protecteur et notre père, qu'ils l'invoqueront et l'adoreront seul, et qu'ils accepteront la mort plutôt que de s'incliner devant une autre idole nouvelle ». — « On verra un jour, dit le pasteur d'une église de Presbourg, que le peuple magyar est élevé à un plus haut degré qu'Israël, et qu'Arpad a reçu la même promesse qu'Abraham. » — « Notre Église a toujours été le champion de l'État magyar et de l'idéal national magyar, écrivent les délégués des paroisses luthériennes, et elle le sera toujours. Pour combattre les résistances des nationalités, elle a besoin de ressources matérielles. On peut être sûr d'ailleurs que les autorités ecclésiastiques supérieures regarderont comme un devoir de veiller à ce que l'appui de l'État n'aille pas à des indignes. » — Appel misérable aux sentiments les plus mesquins. L'administration encourage ces bassesses. La loi de 1898 prévoit une subvention publique pour les pasteurs dont le traite- n'atteint pas 1 600 francs, — ce qui est le cas dans l'immense majorité des églises. Elle ajoute que, dans aucun cas, des subventions ne sauraient être accordées aux ennemis de la patrie.

Le zèle tumultueux de beaucoup des pasteurs luthériens ne suffit pas cependant à rassurer les Magyars. Ils voudraient des gages plus sûrs que la reconnaissance suspecte de consciences soudoyées, reprennent l'ancien projet d'union entre les calvinistes et les luthériens. A la veille de la guerre, en dépit des répugnances confessionnelles, ils étaient près de le réaliser et d'achever ainsi l'asservissement des Églises.

** **

*La vie privée.* — Menacé dans sa conscience, le Slovaque, à chaque pas de sa vie privée, bute aux tracasseries qu'invente sans répit la caste dominante.

Les chemins de fer sont une entreprise de l'État : les employés ne parlent que le magyar et le paysan ne comprend pas le prix qu'on lui demande, ni les règlements qu'il doit observer. Une loi de 1897 ordonne de magyariser les noms des villes et des communes. Un voyageur demande un billet pour Teplica. — Teplica? Teplica? Il n'y a pas de station de ce nom. — Heureux si une âme complaisante révèle au voyageur penaud que Teplica est devenu Hölak. — On se présente au guichet de la poste pour recommander une lettre : l'employé ne parle que le magyar, soit qu'il ne sache réellement pas le slovaque, soit qu'il veuille mériter de l'avancement. — Un peintre affiche sur une grille : prenez garde à la peinture (en slovaque). — Procès-verbal.

Jusqu'à son nom, au nom de son père qu'on enlève au pauvre slovaque. Depuis fort longtemps, en Hongrie, les hommes qui étaient désireux de pénétrer dans la société avaient l'habitude de magyariser leur nom. L'État encourageait ces transformations en n'exigeant qu'une taxe modique de cinq florins. En 1881, on l'a ramenée à 50 kreuzers : 1 franc, pour prendre rang dans l'élite des descendants d'Arpad, ce n'est pas cher! Aussi, quiconque n'use pas de ce privilège est suspect. Banffy décide en 1898 que les fontionnaires devront prendre des noms magyars; du jour au lendemain, les Kunfi succédèrent aux Kohn et les Radó aux Rothfeld. A l'occasion du millénaire, une société pour la magyarisation des noms s'était fondée à Budapest; elle s'agitait beaucoup, et son chef, Simon Rubin, — évidemment de vieille souche ougro-finnoise, — se plaignait de la mollesse des chefs de service. Il n'est jamais prudent de s'opposer à des fous, surtout quand ils ont le pouvoir derrière eux. — Les directeurs des chemins de fer pesèrent sur leurs agents. Le directeur des postes et télégraphes, qui s'était endormi Dürr, se réveilla Demeny; il en éprouva une si vive satisfaction qu'il invita ses subordonnés à suivre son exemple le plus tôt possible : leur négligence nuirait à leur avancement. Comment résister? « En Hongrie, disait à la fête annuelle du Casino un des chefs de l'aristocratie, on peut tout faire, pourvu qu'on se couvre du manteau de la politique. » — « Il suffit qu'un employé ait des relations d'amitié avec un habitant non magyar, écrit le *Memorandum roumain*, pour qu'on le dénonce comme antipatriote. Bien heureux s'il s'en tire avec un déplacement. »

Je crains que le lecteur ne se fatigue de cette fastidieuse énumération de niaiseries et de vexations absurdes. Chacune de ces mesures, prise isolément, est surtout ridicule; réunies, elles finissent par former le plus exaspérant système de tyrannie que puisse élaborer une imagination maladive. La civilisation contemporaine ne supporterait pas qu'on massacre un peuple en masse, au moins en temps de paix. Est-il beaucoup plus humain de le condamner à un supplice raffiné qui se poursuit méthodiquement pendant un demi-siècle? A certains moments, les Slovaques auraient préféré un coup de massue à ces milliers de coups d'épingle, qui ne devaient cesser qu'après leur effacement définitif de la carte du monde. Pour les assimiler définitivement, les Magyars comptaient surtout sur leur politique scolaire.

*<sub></sub>*
* *

*L'enseignement.* — « L'éveil de la conscience nationale chez les peuples non magyars, écrivait Grünwald, est un danger pour l'État. En Hongrie, il ne doit y avoir d'autre civilisation que la civilisation magyare. Gagner les Slovaques par des bienfaits est impossible; le seul moyen est de les extirper complètement. Si les Magyars veulent rester un peuple vivant, ils doivent se fortifier par les éléments étrangers et absorber les nationalités non magyares. » — Le conseil fut aussitôt entendu et, dès le lendemain du Compromis, les ministres se mirent à la besogne.

Leur première tentative fut maladroite, parce que trop brutale. Ils organisèrent la *presse* des enfants pauvres, les revêtirent d'un uniforme, les numérotèrent et les envoyèrent dans l'Alföld où ils les distribuèrent dans les fermes. Ils y furent fort maltraités, se plaignirent; quelques-uns s'échappèrent, revinrent chez eux, déguenillés, mourants de faim. Les parents, que l'on avait abusés par des promesses mensongères, se tinrent désormais sur leurs gardes. En 1874, on avait exporté 400 enfants, et 174 en 1892; en 1900, on n'en récolta que 24. L'expérience fut abandonnée.

Était-il nécessaire d'ailleurs de transformer le peuple entier, au moins d'emblée? Ne suffirait-il pas de l'anémier en lui enlevant les meilleurs de ses fils, les plus laborieux, les plus intelligents, ceux qui forment l'ossature et la moelle de la nation?

Dans les écoles publiques, les élèves slovaques traversent un douloureux purgatoire, houspillés et brimés s'ils demeurent fidèles à leur langue nationale, caressés, choyés, protégés s'ils se convertissent à la vraie patrie magyare. Pour leur épargner ces épreuves et ces tentations, les Slovaques avaient réussi à fonder à leurs frais trois gymnases. On ouvrit, dès 1874, une enquête sur le lycée de Revuca. — Le surintendant, d'un nationalisme farouche, conclut que « les tendances slaves et par conséquent anti-magyares ne permettaient pas d'espérer de l'enseignement des résultats favorables et utiles à la patrie »; le gymnase est aussitôt fermé (30 juillet 1874).

— Le ministre Tréfort, mis en appétit, envoie une deuxième commission inspecter le gymnase de Zniov. — Elle ne constate aucun abus. — Nouvelle enquête, aussi infructueuse. — Le ministre s'avise que les bâtiments sont vieux, ne répondent pas aux exigences de l'hygiène moderne. — Peut-être, mais nous allons inaugurer un nouveau local. — Les murs ne sont pas assez secs. — En pleine période scolaire, les deux cents élèves sont mis à la porte et le lycée fermé (1874). Vinrent ensuite les établissements de Saint-Martin et de Bánská-Bystrica. Depuis, toutes les demandes des églises et des communes pour fonder de nouveaux gymnases sont restées sans réponse, malgré les prescriptions formelles de la loi. En revanche, sur le territoire slovaque, on compte 4 facultés de droit, 36 écoles moyennes, 15 écoles normales. Toutes uniquement magyares.

Dans l'enseignement primaire, les établissements publics, c'est-à-dire entretenus par l'État sont exclusivement magyars. En 1869, il y avait, en chiffres ronds, dans la Hongrie septentrionale, 6 000 écoles magyares et 6 500 non magyares; en 1896, 9 700 magyares contre 4 100 slovaques. Le comté de Zemplin possède 295 écoles magyares pour 141 000 enfants, et 20 slovaques pour 107 000. C'est-à-dire que chaque année des milliers d'enfants sont privés d'instruction ou condamnés à passer par des écoles où il est impossible qu'ils apprennent rien et où des maîtres insolents et brutaux n'ont d'autre souci que de les humilier et de les battre. L'Europe s'est émue — avec raison — de l'indignité des traitements auxquels les instituteurs prussiens soumettaient les enfants polonais. Les enfants slovaques n'ont été ni moins malheureux ni souvent moins héroïques.

A côté des écoles officielles, la loi autorise les particuliers, les communes et les Églises à entretenir de leurs deniers des écoles privées. On n'a pas osé les supprimer franchement ; on s'est arrangé du moins pour leur rendre la vie terriblement difficile et pour en faire des instruments indirects de magyarisation.

Pendant la discussion de la loi de 1868, Koloman Tisza déclarait que les allogènes feraient bien d'apprendre le proverbe magyar : se taire et payer. La loi de 1879 fut une première application du système. — Personne ne peut obtenir un brevet d'instituteur s'il ne possède une bonne connaissance de la langue magyare ; les écoles confessionnelles sont soumises aux inspecteurs publics qui exercent sur elles un pouvoir discrétionnaire ; le magyar doit être enseigné dans toutes les écoles sans exception et le ministre fixe le nombre des heures qui seront consacrées à cet enseignement. En 1902, le ministre Vlassicz fixait de dix-huit à vingt-quatre heures par semaine le temps réservé à l'étude du magyar ; au bout de quatre ans d'école, les élèves devaient parler et écrire correctement le magyar et les maîtres étaient responsables de leurs progrès.

La loi de 1879 était si absurde qu'en dépit du zèle de l'administration, il fut impossible de l'appliquer, et le recensement de 1890 constata que 46 p. 100 de la population ne savaient pas un mot de magyar ; depuis dix ans le progrès était insignifiant.

L'alarme fut grande parmi les chauvins. Ils attribuèrent leur échec à la résistance des instituteurs confessionnels et ils s'appliquèrent à supprimer les écoles libres. La loi de 1893 fixa un minimum de traitement pour les instituteurs. Comme les paroisses étaient trop pauvres en général pour satisfaire aux exigences de la loi, l'État offrait de leur accorder des subventions, en échange d'un droit d'inspection et de surveillance. Il serait libre dès lors de destituer les instituteurs suspects. De plus, dans les écoles subventionnées, le magyar est la langue de l'enseignement et toute école qui a reçu une subvention publique reste à l'avenir une école officielle.

Le gouvernement magyar a publié, à l'occasion de l'exposition internationale de 1900, un rapport sur l'enseignement en Hongrie qui n'a été naturellement lu par personne. Il valait pourtant la peine d'être étudié et il renfermait des aveux édifiants : — « L'enseignement primaire, y lit-on, est un des plus puissants moyens de consolidation de l'État hongrois... Voilà pourquoi les écoles primaires de l'État se rencontrent surtout dans les communes les plus pauvres ou dans les régions dont les populations sont mixtes et de langue étrangère. — *La race hongroise demande à être protégée,* quand elle se trouve, comme c'est souvent le cas, enserrée par la grande masse de la population à langue étrangère.... L'école garantit aux Hongrois l'augmentation de leur force expansive et étend la race vers la frontière. »

En 1904, nouvelle loi qui donne aux administrateurs des comtés le droit de prononcer des peines disciplinaires, de suspendre et même de citer devant le tribunal les instituteurs dont l'enseignement du magyar ne donne pas les résultats prévus par la loi.

Dans les écoles normales d'instituteurs, l'enseignement est uniquement donné en magyar et, comme les candidats sortent des écoles primaires supérieures, également magyarisées, les instituteurs sont souvent incapables de s'entretenir avec leurs élèves. L'expérience a prouvé que ce système avait de si graves inconvénients, qu'en 1908, le ministre, la mort dans l'âme, s'est résigné à quelques concessions : il a autorisé l'enseignement du slovaque dans les écoles normales, deux heures par semaine !

L'œuvre de magyarisation, obstinément poursuivie depuis un demi-siècle, a été codifiée et complétée par la célèbre loi Apponyi (1907). « Nulle part, disait le président du conseil Wekerlé, les peuples d'une autre langue ne sont aussi libéralement traités que chez nous » (29 octobre). Apponyi, lui-même, mettait à son projet une enseigne des plus alléchantes : « Un ministre de l'Instruction publique commettrait un crime contre l'État et contre ceux de ses citoyens qui parlent une autre langue s'il leur enlevait la possibilité d'apprendre, à côté de leur langue propre, la langue magyare ; ce serait les isoler artificiellement et les exclure en fait de la vie politique, dans laquelle le magyar domine. J'ai dit : dans ce Royaume, le Magyar est le maître, mais cela n'implique aucune menace contre les autres nationalités (1) » (16 janvier)... « Nulle part le droit de surveillance de l'État ne s'exerce avec plus de modestie, de réserve, de respect pour l'autonomie privée » (12 avril). — Ajoutez-moi quelques considérants libéraux, écrivait Napoléon Ier à l'un de ses ministres en lui envoyant un décret sur la censure. — Les Magyars sont passés maîtres dans cet art délicat du trompe-l'œil et la loi de 1907 illustre d'une étrange manière les généreuses déclarations de ses auteurs.

Tous les instituteurs, de quelque provenance qu'ils soient, sont des fonctionnaires publics. — La loi fixe pour eux un minimum de salaire; les associations trop pauvres pour le leur payer perdent leur droit d'entretenir des écoles ou doivent demander une subvention ministérielle. Ces subventions sont liées à des conditions extrêmement rigoureuses : l'instituteur sera capable de lire, d'écrire et d'enseigner correctement le magyar; les heures et les conditions de l'enseignement du magyar seront réglées par ordonnance ministérielle; l'école adoptera les manuels officiels; si la subvention dépasse 200 couronnes, le ministre a un droit de veto sur le choix de l'instituteur, et, si le deuxième candidat proposé ne lui convient pas, il procède d'office à la nomination. — « Dès qu'il le juge nécessaire aux intérêts publics », le ministre peut ordonner une enquête judiciaire contre les instituteurs qui négligent l'enseignement du magyar, professent des sentiments hostiles à l'État, excitent les esprits contre certaines classes de la Société. Si l'enquête est défavorable, le choix d'un nouvel instituteur doit être approuvé par le ministre ; en cas de récidive, l'école est fermée et remplacée par une école publique.

Dans les écoles non magyares, subventionnées ou non, l'enseignement du magyar doit être donné dans les conditions prescrites par le ministre, « de manière à ce qu'au bout de la quatrième année, l'élève s'exprime d'une manière intelligible, en parole et par écrit ». — Partout où le magyar a été une fois admis comme langue d'enseignement, il ne peut être remplacé par aucune autre. Dans les écoles primaires supérieures, le magyar est la langue de l'enseignement. Si le peu de progrès des élèves en magyar est dû à la négligence ou à l'insuffisance de l'instituteur, il sera mis à la retraite ou destitué. — Les inspecteurs désignent au gouvernement les instituteurs dont le zèle mérite une récompense.

Au frontispice de chaque école, on sculptera les armoiries du Royaume et on arborera le drapeau officiel pour les fêtes et les cérémonies ; tous les autres insignes sont interdits. Les classes seront ornées de peintures rappelant les exploits et les héros magyars. — On écartera les images qui seraient de nature à encourager un esprit hostile à la patrie (par exemple les portraits de Cyrille et Méthode, de Saint Sava, des grands écrivains tchèques, etc...). Les formules et les inscriptions, les circulaires et les livrets scolaires seront en magyar, même les cahiers de devoirs.

— « Il n'est pas vrai, disait le comte Andrassy au Parlement (17 mai 1908), que la langue des Allemands, des Roumains ou de n'importe quelle nationalité soit menacée ; il n'est pas vrai que le gouvernement magyarise. » — Il n'est pas vrai, écrivent les intellectuels allemands, que l'empereur Guillaume ait envahi la Belgique ; il n'est pas vrai que la cathédrale de Reims ait été brûlée. — C'est une grande force que le mensonge, mais il ne faut pas en abuser.

Les expériences, souvent renouvelées, pour arracher à un peuple sa langue et lui imposer un idiome étranger, sont en général peu encourageantes. — C'est qu'on s'y est mal pris, pensent les Magyars. — Pour convertir les enfants, le vrai moyen est de les saisir dès le berceau. En 1891, ils ont institué des crèches où les parents sont tenus d'envoyer leurs enfants de trois à six ans ; naturellement on n'y parle que le magyar. « L'enfance, dit le rapport officiel de l'Enseignement en Hongrie, est l'âge le plus propre pour apprendre la langue hongroise... *La mission toute nationale de nos établissements d'enseignement* est ce qui les distingue surtout des institutions analogues de l'étranger. » Aveu dénué d'artifice et qu'on est d'autant plus heureux de rencontrer que les Magyars ne nous ont guère habitués à une aussi aimable candeur.

Les crèches et les jardins d'enfants, qui s'étaient développés d'abord assez lentement ont été multipliés ces dernières années, comme d'ailleurs les luttes intestines à Budapest et le triomphe momentané de la « coalition » ont été marqués par un déchaînement du fanatisme. En 1909, le ministre ordonne que l'enseignement religieux devra être donné en magyar. Malgré les protestations et la levée de bouclier du clergé romain qui supplie d'intervenir le primat de Hongrie, le cardinal Vaszary, l'édit est maintenu.

Vers la même époque, se manifeste une tendance très marquée à favoriser le développement de l'allemand. — Un décret de 1914 ordonne que, seule de toutes les langues étrangères, l'allemand sera obligatoire dans les écoles normales d'instituteurs et d'institutrices; il sera enseigné dans toutes les classes. L'alliance de Berlin et de Budapest qu'avaient inaugurée Bismarck et Andrassy, se resserrait; les deux peuples de proie communiaient dans la même foi impérialiste.

Chaque année, le joug s'appesantissait plus lourd sur les Slovaques. L'Europe, un moment émue, était vite retournée à son apathie. Les opprimés demeuraient seuls, oubliés, condamnés, semblait-il, à une rapide disparition.

> Le corbeau vole, il vole ;
> Il croasse joyeusement.
> Il apporte de la nourriture pour ses petits,
> Qui l'attendent dans leur nid.
> Le loup court et hurle ;
> Dans la gueule il apporte un morceau de viande
> Pour ses louveteaux,
> Qui ont faim et frissonnent. —
> Dans le froid du long hiver,
> Dans la profondeur de la montagne,
> N'arrive, n'accourt personne.
> Qui sont ces pauvres créatures
> Que personne n'aide dans leur misère ? —
> Ce sont les enfants slovaques.

# CHAPITRE VII

## JE SUIS FIER D'ÊTRE SLOVAQUE

Affaiblissement du parti national slovaque. — L'émigration. —
Le réveil contemporain : ses causes. — Décadence et corruption de l'oligarchie magyare. — La situation actuelle. — La
résistance ethnographique. — L'Union avec les Tchèques. —
Le mouvement littéraire. — Le progrès économique. — Conclusion.

Les philosophes discutent sur la puissance de la
force et les effets de la violence. L'optimisme idéa-
liste qui professe le triomphe inéluctable et constant
de la justice est souvent démenti par l'histoire, moins
régulièrement pourtant que ne l'affirment les réalistes.
Les méthodes brutales ne réussissent que si elles sont
favorisées par un concours de circonstances qui se
présente en somme assez rarement. De nos jours,
presque toutes les tentatives d'annexions ont échoué,
et les régimes réactionnaires et militaristes se sont
effondrés dans de lamentables catastrophes. Les politiques les plus indifférents aux théories sont bien
forcés d'admettre que, pour qu'un État puisse espérer
s'assimiler un nombre important de sujets étrangers,
il faut qu'il soit assuré d'une longue période de paix,
qu'il dispose de ressources considérables, qu'il n'ait
devant lui que des vaincus isolés et découragés et

enfin qu'il représente un degré de civilisation incontestablement supérieur. Aucune de ces conditions ne se rencontrait en Hongrie et le seul résultat de la politique insensée des Magyars fut d'exaspérer les haines.

Pendant les années qui suivirent immédiatement le Compromis, les Slovaques demeurèrent un moment écrasés sous l'avalanche qui s'était abattue sur leur tête; leurs chefs conseillèrent une politique d'abstention et se bornèrent à pousser des soupirs en regardant du côté de la Russie. Réduits à leurs seules ressources, sans protecteurs et presque sans guides, accablés d'impôts, incapables de soutenir la concurrence américaine, les paysans, abrutis de misère, s'abandonnaient; la grande industrie, qui s'introduisait dans le pays, ruinait les petites entreprises et achevait de démoraliser la population. Au milieu de la désolation générale, une seule consolation : le cabaret. Les Juifs arrivaient par centaines de la Galicie, attirés par un champ facile d'exploitation, favorisés par la bureaucratie qui trouvait en eux des agents serviles, prêts aux plus basses complaisances et complètement indifférents aux revendications slaves. Elle leur réservait le droit exclusif de tenir des auberges et des débits; ils ouvraient aux buveurs de larges crédits, prenaient hypothèque sur leurs biens. Le rachat des servitudes féodales avait épuisé les dernières ressources des paysans: le partage des terres avait été souvent fort inégal et les seigneurs avaient conservé les meilleurs lots, les forêts, les prairies les plus grasses, les côteaux les mieux exposés. Pour satisfaire le percepteur qui menaçait de saisir la dernière vache ou pour attendre la moisson nouvelle, on empruntait au juif; l'usure avait vite dévoré le petit lopin de terre.

A bout de courage, expropriés, réduits à des

salaires de famine, les paysans émigrèrent. A partir
de 1874, un courant, qui grossit chaque année, les
emporte aux États-Unis. Le gouvernement se félici-
tait d'un exode qui le débarrassait des éléments les
moins malléables; il facilita les formalités, établit
lui-même des agences d'émigration, signa avec la
Cunard Linie, puis avec la Compagnie de Brême, des
traités qui leur garantissaient un certain nombre de
voyageurs. A chaque station, on apercevait des bandes
faméliques de fuyards ahuris, qui, assis sur de
vieilles malles, emportant dans des toiles rapiécées
les pauvres reliques de leur ménage, attendaient le
train qui allait les emporter vers Riéka ou la mer du
Nord. Niederlé conjecture qu'il y a en Amérique
800 000 Slovaques ou Tchèques; d'après les renseignements divers que j'ai recueillis, ils seraient aujour-
d'hui plus d'un million; il y en a en Russie une
centaine de mille.

Beaucoup de Slovaques ne partaient pas sans esprit
de retour. Ils rapportaient de leur nouvelle patrie un
esprit plus libre, plus ouvert, moins docile surtout.
L'*Akademischer Vortrag* a publié en 1908 un roman
anonyme : *Le crépuscule des Idoles*, tableau de mœurs
qui nous décrit la rentrée au pays d'un de ces rescapés
d'Amérique. Sans valeur littéraire, ce livre est un
intéressant témoignage de l'oppression presque
physique que ressentaient les hommes qui, après
avoir respiré l'air salubre des États-Unis, retom-
baient brusquement dans l'atmosphère empuantie
du Magyarorszag.

Ceux qui ne revenaient pas, envoyaient de l'argent.
Le paysan slovaque est laborieux et robuste, très
attaché au sol; la femme est vigoureuse, dure à la
tâche, économe. On payait les dettes, on achetait
quelques moutons, une vache, un arpent de terre.
Les bonnes occasions ne manquaient pas. La petite

noblesse, après avoir achevé de se ruiner, disparaissait dans les chancelleries et les bureaux et se débarrassait à tout prix des quelques hectares qu'elle avait conservés et qui, à mesure que la main-d'œuvre devenait plus rare et plus chère, lui causaient plus d'ennuis qu'ils ne lui rapportaient de bénéfices. Même les Juifs commençaient à s'éloigner d'un champ d'exploitation où les profits se faisaient plus maigres. Les domaines qu'ils avaient acquis par l'usure leur causaient beaucoup de déboires : ils ont d'habitude l'esprit trop agile et l'imagination trop inquiète pour se contenter de la vie agricole. Ambitieux, ardents, tourmentés par le goût de l'aventure, ils dressaient leurs fils aux carrières libérales, les poussaient vers la spéculation et le journalisme qui, en Hongrie, sont le plus souvent la même chose. Dans les provinces voisines, la consommation de la viande augmentait, les prix haussaient et le bétail se vendait bien. Les Slovaques sortaient peu à peu de la misère où ils croupissaient, et avec l'aisance, renaissait le besoin de liberté.

Quand, en 1893, le Cabinet apporta au Parlement de Budapest les lois ecclésiastiques, ses adversaires jugèrent l'occasion favorable pour écarter du pouvoir les libéraux qui s'y éternisaient et prendre leur suite. Ils constituèrent le parti populiste, qui afficha une grande ferveur religieuse, et ils appelèrent à la rescousse les Slovaques dont ils connaissaient la piété. Comment se faire entendre d'eux, sans leur parler leur langue ? — Ils s'avisèrent de l'injustice qu'on avait commise à leur égard, leur promirent réparation, s'adjoignirent quelques Slovaques de vieille souche. Ferdinand Zichy voulait mal de mort à ses parents qui ne lui avaient pas enseigné le slovaque ; il ne les imiterait pas avec ses enfants. Les électeurs écoutaient, souriaient de ces conversions subites et mordaient peu à l'hameçon. De ces réunions, ils revenaient l'esprit secoué, réfléchissaient sur leur misère politique.

Isolés, qui les écouterait? — Ils se rapprochèrent des autres opprimés (1894). Dans un congrès à Budapest, les Roumains, les Serbes et les Slovaques se mirent d'accord sur un programme commun. Ils faisaient profession de loyalisme, reconnaissaient sans discussion le magyar comme langue de l'État, réclamaient seulement qu'on respectât leur autonomie locale. Quelque modestes qu'elles fussent, leurs revendications n'avaient aucune chance d'être accueillies; elles avaient du moins l'avantage de réveiller les âmes et de préparer les masses à la résistance, en donnant une forme précise au vague mécontentement universel.

Les Magyars forment une oligarchie, ou plus exactement une coterie assez fermée, très unie, et qui exploite sans pitié les profits du pouvoir. Les propriétaires, qui détiennent d'immenses domaines, rapaces, très durs pour les ouvriers, trouvaient dans les ministres un appui illimité. Des lois draconiennes réglaient les rapports des maîtres et des serviteurs; quand une grève éclatait, le gouvernement mettait les soldats au service des patrons pour briser les résistances. Ces pratiques favorisèrent l'expansion du socialisme qui était arrivé d'Autriche. Les socialistes magyars, très imbus des doctrines allemandes, fiers de leur origine, n'avaient pas moins de dédain que les libéraux pour les nationalités secondaires; ils étaient cependant tenus à quelque respect humain, prisonniers de certaines formules de justice et d'égalité que Karl Marx avait voulu effacer, mais que les influences françaises avaient maintenues dans l'Internationale.

Les Magyars s'enorgueillissent du rapide développement industriel qu'a pris le Royaume. Ils se contentent à bon marché, et leurs entreprises, presque toutes monnayées par le capital allemand et dirigées par des directeurs allemands ou juifs, peu solides et mal établies, ne vivent que par la création continue du gouvernement. Les ouvriers, qui ne représentent encore qu'une très faible partie de la population, se recrutent presque exclusivement parmi les nationalités étrangères, et en particulier parmi les Slovaques. Pour les gagner, les propagandistes des nouvelles doctrines durent faire appel aux seuls sentiments qui vibrassent dans l'âme de ces déracinés, le culte de leur langue maternelle et la haine du despotisme niveleur.

Comme il arrive toujours pour les régimes qui sont contraires à la raison et ne s'appuient que sur une minorité, le système politique inauguré en 1867 ne se fortifiait pas en durant, mais s'usait et, par une de ces sanctions diffuses auxquelles n'échappent jamais les partis et les peuples qui violent les principes de la morale et de la raison, la race magyare s'étiolait et s'affaissait. Le 28 avril 1896, un des chefs du parti de l'Indépendance dénonçait le mal au Parlement dans une Philippique qui eut un immense retentissement. « Si je considère les débris et les ruines au milieu desquels je dois marcher, j'en viens involontairement à croire que cette nation court à sa perte. Cette Exposition qu'on organise avec fracas ne nous montre pas un peuple jeune, robuste, laborieux, plein de joie et de confiance dans la vie, mais un peuple attifé, paré de paillettes omnicolores, propre à n'importe quelle comédie, hors d'état de déployer une vigueur et une puissance réelles. » — La presse faisait chorus. — « Nous n'avons plus de classe moyenne, écrivait un journal officieux; des hommes se poussent au premier plan de la vie publique, qui n'auraient pas osé s'y montrer il y a dix ans... Notre force d'expansion et d'entreprise a sensiblement diminué... La race magyare est en voie de dégénérescence... La science magyare? — Illusion. — Le juge n'a aucune autorité, parce qu'il n'a aucune instruction; le médecin se fait charlatan, parce qu'il ne sait rien. Notre Académie végète et somnole. »

On objectera, avec raison, qu'il serait extrêmement téméraire de prendre à la lettre ces invectives dictées par l'esprit de parti ou les sollicitudes d'un patriotisme apeuré. — Seulement, à Budapest, ces lamentations étaient corroborées par les faits. « Rien n'inspire davantage la confiance et le respect pour un homme qui aime la propreté, écrivait Björnson, que le soin avec lequel il tient d'abord en ordre sa maison. Les Magyars déploient une extrême activité quand il s'agit de travailler à la paix du monde : ils accourent au trot partout où il est question d'humanité et de justice. Cela ne les empêche pas d'opprimer des milliers de Slaves.... Ils les traitent de cochons dans le Parlement, les expulsent, les couvrent d'injures dans leurs journaux. Et l'homme qui, en sa qualité de ministre, prend part à cette persécution, n'hésite pas à se donner comme le champion du christianisme. Il se nomme le comte Andrassy et se montre au premier rang de tous les congrès internationaux. » — Un pareil système d'hypocrisie mène loin. Quand les nobles magyars eurent obtenu du Parlement des résolutions d'une iniquité révoltante contre les ouvriers agricoles, le ministre de l'Agriculture, très soucieux de l'opinion occidentale, chargea un de ses fonctionnaires de traduire les nouvelles lois en anglais et les présenta à l'Europe comme la preuve de l'esprit libéral de son pays. — Les traductions étaient un faux; le correspondant du *Times* à Vienne, M. Steed, le signala (septembre 1907), et les explications embarrassées de la presse hongroise ne firent qu'accroître le scandale. Comment de semblables habitudes n'auraient-elles pas pour résultat, à la longue, d'anémier les consciences et de ruiner les mœurs !

Les Magyars, si durs pour leurs socialistes, n'en ont pas moins adopté et appliqué dans toute sa rigueur le matérialisme historique. Comme Fr. Engels, ils croient que la synthèse de la société civilisée est l'État, qui, à toutes les époques historiques, est représenté par la classe dominante et demeure essentiellement une machine destinée à écraser la classe sujette et à l'exploiter. Le moindre malheur de ces théories cannibales n'est pas d'attirer autour des quelques illuminés qu'inspire le seul fanatisme, la tourbe des faméliques et des aigrefins qui ne songent qu'à exploiter les passions pour avancer leur fortune ou accroître leurs revenus.

Parmi les braillards les plus intempérants du chauvinisme officiel, les renégats ne sont pas rares qui ont commencé leur vie en trahissant leur peuple ; on ne se relève pas de certaines défaillances et l'âme de ces apostats en demeure courbatue. Avocats, juges, pasteurs, ils sont prêts aux compromis les plus déshonorants et aux plus lamentables capitulations. Gladstone disait que la civilisation hongroise est une civilisation de deuxième main ; il entendait par là qu'elle n'a jamais rien produit d'original. Encore lui faisait-il beaucoup trop d'honneur. — La morale magyare est aussi une morale de second ordre, qui est synonyme d'une absence totale de morale. Un des chefs du parti socialiste magyar, Szeberényi, rapporte un dialogue entre un capitaine de district et un journalier qui venait d'être condamné à six couronnes d'amende, pour avoir abandonné son travail sans avertissement préalable. — « Vous êtes content ? — Non. — Eh bien, faites appel. — Non. — Alors, qu'est-ce que vous voulez? — Puis-je vous demander quelque chose? — Soit. — Je vous en prie, monsieur le capitaine, faites-moi fusiller. » Un régime qui livre sans défense des millions d'habitants au caprice et aux exactions d'une poignée de fonctionnaires, détruit très rapidement chez les classes supérieures tout sentiment d'honneur et crée une atmosphère pestilentielle. Le médecin le plus indulgent n'accordera pas une patente nette à un pays où les plus grands seigneurs achètent les fonctionnaires publics pour obtenir une réduction d'impôts et où un ministre, comme Daranyi, est convaincu des plus grossières prévarications. L'affaire du ministre de la Justice, Polonyi, est célèbre; il fut forcé d'abandonner son portefeuille parce qu'il était accusé de vol et de faux témoignage; il vendait à certains industriels l'autorisation d'ouvrir des maisons de débauche et levait une redevance sur les filles galantes (1907). — Je ne sais pas si son cas est plus scandaleux que la palinodie de l'évêque luthérien Baltik; d'abord défenseur ardent de la nationalité slave, il disait en 1874 : « Notre peuple doit être gouverné dans sa langue... Celui-là seul aime le peuple qui lui fonde des écoles et non qui les lui ferme. » — Ce souvenir ne l'empêchait pas, en 1907, d'acclamer les lois scolaires les plus oppressives qu'ait jamais inventées un Parlement en délire.

A mesure ainsi que la tyrannie s'aggravait et qu'elle provoquait le réveil des forces d'opposition, elle affaiblissait la valeur morale des assaillants, et la décadence du régime encourageait et facilitait la résistance. Par là s'expliquent l'échec presque complet des lois de dénationalisation et les succès relatifs, mais réels, de l'activité slovaque depuis une quinzaine d'années.

.·.

Tout d'abord et c'est une constatation des plus rassurantes, la frontière ethnographique n'est nulle part sérieusement entamée.

Au nord et à l'ouest, elle coïncide à peu près avec la frontière politique de la Hongrie. Au sud, elle part de Devinská Nová Ves, près de l'embouchure de la Morava, et se dirige vers l'est, en ligne presque droite, à travers les comtés de Břetislav (Prešpork), Nitra, Tekov, Ostřihom, Hont et Novohrad jusqu'à Sklabina ; de là, elle court dans la direction du nord-est, à travers les comtés de Rožnava et d'Abauj-Torna, en coupant la Rimava à Rimavská-Sabota et la Slava à Betliar. Ici, dans les comtés d'Abauj-Torna et de Zemplin, vers les sources du Hnilec, affluent du Hernad, un golfe magyar s'enfonce dans les terres slaves en formant un quadrilatère fort irrégulier. C'est le point faible de l'armature slovaque, d'autant plus que dans le comté de Spiš, les îlots allemands et ruthènes sont nombreux. Après le Hnilec, la frontière qui court toujours vers l'est forme un arc de cercle convexe très ouvert, coupe le Hernad, atteint à peu près son point le plus méridional à Kazmir (comté de Zemplin) et se relève ensuite légèrement vers le nord jusqu'à Užhorod et Huta, le point le plus oriental du territoire occupé par les Slovaques. Ils cessent ici d'être les voisins des Magyars et sont en contact avec les Petits-Russes. La ligne qui les en sépare est orientée vers le nord d'abord, puis le nord-ouest, et atteint les Beskides, qui forment la frontière méridionale de la Galicie.

Ces limites n'indiquent d'ailleurs que les lignes

générales et elles sont assez flottantes et incertaines, surtout dans les régions où les Slovaques rencontrent les Petits-Russes. Ce qui nous intéresse surtout au point de vue de leur avenir, c'est de savoir s'ils reculent devant la pénétration étrangère.

Les statistiques officielles seraient de nature à inspirer tout d'abord quelques inquiétudes ; elles donnent en effet, pour la Transleithanie, en chiffres ronds :

|  | 1890 | 1900 | 1910 |
|---|---|---|---|
| Magyars. . . . . | 8 240 000 | 8 740 000 | 10 050 000 |
| Slovaques. . . . . | 1 910 000 | 2 000 000 | 1 970 000 |

Depuis dix ans, la perte absolue, sans être effrayante, est sensible ; elle le paraît davantage si on cherche à se rendre compte de la place que tiennent les Slovaques dans l'ensemble de la population du Royaume.

D'après M. Živanský, que cite Niederlé, la proportion a fléchi sensiblement à leur détriment depuis 1851 :

|  | 1851 | 1880 | 1890 | 1900 | 1910 |
|---|---|---|---|---|---|
| Magyars . . . . . | 36,5 | 41,2 | 42,8 | 45,4 | 47,0 |
| Slovaques . . . . . | 13,2 | 12 | 11 | 10,5 | 9 |

Ces chiffres, tout à fait attristants à première vue, perdent heureusement une grande partie de leur signification quand on les analyse.

Remarquons tout d'abord que les statistiques sont dressées par des fonctionnaires qui savent que leurs gratifications seront proportionnelles au nombre des Magyars qu'ils auront enregistrés. Leur zèle est trop souvent servi par la timidité des artisans et des journaliers ou par le snobisme de la petite bourgeoisie qui s'imagine conquérir un brevet de noblesse en adoptant la nationalité des maîtres, même quand elle sait à peine quelques mots de magyar. Nous avons la preuve de ces manipulations pour les comtés purement slaves. C'est ainsi que le recensement de 1900 donne pour le comté d'Orava 94,70 p. 100 de Slovaques contre 96,2 p. 100 en 1890. Dans une contrée qui est habitée exclusivement par des Slovaques et qui a peu de contact avec les étrangers, comment expliquer cette diminution, sinon par un de ces miracles que la bureaucratie accomplit facilement sur le papier? Il est manifeste que l'influence magyare est ici trop lointaine pour exercer une action efficace sur les masses; les défections individuelles mêmes sont rares, parce qu'elles sont sévèrement jugées par l'opinion. Elles ne devraient pas par conséquent affecter sérieusement les statistiques, et les modifications qu'enregistrent les recensements ne prouvent que le zèle peu éclairé de quelques secrétaires de mairie.

Une seule cause en réalité a retardé la progression de la population en Slovaquie, c'est l'émigration. Les chiffres que nous possédons sur cette émigration sont incomplets et incertains; il est prouvé du moins que, depuis une quarantaine d'années, plus d'un demi-million de Slovaques sont partis pour l'Amérique. D'autres, en nombre considérable, s'établissent en Russie ou dans les grandes villes de la monarchie austro-hongroise, en particulier à Budapest et à Vienne : — Vienne est à moitié une ville tchécoslovaque — et à Budapest les Slovaques sont également très nombreux[1]. Ainsi qu'on l'observe toujours dans

---

1. Sujets hongrois en Autriche : 1880 : 180 000; 1890 : 230 000; 1900 : 265 000. Naturellement presque tous ces immigrants arrivent en Autriche des comtés voisins, c'est-à-dire de la Slovaquie. En 1900, on comptait en Autriche 67 000 immigrés venant des trois comtés slovaques limitrophes. — A Vienne même, il y avait, en 1900, 130 000 sujets hongrois, 182 000 dans la Basse-Autriche, presque tous slovaques.

des cas semblables, au début, une partie considérable de cette émigration était perdue pour la race et se fondait dans la masse des habitants. Cette assimilation cesse du moment où les colons sont assez nombreux pour s'agglomérer, surtout dans les pays où les luttes de races sont violentes. Il se passe en petit un phénomène analogue à celui que nous constatons à l'époque des grandes invasions : les étrangers défendent et colonisent l'Empire, jusqu'au moment où ils le conquièrent.

Actuellement, les Slovaques gagnent visiblement du terrain vers l'est, où leurs progrès sont ininterrompus, bien que moins rapides qu'on ne le croyait il y a quelques années. La Slovaquie orientale n'est que de la Russie slovaquisée et l'assimilation continue. Il est plus intéressant pour nous de constater que les Magyars mêmes, tout en triomphant de leur rapide ascension, sont obligés d'avouer qu'ils perdent du terrain sur quelques points d'une particulière importance stratégique. Dans les comtés du Danube, sur les deux rives, la proportion des Slovaques augmente, en particulier dans les comtés de Presbourg et d'Ostřihom, où ils gagnent visiblement du terrain. Dans la région qui s'étend entre le Danube et le dernier grand affluent de droite de la Tisza, la Zadva, les îlots slovaques sont nombreux, avec une tendance visible à s'étendre; ils sont particulièrement importants autour de Vacov (Waitzen) et jusqu'aux portes de Budapest, qu'ils assiègent. Ils se rattachent, sur la droite du Danube, à d'autres îlots slovaques qui se mêlent peu à peu à des villages croates et qui forment la jonction naturelle entre les Slaves du nord et du sud.

La lente poussée des paysans des Karpates et de la Drave rétablit ainsi peu à peu la liaison qui a été brisée au IXe siècle par l'arrivée d'Arpad et prépare la communication qu'il faudra ouvrir dans l'Europe reconstituée entre les royaumes tchécoslovaque et serbocroate.

Les Magyars, dans leur haine frénétique contre les Slaves, se sont livrés à l'Allemagne, pieds et poings liés. Voudraient-ils se reprendre aujourd'hui, qu'ils n'y réussiraient pas. D'ailleurs, jamais ils ne se résigneront à traiter comme des égaux les ilotes qu'ils se flattaient d'avoir définitivement annihilés et dont la défection a profondément ébranlé leur ligne. Pour acheter leur revanche, aucune abdication ne leur serait trop onéreuse et, pour ramener sous le joug leurs esclaves rebelles, ils accepteraient sans révolte l'autorité de Vienne et de Berlin; ces capitulations de conscience ne sauraient surprendre, si l'on se rappelle que les oligarchies ont souvent une conception un peu étrange de l'honneur et qu'elles supportent plus aisément la servitude que l'égalité. Il est donc indispensable de créer entre eux et leurs vieux alliés teutons une barrière que ne laisseront pas aisément franchir les peuples qui y trouveront une sûre garantie de leur indépendance. Comme le remarque très justement M. Chervin, si on déversait sur le territoire danubien de Presbourg à Vacov une partie du flot de l'émigration qui s'écoule en Amérique, en très peu de temps la population de ces pays serait en grande majorité slave.

L'existence de ce *corridor de communication* ne serait pas moins intéressante au point de vue économique qu'au point de vue politique. Un chemin de fer qui le traverserait transporterait, sans passer par l'Allemagne, les marchandises des pays slaves à destination de l'Adriatique. Pétrograd et Varsovie, Prague, Brno, Lvov et Cracovie seraient rattachés à Trieste et Riéka par Presbourg, Zagreb et Ljubljana. (Chervin, *L'Autriche et la Hongrie de demain*, p. 16.)

Les Magyars et les Allemands ont travaillé depuis dix siècles à creuser une sorte de fossé entre les Slaves de Bohême et de Croatie, de même qu'ils cherchaient sur la frontière du sud-est de la Bohême à couper les Tchèques des Moraves et que, dans les dernières années, ils poussaient leurs colons sur la frontière de la Slavonie entre les Serbes de Belgrade et ceux de la monarchie dualiste. Heureusement, sur aucun de ces points, ils n'ont eu le temps de consolider leurs positions; les Slovaques ont assez prolongé la résistance pour donner aux renforts le temps d'arriver et il sera relativement facile de recouvrer le terrain perdu.

Les conclusions auxquelles est arrivé M. Niederlé sont, il est vrai, plutôt pessimistes à ce point de vue. « Chez les Slovaques, dit-il, les conditions de la natalité sont moins bonnes qu'on ne l'imagine. La natalité est moins considérable chez eux que chez les Magyars ». (*La race slave*, traduction Leger, p. 120.) Quelle que soit l'autorité de M. Niederlé, ces affirmations me paraissent contestables. Il n'est pas douteux que, dans les comtés du sud, — et particulièrement dans la région de Hont, — la restriction volontaire du nombre des enfants exerce de sérieux ravages. Le mal ne s'étend heureusement qu'avec une extrême lenteur. Les dernières statistiques officielles qu'il m'a été possible de consulter sont des plus rassurantes. En 1904, le nombre des enfants par 1000 habitants était de 40 et de 37,8 en 1905, qui fut une année de disette. Il n'était pour les Magyars que de 36,4 et de 36. Les Slovaques étaient encore sensiblement au-dessus de la moyenne, qui était de 35,01 pour l'ensemble du royaume et ils n'étaient que légèrement dépassés par les Petits-Russes et les Serbes. Dans l'Europe entière, les Slovaques, au point de vue de la natalité, tiennent un rang des plus honorables, tout de suite après les Russes et les Serbes. La race n'a donc rien perdu de sa vigueur et, du jour où l'on aura supprimé les causes de l'émigration par une répartition plus juste de l'impôt qui est actuellement trois ou quatre fois plus élevé pour les petites exploitations que pour les grands domaines, par le développement de l'instruction qui aura pour corollaire le perfectionnement des méthodes de culture, et par l'introduction d'un régime légal à la place du système actuel d'arbitraire, le peuple slovaque, chez qui les idées religieuses sont demeurées puissantes et où le sens de la famille est très développé, retrouvera vite, avec sa confiance dans la vie, la volonté d'assurer contre toutes les menaces de l'étranger l'avenir de la patrie.

*
* *

Il suffit, pour s'en convaincre, de songer à l'énergie de réaction et à la puissance d'organisation dont il a déjà fourni les preuves au milieu des circonstances les plus difficiles. Les vingt dernières années nous donnent en effet le spectacle d'un très remarquable réveil de l'esprit public et la ligne de résistance un moment ébranlée s'est partout rétablie.

Tout d'abord, un effet heureux de l'oppression a été d'abolir définitivement les préjugés confessionnels et d'unir dans une indissoluble solidarité tous les enfants de la Slovaquie, à quelque religion qu'ils appartiennent. Menacés par le même adversaire, exposés à des persécutions analogues, les pasteurs de campagne, luthériens ou catholiques, se sont rapprochés. Le peuple, très pieux, est aussi très tolérant; il a encouragé et scellé la réconciliation de ses prêtres et aujourd'hui, il n'est pas rare de voir les ministres évangéliques faire ouvertement campagne pour les curés patriotes et ceux-ci voter pour les candidats libéraux. Au premier rang des propagateurs de l'idée nationale se trouvent des prêtres, Paul Blaho par exemple, que son active collaboration aux journaux catholiques n'a pas protégé contre l'accusation banale de panslavisme et qui a consacré sa vie à tirer les paysans de leur inertie routinière, à les grouper et à organiser la production agricole. A côté de lui un autre prêtre, André Kmet a été avec Halaša le véritable fondateur du Musée de Saint-Martin, dont il a enrichi les collections de monnaies, de dentelles et de poteries; il en a fait le sanctuaire du patriotisme indigène et le foyer où se régénérera l'art slovaque, que les Magyars avaient prétendu confisquer au plus grand bénéfice de leur gloire ampoulée et chlorotique.

L'alliance cordiale et définitive conclue entre les catholiques et les protestants a contribué à dissiper les préjugés qui avaient un moment éloigné les Slovaques des Tchèques. Les Tchèques, instruits par l'expérience et mieux avertis des raisons qui justifiaient dans une certaine mesure le schisme de Štúr, se sont appliqués à panser les blessures qu'avait causées leur intransigeance première et ils ont modifié leurs anciens programmes en tenant compte des conditions historiques et géographiques. Ils reconnaissent à leurs voisins, sans discussion et sans réserve, le droit de cultiver leur propre dialecte et de le développer; ils ne songent plus à en limiter l'usage; ils se bornent à désirer que l'on recherche les motifs d'union plus que les prétextes de conflit et qu'on permette à la vie d'accomplir peu à peu son œuvre de rapprochement. La réconciliation entre les frères qu'avait séparés un malentendu déplorable a été facilitée par les professeurs de l'Université de

Prague dont plusieurs étaient d'origine slovaque et qui ont répandu parmi leurs élèves un large esprit d'humanité et une généreuse intelligence des intérêts nationaux. Au premier rang, il convient de citer Jaroslav Vlček, dont l'histoire de la littérature slovaque est classique, Pastrnek qui a victorieusement réfuté les théories pseudo-scientifiques de Czambel, et surtout Masaryk, dont l'influence a été extraordinaire sur les jeunes générations qui, depuis vingt-cinq ans, se sont pressées autour de sa chaire.

Elles trouvaient dans son enseignement une réponse à leurs inquiétudes et la pâture dont leur conscience avait faim. Vers l'époque où le Congrès des nationalités de Budapest (1894) donnait une impulsion nouvelle à la vie politique, de jeunes combattants entraient dans la lutte, sous la bannière de Paul Blaho et de Milan Hodža, qui apportait à la cause l'appui de son activité et de son remarquable talent d'orateur et de polémiste. Fils d'une époque réaliste et pratique, mûris de bonne heure par de lourdes épreuves, assagis par les déceptions de leurs pères, mais forts d'une espérance que n'avait encore attristée aucun échec, confiants dans leurs bras intacts et leurs forces virginales, ils étaient las de l'attitude contemplative de leurs aînés qui épuisaient leur énergie en complaintes mélancoliques. Ils ceignirent leurs reins pour un combat plus actif, rejetèrent la vieille défroque romantique, et, redescendus du ciel sur la terre, s'efforcèrent de prouver par leurs services leur foi démocratique. Des influences très diverses agissaient sur eux : le développement des sciences, le réalisme français, la contagion du socialisme populaire russe (le Narodnitchestvo). Elles leur arrivaient presque exclusivement par l'intermédiaire de Prague et le nom même de leurs publications : *Hlas* (la voix), *Naše doba* (Notre époque), qui rappellent directement les titres des journaux tchèques, montre combien l'exemple de la Bohême était puissant sur eux.

Le mouvement avait été préparé par les plus récents écrivains. Depuis Sladkovič et Bótto, on attendait le poète qui renouvellerait la littérature et ne se contenterait pas de répéter avec plus de bonne volonté que d'inspiration les antiennes vieillies et les complaintes d'orgues de Barbarie. La première œuvre de Vajansky, *Des Karpates à la mer*, 1880, ravit les cœurs par la sincérité de l'émotion et la grâce délicate et souple de la forme. Comme presque tous les écrivains slovaques contemporains. Il a beaucoup appris des poètes tchèques, de *Vrchlicky* surtout, qui a été un si prodigieux artiste et qui a eu sur le développement de la langue et du rythme une influence que l'on commence à peine à mesurer.

Personne n'a été plus vraiment un citoyen du monde que cet ardent patriote qui n'a jamais vécu que pour son peuple. Aucune harmonie n'était étrangère à son oreille et il ne comprenait pas seulement les civilisations les plus diverses, il en jouissait. Son œil était ouvert aux lumières les plus variées et son esprit avide se nourrissait des beautés les plus éloignées. Ses disciples, — et qui, parmi les écrivains contemporains, n'est pas son disciple, qu'il le sache ou non? — butinèrent le monde à sa suite et, chez les plus récents écrivains slovaques, les réminiscences de Pouchkine et de Tolstoï se mêlent à celles de Maupassant et de nos symbolistes. Les faibles et les médiocres revinrent de ce trop long voyage, efflanqués, les reins cassés, et leurs pastiches prétentieux et vides tombèrent sans écho. D'autres, mieux trempés, rapportèrent de leur course à travers l'Europe ce qu'elle a produit de précieux et de sain, le goût de la vérité, l'amour du sol et du peuple qui le

cultive, le besoin de la justice, la passion du sacrifice
et la confiance dans un avenir meilleur qui promet
la consolation aux pauvres, la liberté aux esclaves,
et aux pacifiques, la victoire. En se séparant de la
vieille école, la génération nouvelle, a pu ainsi ne pas
répudier entièrement l'héritage de Štúr et, quand
elle trace son sillon quotidien à la sueur de son front,
elle garde les yeux fixés vers le ciel que leur a ouvert
l'idéalisme panslave des romantiques de la première
moitié du siècle. Leur horizon ne s'est pas rétréci,
mais leur regard est plus pénétrant et leurs yeux ont
percé les brumes qui estompaient pour leurs prédécesseurs les couleurs exactes de la réalité. Ils aiment
et ils comprennent la vie en la dépassant et ils n'en
dédaignent aucun détail, sans se laisser absorber par
elle.

De là, l'intérêt de leur production et l'émotion qui
se dégage de leurs œuvres. Chez un lyrique comme
Vajansky, qui est venu de la poésie au roman, ou un
humoriste tel que Mathieu Bencúr dont les nouvelles villageoises seraient aussi célèbres que celles
d'Auerbach ou de Rosegger s'il écrivait dans une
langue moins inconnue, la richesse de l'invention, la
netteté du relief et la précision du dessin sont soutenues et animées par la sincérité et l'ardeur du sentiment qui plonge par toutes ses racines dans la terre
des aïeux, engraissée du sang des martyrs et déjà
baignée par les premiers rayons d'un soleil nouveau.

> Le poète est aussi le fils de la maison
> Et son chant saignera des pleurs de sa nation,

écrit Hviezdoslav (Paul Országh), le plus grand poète
qu'ait encore produit la Slovaquie.

Grandi dans un gymnase magyar, sachant à peine
le slovaque à sa sortie des écoles, qu'il ait rejeté le

joug étranger, ce fut déjà une victoire de la race. Il fut d'abord amené vers elle par la pitié, et ses premiers vers, mélancoliques et résignés, il les apporta sur une tombe qu'il voyait ouverte. A se pencher sur son peuple, il en découvrit la jeunesse encore intacte et sa colère s'éveilla contre le maître implacable qui exploitait sa douceur et torturait sa faiblesse. Ses souvenirs, ses sanglots, ses grandes épopées bibliques, dans la magnifique richesse de leur langue sonore et vibrante, atteignent par instants la grandeur des psaumes hébraïques et à leur voix s'est éveillée une cohorte de jeunes écrivains dont la trompette éclatante sonne la diane du réveil.

« Dieu te conduise, ô mon peuple, sur un chemin qui se prolonge des milliers et des milliers d'années et fasse mûrir pour toi un avenir éclatant... Parmi les peuples, la foi et l'humanité finiraient par mourir, si tu n'étais pas là, ô mon peuple, lumière du monde... Réjouis-toi, mon peuple, réjouis-toi, tu possèdes d'inestimables trésors ; réjouis-toi, car ton amour réunit dans son étreinte le monde entier, qui, sous ta direction, confesse l'Éternel tout-puissant ! (Hájomil.)

« Oh ! redoutable Jéhovah, ta vengeance impitoyable s'abat sur de longues générations. — J'invoque ta main vengeresse ; au nom de mon peuple, j'appelle ta juste vengeance. »

⁂

Mais la grâce de Dieu ne descend que sur ceux qui la méritent par leur labeur et leur courage. Les cris qui montent vers le ciel retombent sans écho si le peuple ne combat lui-même son propre combat. Ces paysans, dont ils sentent les souffrances et dont ils nous dépeignent les mœurs, les jeunes écrivains aperçoivent mieux que leurs devanciers leurs imperfections, l'ignorance, la superstition, la mollesse, la pauvreté, mères des défections et des lâches renoncements.

Sous le régime électoral actuel, la lutte politique ne saurait guère donner de résultats appréciables. On n'y renoncera pas pourtant, parce que la défaite est moins funeste que l'inaction, et, à chaque occasion, en dépit des sbires et des fraudes, la phalange des patriotes reparaît sur la brèche. Malgré les procès et les amendes, les journaux et les revues se multiplient. Vajansky fonde en 1881 *Les Opinions slaves*, revue littéraire et critique qui a exercé pendant quelques années une sorte de maîtrise de l'opinion. *La Voix* est l'organe intrépide et mesuré du parti des jeunes. *Le Journal slovaque*, *La Semaine slovaque*, *Le National*, dénoncent les abus, flétrissent les renégats et les traîtres, combattent l'alcoolisme et la routine, répandent dans toutes les classes, avec l'amour de la Patrie, les connaissances et les idées. En 1909, les Slovaques de Hongrie avaient 41 journaux, dont 8 politiques, et, en 1910, on évaluait leur tirage à six millions d'exemplaires; leur presse dépassait ainsi la presse serbe (3 millions) et roumaine (5 millions et demi d'exemplaires).

De la Bohême, à qui ils se rattachent toujours plus étroitement, les Slovaques ont rapporté le mot d'ordre que Rieger donnait jadis à ses compatriotes : Enrichissez-vous. Les Tchèques n'ont commencé en effet à inspirer quelque respect à leurs adversaires de Vienne que lorsqu'ils ont réussi à s'emparer d'une partie de la grande industrie, que leurs fabriques ont fait une concurrence redoutable aux sociétés allemandes et que leurs établissements de banque ont représenté une puissance financière de premier ordre.

Les Slovaques sont presque exclusivement un peuple agricole. Les patriotes s'occupent par conséquent d'abord de perfectionner les méthodes d'exploitation, combattent le système de la jachère qui est encore presque général, préconisent l'emploi des machines, créent des champs d'expérience et des fermes modèles; surtout ils organisent des coopératives qui sont en même temps des sociétés d'instruction mutuelle, ruinent les préjugés, flétrissent la paresse, initient les habitants à des procédés perfectionnés et à des cultures plus rémunératrices.

Les paysans de la Hongrie supérieure, comme tous les Slaves en général, sont adroits, ingénieux, inventifs, avec un sens naturel de l'art. Quand on pénètre dans la région des montagnes en venant de l'Alföld, la vue est agréablement surprise : les maisons, avec leurs peintures aux couleurs variées, les sculptures qui agrémentent les balcons et les portes, les faïences qui ornent les murs, sont souvent charmantes, moins uniformes et plus fantaisistes que les cahutes minables et monotones qui s'allongent pendant des kilomètres le long des ornières du pays plat. Leur construction a souvent heureusement inspiré les architectes tchèques et il serait à désirer que leur exemple trouvât des imitateurs en France; nos villes d'eaux n'y perdraient rien.

Pendant les longs hivers, les Slovaques s'adonnent à des travaux variés, et aux xviie et xviiie siècles, il s'était developpé chez eux une industrie domestique assez florissante (toiles, draps, poterie, etc.). A la fin du xixe siècle, cette industrie rurale et familiale avait été en grande partie détruite par la concurrence de la production en masse et remplacée par de grandes fabriques (minoteries, forges, briqueteries et ciment armé, papeteries), qui étaient exclusivement entre les mains des juifs et des Allemands, décorés d'ailleurs les uns et les autres de pompeux noms magyars.

Il était évidemment impossible d'entreprendre aussitôt la lutte sur ce terrain. Les patriotes se sont attachés d'abord à développer et à réorganiser les industries domestiques (broderies, poteries, etc.), en fondant des écoles d'apprentissage et en facilitant la vente par la suppression des intermédiaires et une habile réclame à l'étranger.

Ils se sont ensuite occupés de développer l'épargne et de grouper les capitaux, afin de soutenir et d'encourager le travail national et, en offrant au peuple un crédit à bon marché, de supprimer l'usure qui le rongeait. Sur ce terrain, ils ont obtenu de sérieux succès. Jusqu'en 1903, les Slovaques n'avaient que trois établissements financiers dont l'importance était presque nulle. En 1912, ils avaient 44 caisses d'épargne avec 29 filiales et 14 bureaux. Leurs banques possédaient un capital de 15 millions avec 4 millions de réserves; les dépôts représentaient 60 millions; elles travaillaient à se fédérer, ce qui augmentera leur influence dans des proportions considérables. — Ces chiffres paraîtront sans doute modestes aux lecteurs; qu'ils n'oublient pas seulement qu'il s'agit d'un peuple de paysans, que l'impôt est écrasant et que le gouvernement emploie tous les moyens pour décourager les auteurs de ce mouvement. Il cherchait surtout à écarter les banques de Bohême et refusait systématiquement aux Tchèques le droit de créer des établissements industriels. L'exemple de notre Corse suffit à nous faire comprendre combien il est difficile à un pays de s'outiller et de s'enrichir quand il est réduit à ses seules ressources. Et les Slovaques n'ont pas à se plaindre seulement de l'indifférence de la bureaucratie, mais de l'hostilité préméditée d'un régime qui veut les affamer pour les asservir.

Quand on tient compte ainsi non seulement des résultats déjà acquis, mais du chemin parcouru et des difficultés vaincues, on éprouve une respectueuse admiration pour la généreuse nation qui, si vaillamment, s'arc-boute sous la rafale et, au moment où son ennemi la tient écrasée sous sa botte, lui lance en plein visage, comme un cri de défi, son indomptable espoir. Les seuls peuples sont sûrs de vivre, écrivait Gambetta, qui ont conquis dans les larmes leur droit à l'existence. Les Slovaques ont traversé sans fléchir des siècles de détresse où l'adversité s'acharnait sur eux. Leur constance inébranlable est une caution suffisante pour que nous croyions à leur avenir.

*<br>* *

Dès le début de la guerre, ils ont clairement aperçu la gravité de la situation et ils ont pris nettement parti.

Sur un point aucune hésitation n'était possible. Le moment était passé définitivement des pourparlers et des compromis. A plusieurs reprises, ils avaient loyalement prouvé leur désir de se rapprocher des Magyars; leurs tentatives n'avaient jamais abouti qu'aux plus lamentables duperies. Les uns après les autres, les divers partis les avaient leurrés de fallacieuses promesses et, chaque fois, l'oppression était devenue plus lourde et plus outrageante. Tisza, Apponyi, Andrassy, Karolyi, libéraux ou radicaux, complaisants cyniques de Vienne ou prétendus rebelles, les Magyars se confondent dans une même pensée : écraser les Slaves. — De là, chez tous les Slovaques sans distinction, une volonté unanime, une résolution implacable : briser la monarchie dualiste, échapper au joug de Budapest.

La politique féroce du comte Tisza depuis le commencement des hostilités, a encore affermi les convictions et trempé les courages, en poussant jusqu'au paroxysme la haine des races opprimées contre les Magyars et les Habsbourgs, leurs misérables valets : confiscations, suppression des journaux les plus modérés, arrestations et condamnations arbitraires, régiments slovaques envoyés volontairement à la boucherie pour les punir de leur fidélité à leur véritable patrie, proscriptions en masse; même les âmes les plus douces sont aujourd'hui empoisonnées de fiel, et pour tous les Slovaques, la soumission aux Magyars apparaît comme synonyme de la perdition éternelle.

Ils se sentent trop faibles d'autre part pour constituer à eux seuls un État indépendant. Contre les rancunes magyares, un appui leur est indispensable, et sans l'apport d'un capital étranger, leur développement industriel serait indéfiniment retardé. Sur qui s'accoter? — Sur la Russie? — Beaucoup le désiraient et il est incontestable que nulle part la Russie ne rencontre des sympathies aussi générales et aussi sincères. — Mais ce n'est pas de ce côté-là que paraissent se diriger les regards des diplomates de Pétrograd et on s'explique sans peine leur réserve. Ils n'ignorent pas que les racontars qui depuis un siècle traînent dans les journaux et les chancelleries sur les menées panslavistes ont laissé des inquiétudes qui ne sont pas complètement dissipées et il serait téméraire de les réveiller inutilement. La géographie d'ailleurs fixe naturellement aux Karpates les limites de l'Empire russe qui n'a aucun intérêt à les dépasser. Parmi les Slovaques enfin, les plus avisés et les plus instruits se demandent si un rapprochement trop étroit avec Moscou n'entraînerait pas de pénibles froissements.

Qu'on le regrette ou qu'on s'en félicite, les Slovaques ont reçu l'éducation de l'Occident et on ne peut pas faire que le passé n'ait pas existé. Les idées de liberté et les institutions parlementaires sont devenues un besoin de leur esprit qui a été encore développé par l'émigration en Amérique. Sincèrement attachés à l'Église romaine, s'habitueraient-ils sans quelque difficulté à l'atmosphère de l'orthodoxie? Il n'est pas sûr que le premier résultat d'une union trop immédiate avec la Russie ne fût pas d'altérer une amitié qui s'est maintenue intacte jusqu'à présent.

Une seule solution reste, et elle s'impose, l'union avec la Bohême. — Elle a effrayé une minute quelques catholiques intransigeants qui vivent encore dans le souvenir des guerres hussites. A vrai dire, les inquiétudes des libéraux tchèques seraient plus justifiées, puisque les catholiques de la Moravie et de la Slovaquie réunies pourraient parfaitement avoir la majorité à la diète de Prague. — D'autres redoutaient l'esprit de domination des Tchèques et craignaient qu'ils ne se refusassent à respecter les traditions et l'individualité propre de la région des Karpates. Ils ne songeaient pas que la Moravie est à demi slovaque, qu'elle sera entre la Bohême et la Slovaquie, en cas de dissentiment, une médiatrice autorisée, et que, dans aucun cas, les Tchèques, même s'ils en avaient la pensée, n'auraient les moyens de faire triompher leur volonté particulière.

Ces objections étaient au fond si peu sérieuses qu'elles ont été presque immédiatement écartées. Les dernières années avaient préparé la réconciliation; elle s'est scellée en Amérique où les émigrants tchèques et slovaques se sont naturellement confondus, et de l'Amérique aussi est parti l'appel qui invitait les deux frères jumeaux, trop longtemps

séparés par la fortune, à fondre désormais leurs
destinées.

L'œuvre des Slovaques d'Amérique a été immense.
Il y aurait peut-être quelque imprudence à la
raconter en détail dès maintenant ; quand elle sera
plus complètement connue, on mesurera les services
qu'ils ont rendus à la cause des Alliés. Ils ont eu
d'abord le mérite d'accepter immédiatement les conséquences nécessaires de la guerre et d'indiquer
aussitôt à leur peuple où était son devoir et où
l'appelait son avenir. Sans hésitation, il se sont
ralliés au groupe d'hommes qui ont arboré le drapeau de l'indépendance tchécoslovaque. En même
temps, ils dénonçaient à l'opinion publique des
États-Unis les intrigues des Allemands, révélaient
leurs machinations, flétrissaient leurs manœuvres
et, aux heures de doute, quand la propagande
effrénée des Bernstorf et des Dumba a paru troubler
l'opinion américaine, leur parole a plus d'une fois
fait pencher la balance, parce qu'ils étaient en
quelque sorte les témoins vivants de l'oppression
impérialiste ; ils en avaient été les martyrs avant d'en
être les dénonciateurs.

Ils se sont lancés dans la lutte sans hésitation et
sans esprit de retour, parce que l'éloignement leur
permettait de comprendre la situation dans sa pleine
réalité. Dans la mêlée on saisit mal les péripéties du
combat : chaque défaite semble irrémédiable et la
moindre escarmouche heureuse prend les apparences
d'un triomphe. Les émigrés, qu'avait instruits le spectacle de la vie politique à laquelle ils étaient mêlés
et dont l'horizon était plus dégagé que celui de leurs
amis d'Europe, savaient sans doute les progrès
accomplis par leurs compatriotes dans les dernières
années, mais aussi la gravité des périls mortels qui
les menaçaient. A force d'énergie et de dévouement,

les Slovaques avaient jusque-là balancé la fortune et défendu leurs frontières. Combien de temps seraient-ils en mesure de soutenir un semblable effort? La constance humaine a ses bornes et la vertu ses limites. Terrible situation que celle d'un peuple dont les classes dirigeantes sont indéfiniment absorbées par l'ennemi qui les retourne contre lui. A la longue, où recrutera-t-il ses chefs, ses négociants, ses industriels, ses banquiers, alors que ses fils les mieux doués sont élevés dans des écoles qui leur prêchent le mépris des Slaves? — Les jeunes générations grandies dans des conditions aussi anormales sont condamnées, — sauf quelques âmes héroïques qui sont partout l'exception, — à l'abaissement moral ou au mysticisme révolutionnaire. Déjà, on apercevait çà et là les funestes conséquences de ce régime de corruption : l'immoralité se répandait, les maladies contagieuses faisaient de nombreuses victimes.

On était arrivé à un point mort. Si les Slovaques ne recevaient pas de renforts, il serait évidemment excessif de dire que leur écrasement était prochain, mais il paraissait peu probable qu'ils fussent en état de continuer indéfiniment une lutte trop inégale. Ils seraient peu à peu tombés dans une situation analogue à celle où végètent les Serbes de Lusace qui s'éteignent sans postérité. Ils auraient grossi la pitoyable liste des tribus slaves qui ont été englouties dans l'océan germanique et dont les noms même ont disparu : *etiam periere ruinæ*.

La décadence et l'asservissement des Slovaques auraient été, d'autre part, — et seraient — pour les Tchèques un irréparable désastre; désormais presque complètement isolés, affaiblis par la victoire définitive des Magyars, qui excitaient contre eux les Allemands, ils seraient impuissants à empêcher la transformation complète de la monarchie dualiste en un État purement germain. La question slovaque a donc une importance européenne et le salut des tribus slovaques est une des conditions de la liberté du monde; leur réunion à la Bohême permettra seule de constituer un État assez solide pour défier les ambitions pangermanistes.

***

A deux reprises, l'Allemagne a failli mettre la main sur l'Europe orientale, au début du xv⁰ siècle et au début du xx⁰. La première fois, elle a été arrêtée par les Polonais à Grünwald et les Hussites à Prague; la seconde fois, la route lui a été barrée par les Serbes. Seulement de nos jours les Germains avaient mieux préparé leurs forces et recruté des alliés sans scrupules. Pour les refouler, il n'a pas fallu moins que la coalition de l'Europe entière. Nous ne referons pas la faute qui a été commise par les tuteurs de Louis XIII quand ils ont laissé écraser les rebelles de la Montagne Blanche; le génie lui-même de Richelieu ne l'a pas complètement réparée.

Les Slovaques trouveront dans le royaume de Saint-Venceslas la place qui leur est due, et le soleil de la liberté dissipera vite les miasmes nocifs qu'avait répandus la corruption magyare. Ils apporteront au royaume de Bohême leur jeunesse et leur enthousiasme, que tempérera la prudence un peu timide de leurs aînés; ils recevront d'elle la méthode et la science; il lui rendront l'exaltation de leurs vingt ans. Prague est une admirable cité, l'atmosphère y était devenue un peu lourde et enfumée depuis que les faubourgs se sont encombrés d'usines; il sera utile à ses politiques d'aller de temps en temps respirer l'air

des Karpates. Ils y retrouveront les mélodies qui ont
bercé leur enfance :

> Je suis fier, fier d'être slave.
> Ma patrie bien-aimée
> Compte cent millions d'âmes,
> Elle commande la moitié du monde.
> Avec la langue slave,
> Tu traverseras quatre parties de l'univers;
> Un de nos frères cultive le palmier,
> Un autre contemple les glaces éternelles,
> Le troisième sillonne les mers.
> Je suis fier, fier d'être slave.
>
> Ma langue résonne comme
> La musique des séraphins,
> Comme le murmure des flots de la mer.
> Nos chants sont un collier de perles,
> Une couronne éclatante de diamants.
> Qui donc éteindra les lumières de l'aurore,
> Au réveil éclatant du matin?
> Qui épuisera les flots de l'Océan,
> Qui arrachera au ciel ses étoiles qui scintillent ?
> Plus vain encore serait l'effort de l'ennemi
> Qui voudrait détruire notre peuple.     (VAJANSKY.)

**RÉGION TCHÉCOSLOVAQUE**

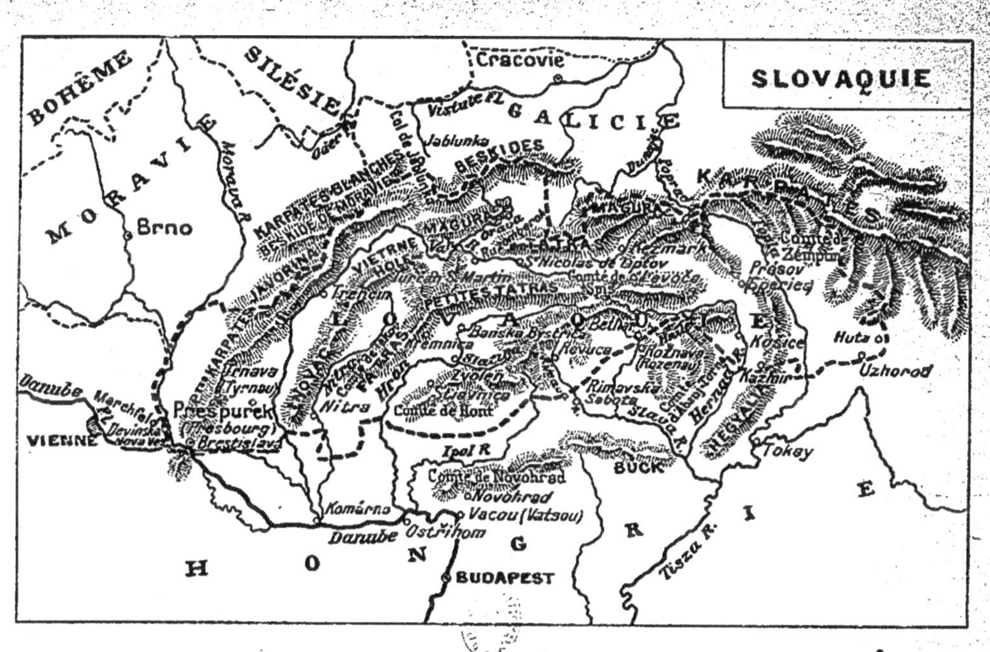

SLOVAQUIE
BOHÊME
SILÉSIE
Cracovie
GALICIE
MORAVIE
Brno
Morava R.
Oder
Col de
Vistule Fl.
Jablunka
BESKIDES
KARPATES BLANCHES
Bce NDE DE MORAVIE
MAGURA
KARPATES
Dunajec
Poprad
MAGURA
Comté de
Zemplin
VIETRNE
HOLA
JAVORINA
Tatr
Poprad
S. Nicolas de Dolov
kmark
Prešov
Eperies
KARPATES
Trencin
Turcan St Martin
PETITES TATRAS
Comté de Liptov
Spi
Huta o.
VIENNE
Danube
Marchfeld
Devinská
Nova Ves
Prespurek
(Presbourg)
Bratislava
Trnava
(Tyrnau)
SLOVACQUIE
Nitra
Hron
Vah
Banská Bystrica
Nemnica
Star
Zvolen
Comté de Hont
Belin
Revuca
Rimavská
Sobota
Holnava
(Rozensau)
Slava R.
Herpad R.
Košice
St
Kazmir
Uzhorod
HEGYA
Tokay
Komárno
Danube
Ostrihom
Ipol R.
Comté de Novohrad
Novohrad
Vacou (Vatsou)
BUCK
Tisza R.
HONGRIE
BUDAPEST

# TABLE DES MATIÈRES

# LIVRE II

## LES SLOVAQUES

### CHAPITRE I



### CHAPITRE II



### CHAPITRE III



### CHAPITRE IV

## CHAPITRE V



Les guerres de races. — Le congrès slave de Prague. — L'insurrection slovaque. — Windischgraetz et le parti vieil autrichien. — Schwarzenberg et Bach. — Le centralisme germanisateur. — Le réveil et les progrès du mouvement national.

## CHAPITRE VI



Le Compromis de 1867. — La loi sur les nationalités (1868). — Koloman Tisza. La fusion. — Allogènes et Magyars. — Le régime électoral. — Les libertés publiques. — L'Église. — La vie privée. — Les écoles.

## CHAPITRE VII



Affaiblissement du parti national slovaque. — L'émigration. — Le réveil contemporain : ses causes. — Décadence et corruption de l'oligarchie magyare. — La situation actuelle. — La résistance ethnographique. — L'union avec les Tchèques. — Le mouvement littéraire. — Le progrès économique. — Conclusion.

172-17. — Coulommiers. Imp. PAUL BRODARD. — 4-17.

## Ouvrages d'Actualité

### BIBLIOTHÈQUE D'HISTOIRE ET DE POLITIQUE

**La Grande Serbie,** par E. Denis, professeur à la Sorbonne.
In-18, 2 cartes, br. . . . . . . . . . . . . . . . . . . **3 50**
**L'Italie,** par A. Pingaud. Préface de E. Denis. In-18, br. . **3 50**
**La Guerre,** par E. Denis. In-18, br. . . . . . . . . . **3 50**
**L'Angleterre,** par L. Guyot. In-18, br. . . . . . . . . . **3 50**

**La Guerre vue en son cours,** par Paul Leroy-Beaulieu,
de l'Institut. 1re année. In-18, br. . . . . . . . . . **3 50**
— 2e année. In-18, br. . . . . . . . . . **3 50**
**La Bataille de l'Ourcq (5 et 11 Septembre 1914)**
Vue panoramique (0,52×0,92). — Livret explicatif avec
cartes, par Gervais-Courtellemont. Vue et Livret in-8°. . **5 »**
**Les Pays Balkaniques,** Géographie Militaire, par le Général Niox. In-18, . . . . . . . . . . . . . . . . . **2 50**
**Sous-Marins et Submersibles,** par M. Laubeuf, ingénieur
en chef de la Marine. 30 dessins, 8 planches In-8°. . . **3 50**
**Histoire de la Marseillaise,** par J. Tiersot. Ill. 8 plan-
ches photo. In-8°, br. . . . . . . . . . . . . . . . **6 »**
**Souvenirs de la Cour du Kaiser,** par Miss A. Topham,
*traduit de l'anglais.* In-18, br. . . . . . . . . . . . **3 50**
**Pro Patria** — **Extraits** poésie, de Victor Hugo. Préface
de G. Simon. Couverture de Forain. In-18, br. . . . . . **1 50**
**La Belgique** — **Extraits** prose, de Victor Hugo. Pré-
face de G. Simon. Ill. 8 planches photo. In-8°, br. . . . **2 »**
**Petits Jeux pour nos blessés,** par Solange Pellat.
In-18, cart. . . . . . . . . . . . . . . . . . . . **1 60**
**La Vie Militaire,** par E. de Amicis, *traduit de l'italien.*
In-18, br. . . . . . . . . . . . . . . . . . . . . **3 50**
**Chez eux,** par Léon Blanchin, blessé rapatrié. In-18, br. **2 »**
**A l'arrière,** par Jean Breton. In-18, br. . . . . . . . . **2 »**
**L'A B C de la Guerre Navale,** par Raymond Lestonnat.
In-8°, ill. 32 planches hors-texte, br. . . . . . . . . **4 »**
**L'Alsace-Lorraine,** par A. Prignet. Préface de Daniel
Blumenthal, ancien maire de Colmar. In-8°, ill., br. . . **4 »**
relié . . . . . . . . . . . . . . . . . . . . . . **5 50**
**Le livre d'Or de l'Alsace,** pages choisies, avant-propos
et notices par Maurice Devire. In-18, br. . . . . . . . **3 50**
**Le Soldat Serbe,** par le Colonel H. Angell. 1 vol. in-18,
nombreuses photographies, br. . . . . . . . . . . . . **2 50**
**L'Allemagne à la conquête de l'Italie,** par Giovanni
Preziosi; trad. par Ernest Lémonon. In-18, br. . . . . . **3 50**
**Le Martyre et la Gloire de l'Art français,** par Léon
Rosenthal, professeur au lycée Louis-le-Grand; 16 planches
hors texte. In-8°, br. . . . **4 50** — relié . . . . . . **6 »**
**La Vie de roman de Lloyd George,** par Beriah Evans;
trad. par R. Lebelle. In-18, br. . . . . . . . . . . . **3 50**

172-17. — Coulommiers. Imp. Paul BRODARD. — 117

www.ingramcontent.com/pod-product-compliance
Lightning Source LLC
Chambersburg PA
CBHW061447060726
47597CB00002B/504